M000013939

CON UNA GRANADA EN LA BOCA

JAVIER
VALDEZ
CÁRDENAS

CON UNA GRANADA EN LA BOCA

Heridas de
la guerra del
narcotráfico
en México

AGUILAR

Con una granada en la boca

D.R. © Javier Valdez Cárdenas, 2014

D.R. © De esta edición:
Santillana Ediciones Generales, S.A. de C.V., 2014
Av. Río Mixcoac 274, Col. Acacias
C.P. 03240, México, D.F.

Primera edición: febrero de 2014

ISBN: 978-607-11-3000-6

Diseño de cubierta: Enrique Hernández/Departamento de Diseño de
                    Santillana Ediciones Generales.

Fotografía del autor y de interiores: Fernando Brito

Impreso en México

PRISA EDICIONES

Para Alejandra y Benjamín,
héroes nacionales en tierras de nadie.

Para Karla Flores,
por sus labios de acero calibre 40, y su voz palpitante y entera.

Para Fernando Brito,
alquimista del clic, de la lente y la eternidad.

Para Jaime Gálvez,
por acompañarme en esos primeros pleitos con las teclas.

Índice

Agradecimientos

Muchas gracias a todos y también a los que no. A Leslie Abigail y familia por ese corazón de grueso calibre. A Luis Enrique Escobar Ramírez, El Cabazorro, por las rodilleras y los guantes de portero, y por mantener tibia la col ros. Al pinche Nájera, aunque escriba bien. Al equipo de Ríodoce: Ismael Bojórquez, Alejandro Sicarios, Cayetano Osuna, Pepe Franco, Milagros García, Nayeli Mejía, Zulema (Mei) Melchor, Crístofer y Clark. También a Mireya Cuéllar, por estar cerca, y a Andrés Villarreal, Andrea Miranda y Claudia Peralta, por acompañar con cacahuates y güisquis mis insomnios. A los bomberos, sacerdotes, sociólogos y terapeutas de El Guayabo: Zita, Nadia, Mireya, Angélica, Lichi y Zurdo. A Verónica Landeros y Martín Coronel, por los fogonazos. A Casimira, por no acceder a mis invitaciones y porque solo le aguanto dos. A César Ramos, mi editor y amigo, por las estrellas diurnas y el rocanrol que ameniza el teclear de estas historias. A la familia de editorial Aguilar: Paty Mazón, David García, Andrea Salcedo, Araceli Velázquez, Leticia Reyes y Claudia López. A Gabriela Polit, aunque no me lo merezco, y a Andrés Montoya Restrepo y Lina y Emilia, por la fértil posición fetal. A mi amigo Luis Valencia, Alonso Torres y la banda de

Guadalajara que siempre es mi segunda piel. A Paco Sahagún, ese gran caballero de la bohemia y músico pertinaz. A Martín Diego, Raúl Elenes, Alma Ruiz y otros que no puedo nombrar. A Karla Lugo, Stef Rea, Cristina Montoya, Dante Aguilera, Alex López, Leonardo Yáñez y toda la banda de Recuper-Arte por sembrar esperanzas en tiempos de sequía.

A Tania, Fran y Gris, como siempre: por ser y por estar, a pesar de mí.

4 de agosto de 2013

Fragmentos de una granada, de una bitácora periodística, de una esperanza mutilada

Eso de reportear el narco es una tarea bien cabrona, intensa, llena de dolor y asombro. Llevo más de diez años viendo los rostros doloridos, el mismo sufrimiento de quienes buscan a sus seres ejecutados, la misma sonrisa del morro cuya mirada perdida a veces no sé si es de amargura o de intoxicación. Eso de reportear el narco es salir cada mañana a buscar una verdad para que sepan que los muertos están vivos en busca de sus difuntos. Y sí, aunque suene enredado es cierto, es buscar la sangre y las pisadas de las mujeres que perdieron a sus hijos, el grito y las manchas de cal de los padres con un balazo en la cabeza y las manos ateridas, amarradas, indefensas, parecen gritar "ya valió madres todo".

"Ya no sé dónde buscarlo, ya no sé ni dónde esconderme a llorar para que no me vean mis hijos, y lo peor, ellos mismos me dicen que busque a su papá, que lo traiga de vuelta a la casa… y sí, lo extrañan, también ellos lloran y se quejan, puta madre, pero dónde lo busco, ya hasta los del ministerio me ven con cara de asco, les ha de hartar que pregunte y pregunte; en el semefo ya no me hablan, me miran en silencio y se meten a las fregaderas esas donde tienen a los muertos, y yo los sigo, ya ni me persigno, los mismos muertos, los mismos con hoyos en la panza y sus caras de 'ya no me pude despedir', tiesos me ven con sus heridas y sus ojos torcidos, pero ahí voy siempre, con la ilusión ¿ilusión? Bueno, ya sin ilusión de encontrarlo pero siempre con el pensamiento rabioso y con el miedo de que tal vez en el monte a donde me llevan a veces los policías a ver a los encostalados lo encuentre, o entre los arbustos, en el hocico de los perros, en la patrulla quemada, pero de verdad ya no sé, ya no sé…"

Recojo en este libro una serie de testimonios sobre seres humanos que han secado todas sus lágrimas y aún en la más miserable de las condiciones escarban en la tierra seca para encontrar a sus desaparecidos; hombres y mujeres que ya no sueñan, ni duermen, pues su vida es una pesadilla cotidiana; muchos dejaron sus casas, otros nunca las han tenido, a unos cuantos el hogar es una burla y sólo la noche y sus misterios les permite acomodarse para rezongar su llanto, su encabronamiento. Estas historias se repiten y se multiplican en este país mutilado, golpeado con fuerza por el crimen organizado. El pretexto es la droga, el delito por controlar la plaza de venta de estupefacientes o la intención de mostrar el rostro del más poderoso, del más chingón para mover coca o marihuana, pasando por encima de quien sea. Me han preguntado muchas veces si tengo miedo y he dicho que sí. Miedo y dolor. Miedo y desesperanza. Miedo y rabia.

"Que fuera en chinga con el narco, quesque él sabía, que le dijera, que juntara dinero, todo lo que pudiera, carajo, si ni pa' tragar tengo, que le dijera al chile que lo soltaran y que le pagaba con un favor, que me hiciera el paro y quebraba a cualquier jijo de la chingada, que le dijera 'ya ni joden, tú nos conoces, sabes que somos leña' pero dicen que si me ven me agarran a chingazos y hasta me levantan, entonces acá me aguanto, agazapado en este lugar donde cada vez hay menos gente, todos se van, unos vivos y otros muertos, pero se largan de aquí, dejan sus pertenencias, puras pinches mugres de muebles y ropa que ni pa' tapar cadáveres; pero aquí me aguanto, mentando madres pero no salgo, si lo matan pues ya qué hago, a veces pienso que de todas maneras aunque lo suelten ya está bien pinche muerto…"

Pero tengo que escribir lo que veo y lo que escucho, tengo que levantar la voz para que sepan que el narco es una plaga, un devorador que traga niños y mujeres, devora ilusiones y familias enteras. Tengo que decirlo, con miedo y coraje, indignación y tristeza. Somos muchos los reporteros que buscamos la nota en plena incertidumbre, que tenemos claro que algún día un balazo puede llegar antes que nosotros; somos muchos reporteros indignados por el silencio que quieren imponer, por las mentiras oficiales, pues a diario vemos a personas a las que arrancaron a punta de chingazos sus ilusiones, a mujeres con el beso ardiente de una granada en la boca, a jóvenes, casi niños, atascados de dolor y cocaína, vemos en las calles a sicarios y madres desesperadas, a comandos armados y padres de familia atascados en lodazales o encostalados a la orilla del mustio camino. Por eso tengo que escribir, tratar de rescatar la voz de tantas personas hundidas en la desesperación y una esperanza enferma.

"La verdad es que odio los espejos, los vidrios, los cristales de las patrullas… con estas pinches cicatrices qué chingaos, mi madre decía que era muy bonita y allá en el rancho cuando mi papá pisteaba hasta quedar dormido presumía a su florecita, 'tan re chula', decía, 'namás mírenla' y sí, dicen que era bonita, llenita y bonita, plantosona y muy chula, pero ya qué, tampoco recuerdo bien, no soy la única que dejan desfigurada, pos qué trapo viejo y escurrido, pinche rostro percudido que tengo, algunas quedan bien a pesar de los madrazos, algunas siguen bien bonitas a pesar del balazo o los putazos del cabrón que nos humilla, y eso a mí qué, acá estoy como pendeja encerrada, y ganar dinero, para qué, no quiero trabajar, no quiero planear nada, me dicen los doctores que tengo que reintegrarme a la sociedad, que busque una actividad, pero para qué, ya no quiero hacer nada, no quiero trabajar, no quiero, tenía mi novio y aunque sólo nos divertíamos decía quesque nos íbamos a casar, qué casar, puro coger y coger, él sólo soñaba con ser un narco de respeto, cuando me pasó esta chingadera vino a verme, se asustó y lloró conmigo, me abrazó muy fuerte y lloró, me abrazó hasta doler y lloró, después ya no volvió, pues sí, a qué chingaos regresaba, ni a llorar carajo, ni a llorar…"

Con una granada en la boca pretende decir a los lectores que sólo buscamos la verdad, que nuestro propósito como periodistas, o reporteros, es ofrecer un rostro frontal, sin maquillajes ni juicios morales de los protagonistas de la guerra del narco. Como en mis otros libros, me dediqué a entrevistar a mujeres lastimadas y hombres que buscan durante años a sus muertos, a narcos y policías ministeriales que sonríen burlones y a veces asqueados de la vida. En las entrevistas encontré siempre corazones atormentados, ilusiones secas y restos de alcohol y recuerdos percudidos en las miradas de quienes dijeron su verdad. Recurro al trabajo de otros colegas que con su pluma y sus documentos también batallan a su manera en esta lucha para escribir su verdad, agradezco su información y sus puntos de vista en medio de tanta desolación y caos. Con ellos alzo la voz y juntos retratamos ese México siniestro, desmoronado y lleno de sangre.

"Sí, ya sabía que andaba con esos cabrones, llegaba a veces en la madrugada todo acelerado, drogado y con harto dinero, me dejaba algunos billetes y se largaba de nuevo, ni tiempo me daba de decirle 'ya ni la jodes, mira cómo andas', se escapaba en lo oscuro; siempre fue muy alegre y le encantaba bailar, pisteaba con otros morros y luego llegaban a la casa felices a seguir con las copas y la música de banda a todo volumen, y se carcajeaba conmigo y brindaba por su familia, por sus padres y sus hermanitos, 'no pasa nada, sólo nos divertimos después de chingarle un rato', decía. Y así todo el tiempo, 'ya ni la jodes', le decía, 'Dios guarde la hora, pero un día te va a pasar algo si sigues así', le decía, pero le valían madre mis palabras, se carcajeaba y se iba sabe dónde. Sí ya sabía que andaba con esos cabrones y a pesar del dolor intenso aquí, mire, aquí en lo más duro del pinche corazón, no quise verlo cuando me avisaron, lo hallaron en un estanque, con las manos amarradas y la cara hecha pellejos, ¿cómo supe que era él?, ya ni joden, verdad de Dios, siempre bailaba y se reía bien recio; pues por el tatuaje de la virgen y mi nombre, carajo, sí, mi nombre en su pecho lleno de agujeros…"

Eso de reportear el narco es levantar la voz con el testimonio, con el reportaje, con la sonrisa macabra del soldado, los ojos hundidos del que está tras el escritorio en el ministerio público, la botella en la mano del narco. Eso de reportear el narco es escribir con un pinche bolígrafo que quema, duele, rezonga, pero lo tengo que hacer para tratar de darle voz a las víctimas, a los ejecutores, a los policías y también, insisto, a muchos de nuestros muertos.

noviembre, 2013…

CAPÍTULO I
LOS TATUAJES DEL ABSURDO

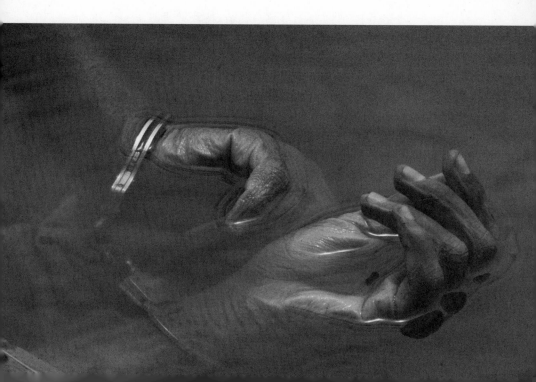

Chat

Para Carlos los vidrios bajo sus pies tienen un amargo significado: calzados o desnudos, ese crujir, esa sensación de que todo se esparce, quiebra, desmorona, es como abrir y ensanchar heridas sempiternas.

Guadalupe, su tío, tenía un vocho que pocas veces usaba. Trabajaba como auditor en el gobierno del estado, en Culiacán, pero vivía en Navolato, a unos treinta kilómetros de la capital sinaloense. Ahí conocía el barrio, la ciudad, sus habitantes, los pormenores más nimios, rutinarios de un pueblo que todavía reniega del asfalto y tiene nostalgia del polvo.

Esa noche, como todas, recogería a su hija, empleada de un negocio de computación. Va a pie. Algunos parientes viven cerca de su casa y uno de ellos lo saluda, a pocos metros. Mueve la mano sobre su cabeza para decir hola y adiós. Media sonrisa.

Carlos está frente a la tele que anuncia uno de los primeros capítulos de la serie *La reina del sur*. Le interesa el tema porque le gusta Arturo Pérez Reverte, autor de la novela, pero más la actriz mexicana Kate del Castillo. Es el 5 de abril de 2011 y afuera, en las calles de esa ciudad y de casi todo el estado, la guerra entre las organizaciones, que antes eran una sola, estalló: Chapo o Beltrán Leyva, Mayo o Mochomo, los Guzmán o El Barbas. Esas divisiones han abierto una zanja inmedible llena de cadáveres y sangre. O estás con Joaquín Guzmán Loera, El Chapo, e Ismael Zambada García, El Mayo, jefes del cártel de Sinaloa, o con El Mochomo o El Barbas, apodos de Alfredo o Arturo, los hermanos Beltrán Leyva. Antes, compadres, amigos, parientes, vecinos. Ahora, todo eso quedó en el recuerdo, bajo una inamovible lápida de mármol. Hoy son enemigos y la sangre derramada de ambos lados no se borra.

En 2008, año de la fractura, hubo alrededor de dos mil 200 muertos. La cifra casi se repite en 2009, y en los dos años siguientes baja un poco pero ronda los dos mil asesinatos, casi todos con fusiles de asalto y armas de alto poder; matanzas y decapitaciones: piel contra piel, orificios, cabezas, manos, ojos que en medio de la tortura y antes de irse te lo cuentan todo.

El carro de Guadalupe, de 65 años, lo trae su yerno. Dicen en los subterráneos a ras de la banqueta que ese joven pariente suyo es oreja y "ponededos" –soplón, balcón– del grupo de Guzmán Loera. Nadie lo confirma. Pero el viento lleva y trae esta versión. Y en algún punto de la trayectoria iniciada a pie, el yerno le ofrece raid en el vocho que Guadalupe rara vez usaba en Navolato.

Alrededor de las diecinueve horas se escuchan disparos. Todos se tiran al suelo en casa de Carlos. Se oyen muy cerca. Luego una ráfaga larga que demuestra no se trata de pirotecnia sino de un cuerno de chivo que vomita implacables andanadas de fuego. Balazos, grita él frente a la tele. Como pueden se llevan a la abuelita, que estaba muy cerca de él, a la recámara. Todos siguen pecho tierra, él bajo el mueble de la tele. Toma el teléfono y avisa: hay balazos, qué pasa.

Navolato es tierra de los Carrillo Fuentes, del cártel de Juárez. Aquí nacieron la mayoría de quienes integran esta organización –fundada por el extinto capo Amado Carrillo, El Señor de los Cielos, muerto durante una cirugía en julio de 1997 en la

Ciudad de México–, y aquí viven sus hermanas, algunos hermanos y su madre, doña Aurora, en El Guamuchilito, muy cerca de esta cabecera municipal.

Navolato está empleitado. Los Carrillo se aliaron con los Beltrán Leyva y ahora disputan el negocio de la droga a Guzmán y a Zambada. Navolato es ruta hacia el mar, pero también es emblemático. Los Carrillo parecen decir: "No me van a quitar mi casa." Aunque en ocasiones parece que ya no les pertenece, pues esa organización criminal pone la mayoría de los muertos.

Es tu hermano

Los balazos cesan. Es un silencio que pesa y cae y se estrella. Lo rompen el chirriar de unas llantas y los ruidosos motores de esos automóviles en que huyen los homicidas, más por demostrar su poder que por temor a que los atrapen. Carlos se levanta y lo mismo hacen otros parientes. La abuela y ellos están bien. La gente empieza a salir, a asomarse. Recorren despacio la calle secuestrada por los homicidas, esperando no toparse con ellos. Quieren ver qué pasó, saber del muerto o los muertos, si los hubo.

Siete minutos bastaron. Un señor que conoce a la familia se acerca a la casa de Carlos. Sale un tío. Le dicen, con palabras atropelladas, que es su hermano. "Mi hermano. Sí, sí, tu hermano." Y no reacciona. Otros se dan cuenta y salen corriendo, pero Carlos camina despacio. Anda en chor y descalzo. No le gusta andar así en la calle pero esa noche la ciudad, los disparos, esa escena, lo asaltaron. Todos se le quedan viendo. Parecen abrirle paso: las siluetas que apenas distingue se apartan y hacen valla para que pase.

Llegó hasta el vocho lleno de orificios, con carrocería estallada, igual que los cristales de todas las ventanas. Vio dos cadáveres dentro: su tío y el yerno de éste.

"Mi tío estaba recostado. Parecía dormido, tranquilo, en paz. Sin sufrimiento. Yo lo había visto así muchas veces, cuando leía el periódico y se dormía entre sus páginas, ponía sus lentes y sus manos entrelazadas en la panza y estaba tan a gusto que ni roncaba. Plácido, en paz. Me acuerdo que pisé todos los vidrios, que sonaban conforme daba cada paso. Pero no me cortaron. Yo sólo escuchaba el sonido bajo mis pies", recordó Carlos.

Los testigos

Los que vieron todo cuentan que los homicidas les cerraron el paso con otro vehículo, que eran al menos dos y les dispararon a corta distancia: los balazos fueron directos al pecho y la cabeza, pero también alcanzaron sus brazos.

Uno de los homicidas se acercó del lado del copiloto y pareció no reconocer al occiso. El otro fue hacia el conductor. Quebró el cristal de la ventana y reconoció al que iba al volante. "Éste es", dijo. Habían cumplido su misión. Eran, de acuerdo con versiones cercanas a las indagatorias, pistoleros de los Carrillo Fuentes.

Y se puso a llorar

Lo más difícil para Carlos, que era el más entero en esa escena criminal, de pérdida y ausencias, fue avisar. Llamar a tías y tíos. Decirle a su mamá. En esas conversaciones telefónicas se repitieron las reacciones y las palabras. Escuchó varios "No puede ser", varios "No", a secas.

"Fueron unos 'No' huecos. Se pronuncian pero no significan nada. Sólo se dicen en esas ocasiones. Y la gente anuncia que va a empezar a llorar, a negarlo, sí, pero a llorar. A gritar", manifestó.

Hizo lo mismo con una de sus tías que tiene diabetes. Pero con ella tuvo cierto cuidado. No le dijo que estaba muerto y mucho menos que le habían disparado balas de fusiles automáticos. Nada más le contó que su tío Guadalupe había sufrido un accidente, no tenía detalles pero estaba muy mal. Y que tal vez...

Colgó y luego habló con su madre, que estaba fuera de la ciudad y, entonces, se puso a llorar. También a él le cayó el veinte pero había asumido la responsabilidad de avisar, de hacerlo con tranquilidad y entereza, con voz serena y tono de autoridad. Mi tío está muerto. Mataron a mi tío, repitió.

"Eso fue lo más difícil para mí. Avisarle a mi amá, a mi tía que tiene diabetes, la mayor. Ésas son las más grandes cicatrices: los llantos de mis parientes, de mis hermanos, de mi amá."

Son sonidos indelebles que permanecen en la oquedad de su vida, de ese día, de su familia: las ráfagas, esos llantos, las palabras que anuncian y desnudan y pegan como martillazos en la nuca, como una ola de mar en las rocas. Ese estruendo sí tiene peso y está en la piel, dentro.

El pin

Después de usar su Blackberry para avisar que había una balacera cerca de su casa, empezaron a llegar mensajes y otras llamadas que no atendió. Cuando pudo, tomó el teléfono y avisó que habían matado a su tío Guadalupe. Todos empezaron a darle el pésame, a preguntarle qué había pasado y expresarle su solidaridad.

En esos diálogos supo quién había sido el ejecutor. Vecino de la infancia, hoy sicario.

—¿Qué onda?, le preguntó Carlos. Era un pin, una especie de chat por teléfono celular.

El otro no contestó.

Al rato, muchos minutos después, respondió con un descorazonado: Qué onda.

—Mataron a mi tío, volvió a escribir Carlos.

—De qué hablas güey.

—Se pasaron de lanza. Fue mi tío.

—Pues es trabajo.

—Sí, pero no supiste a quién te llevaste. A mi tío. Nada qué ver. Sé que otros andan en eso, y pues a eso se atienen. Pero mi tío.

—No sabía.

—Ojalá que ese "No sabía" no te lleve a gente que sí puede responder. Yo qué. Yo no te voy a responder.

Y lo borró del chat. Contacto eliminado.

Cinco minutos después el sicario le mandó un mensaje de texto SMS, también por teléfono celular.

—Ey güey, por qué me borraste del chat. Qué rollo.

En el lugar, por la avenida Almada, siempre hay una o dos veladoras encendidas. Las ponen los hijos para recordar a Guadalupe y a su yerno. La nota publicada en la página de Internet *El blog del narco*, recogida de lo que apareció en las secciones policiacas de los diarios locales, cuenta que la noche de ese martes oscuro fueron asesinadas dos personas que iban en un Volkswagen. Fue frente a las oficinas del Partido Acción Nacional (PAN). Da los nombres pero aquí no pueden manejarse completos. Ni otros datos.

Por aquí pasa todos los días Carlos. Ve las velas y esa llama que parece resistir los embates del viento. Pasa vestido y calzado. Pero levita. Parece sentir de nuevo lo de ese día, cuando descubrió a su tío como dormido, envuelto en manchas rojas, apacible. Entonces de nuevo siente los vidrios bajo sus pies. Oye el crujir. Recuerda que no sangraron a pesar de los cientos, miles de filos. Pero a él le vuelve a doler. Se pone triste. Y sangra.

28 de marzo de 2013

Rolas y balas

A Joel le da miedo hablar, pero al fin accede. Es en un restaurante ubicado en una parte alta de la ciudad de Culiacán, donde toca en las tardes. Una guitarra electroacústica, un micrófono y una bocina con su amplificador. Eso basta para sacar el trabajo diario. Hora feliz, le llaman en el restaurante, porque escuchan canciones "en vivo", toman café y comen pastel o pan por el mismo precio, menor que si los consumen por separado, y pueden estar ahí toda la tarde hasta la hora de la cena.

Hora feliz, pero Joel no lo está. Inquieto, evasivo, baja la voz y a veces la mirada. Levanta los ojos para ver quién entra o sale. Voltea a ver a los de la mesa de junto. No hay peligro: en el local sólo hay mujeres cuarentonas y una que otra joven acompañando a su madre y a las amigas de ésta. Pero él igual vigila la puerta. Tiene miedo y mucho. Accedió a hablar a cambio de que no se citen algunos datos en la historia. Su nombre y edad, por ejemplo, pero también dónde toca o con quién, y los nombres de los grupos que dará pero no deben mencionarse en el texto.

En la lista están músicos muertos o amenazados. Músicos que se hicieron adictos porque los narcos los obligaron en plena tocada a consumir cocaína para aguantar más de veinte horas de jornada y ahora no pueden dejar la raya blanca. Trompetistas muertos por cobrar la tanda. Bandas enteras que no aceptarán volver a la comunidad de la que tuvieron que salir escoltadas luego de que en el lugar mataron a una persona y fueron amenazados por un hombre que portaba un arsenal de fusiles automáticos. Guitarristas, taroleros, acordeonistas, tuberos. Algunos de ellos no podrán trabajar como músicos en ciudades o pueblos, porque tocaron por su cuenta en alguna fiesta de un malandrín o sicario enemigo. Todo un rosario de desventuras. Recovecos que siempre conducen al narco. Y por lo tanto a la muerte. En el mejor de los casos, cuenta Joel, las balas pasan muy cerca. Muy, pero muy cerca. Lo dice en voz baja.

Él no tiene heridas, sólo recuerdos que le duelen. Arruga su frente y parece que se achican sus cavidades ópticas. Pero no, crecen los ojos al tiempo que habla despacio y bajito, muy bajito: está cabrón, bato, aquí ya no se puede tocar.

En Sinaloa, como en otros estados manchados por la violencia generada por el crimen organizado, cualquier motivo es bueno para que un sicario o un capo del narcotráfico decida matar a un músico: el embrutecimiento en el que se hayan los festejados, el olvido de la letra de una canción por los intérpretes o el simple hecho de que éstos decidan terminar la tanda y cobrar sus servicios.

La decadencia da para esto y más. Jóvenes músicos de tambora (como se le nombra en el norte a la banda sinaloense) no pueden tocar en cierta región o en la fiesta de un determinado cártel, porque amenizó fiestas de organizaciones enemigas. Otros han recibido financiamiento de jefes del narco o se han metido al negocio de las drogas.

Con eso y menos, basta para que uno de ellos decida ejecutar a uno, varios o todos los integrantes de un conjunto musical, que generalmente forman parte de la llamada onda grupera. Algo similar pasó con los miembros de la agrupación Kombo Kolombia, con saldo de diecisiete muertos, entre músicos y técnicos, en enero de 2013.

—¿Por qué los matan? –se le preguntó a Joel.

—Por el embrutecimiento de alguno de los festejados, cuando están en el clímax de la fiesta. Pero también porque el músico olvida la letra de una canción o por tocar en una fiesta del bando contrario.

"Es terrible, terrible lo que está pasando con los músicos. Estamos expuestos a todo y a todos. Hemos tocado con narcos pesados, con los Beltrán Leyva, "El Mayo" (Ismael Zambada, del cártel de Sinaloa) y "El Chapo" (Joaquín Guzmán Loera, jefe del cártel de Sinaloa); y hay gente con ametralladoras, pero también soldados y policías cuidando; entonces ellos te dicen que no hay otro lugar más seguro que ahí, en ese momento, pero imagínate cómo se siente uno", manifestó.

Joel es director musical de uno de estos grupos. Para alternar en las fiestas, el espectáculo que ofrecen incluye música de banda, además de baladas y cumbias. No interpretan narcocorridos, pero está consciente de que eso no los libra del peligro. Lo sabe y de sobra: también para esto, para tocar, "amenizar y hasta cobrar, hay que tener tacto, mucho tacto", dice, resignado.

Es músico desde niño y a partir de 1986 está en el ambiente de los espectáculos y convivios celebraciones locales, tiempo en el que ha formado parte de tres grupos y ahora es director de uno. Su verdadero nombre queda en el anonimato, como el del conjunto que dirige. Ésa fue la condición para aceptar la entrevista con *La Jornada*.

Graduación

En noviembre del año pasado, él y su grupo tocaron en Badiraguato, a unos 80 kilómetros de Culiacán, al norte, ya entrando a la serranía. Todo iba muy bien, a pesar de que sabía que en la fiesta había jefes de bandos contrarios, ambos del cártel de Sinaloa.

El ayudante de uno de ellos los contrató por tres horas más y aceptaron. Justo en esa última tanda, en la que tocaron piezas de tambora sinaloense, algunos de los músicos que no participaban en esa parte, se fueron al autobús a descansar. En ese momento se acercó una persona de apellido Caro, pariente de Rafael Caro Quintero, uno de los jefes del extinto cártel de Guadalajara, nacido en esa región y preso en el penal de Puente Grande. Quiso contratarlos, pero respondieron que ya lo había hecho alguien más. Contestó: "Me vale madre", y advirtió: "No saben con quién se meten."

Algunos asistentes se percatan del incidente y les dicen que no le hagan caso, que ni armas trae. El hombre se va molesto y a los diez minutos regresa en una camioneta y un arsenal; saca uno de los fusiles conocidos como cuernos de chivo y apunta hacia los que están en el autobús. Amenaza con matarlos. Sabe que a unos 30 metros hay varios militares, quienes no intervienen. Otros que lo conocen se acercan y lo calman. Sale de ahí en una Cheyenne 2012 y a los pocos minutos se escuchan disparos.

La fiesta, que ya llevaba por lo menos dos horas más de lo convenido, es suspendida: el que pagó tiempo extra les avisa que acaban de matar a una de sus tías y tiene que irse. Salda la deuda con los músicos y pone cuatro vehículos –dos adelante y dos atrás–, con cerca de diez pistoleros, para que los escolten hasta Pericos, comunidad ubicada en el entronque de la carretera México-Nogales 15, a unos 50 kilómetros de Culiacán.

"Juro que no vuelvo a tocar en ese lugar. Ni aunque nos pagaran un millón de pesos."

Nostalgia

Víctor tiene alrededor de diez años de músico culichi, tiempo suficiente para darse cuenta, sufrir y gozar, de los vínculos entre los conjuntos norteños, llamados coloquialmente chirrines, y los de la onda grupera. Cuenta que algunos de los capos tienen gente que se dedica exclusivamente a organizar las fiestas: no hay contrato ni lugar, sólo apartan la fecha y por teléfono avisan dónde y a qué hora es la cita. Ahora ya se desechan esos convenios de inmediato "por seguridad".

Eso significa que desconocen dónde tocarán o para quién. Muchas veces no saben si volverán y hasta les prohíben llevar celulares, al menos durante la tocada. Pueden terminar en la sierra, en alguna colonia marginada o en una zona residencial de Culiacán o de ciudad vecina.

"Antes, pero no hace mucho, hará unos seis, siete años, los narcos eran otra cosa y hasta propina nos daban. Nos saludaban y había admiración y respeto hacia nosotros. Ahora las cosas están muy cabronas y adonde vayas a tocar, vas expuesto. Y si quieren no más no te pagan o te pagan menos o te amenazan", lamentó.

A muchos músicos, agregó, los pistoleros los obligan a drogarse con cocaína durante la fiesta, frente a niños y mujeres, y entre hombres armados, y de tanto que esto pasa se hacen adictos.

"Puede que el patrón se quede dormido y que te llegue un achichincle (ayudante) a decirte es tanto, y te paga lo que él quiera y si reclamas, te contesta 'Hazle cómo quieras', mientras soba las cachas de la pistola que trae en la cintura. Aunque en otras ocasiones, las menos, platican con uno y te piden que si pasa el boludo (helicóptero) apagues las luces del espectáculo, para que no los ubiquen", señaló.

Víctor recordó los casos de músicos que trabajan por su cuenta, individualmente, cuando son solicitados por colegas: "Son los que terriblean, de terrible, así les llamamos a los que tocan por su cuenta. Se la juegan mucho y no necesariamente les pagan bien. Pueden ser cuatro mil pesos por unas dieciocho horas, sin teléfonos celulares y en condiciones y lugares desconocidos."

Los que terriblean, agregó, difícilmente podrán tocar con el grupo musical al que pertenecen, porque si los contrata un narco enemigo, y éste se entera de esas tocadas le prohíbe al grupo que los lleven a tocar. Entonces los grupos tienen que buscar a otros músicos que los sustituyan, al menos en algunas ocasiones.

No puede dejar de mencionar a un colega suyo, ultimado a tiros frente a otros músicos en el panteón Jardines del Humaya, ubicado en el sector sur de esta ciudad; se le conoce como el cementerio de los narcos: durante un sepelio, hace cuatro años, se dirigió al jefe para cobrarle y éste respondió accionando un arma corta.

El negocio y los padrinos

Algunos grupos de este tipo, norteños o de la onda grupera, aceptan, quizá por necesidad, apadrinamiento de narcotraficantes. Les compran equipo y autobús, los patrocinan para que hagan giras por Estados Unidos; a cambio los obligan a tocar en las fiestas personales, de familiares y amigos, estén donde estén.

"Se dejan deslumbrar. Les ofrecen hacerlos triunfar en Estados Unidos y puede que sea cierto, pero el precio a pagar es muy caro. Carísimo. A los que les va bien, vuelven a su realidad y reinician más abajo de donde estaban cuando se revienta la burbuja. Otros no tienen esa suerte", advirtió Víctor.

Un músico, con una treintena de años en el ambiente, afirmó que uno de estos grupos realizó giras, les dieron un autobús y grabaron un disco; ahora, por las pugnas entre cárteles, el narco que los patrocinaba los dejó solos y apenas ganan 25 mil pesos por tocada –que deben repartirse entre quince integrantes– cuando otros cobran entre 50 y 80 mil. Están "congelados" y sólo tocan en fiestas de bajo nivel.

"Caen los capos y caen ellos también. Hay problemas entre los narcos, los grupos, y también con algunos músicos. Un trompetista de Culiacán, cuyo nombre no puedo darte, no puede ir a Mazatlán ni a Los Mochis, porque lo han visto tocando para el enemigo. Y ahí andan los del grupo, buscando quién lo sustituya", aseguró Joel.

Los fichan, dice. Están marcados porque se involucran o se pasan de la raya, de acuerdo con los intereses de ellos, o de plano están metidos: un músico de una de las bandas más populares de Culiacán se hizo empresario de un día para otro gracias al tráfico de drogas, pero con la misma rapidez fue levantado y asesinado por un comando. Como no dejó testamento, el equipo y el grupo quedaron en manos de otro de los músicos y su familia quedó en la calle.

La nalga

Los músicos empezaron a tocarle piezas al joven. Sabían que era matón y andaba drogado, y en esas condiciones le daba por echar bala de manera indiscriminada. Está bien, patrón. Nomás no empiece a disparar porque nos vamos a poner nerviosos y no podremos tocar.

El hombre estaba sentado en un sillón de descanso. Parecía hundirse en ese mueble de espuma y cojines, de piel aterciopelada. Cruzó las piernas. Apoyó su barbilla en la mano derecha, en preparación para el despegue y la respuesta. A su lado, un montón de botes de cerveza, secos, tristes, de aspecto fúnebre.

Les dijo que ni pistola traía. Sabían que mentía. Pero sonrió travieso y juguetón, así que no discutieron más. Tocaron "El sauce y la palma", "El niño perdido", "Tecateando" y "El puño de tierra". Él nomás cambiaba de pierna para volver a cruzarlas: se acostaba a lo largo, estiraba los brazos y los colocaba atrás, las palmas de las manos abrazando su nuca o siguiendo el ritmo en la superficie relajante del sillón.

En una de esas gritó de gusto, sacó el arma y disparó al aire, al techo. Los músicos interrumpieron la canción y le dijeron: "¿Qué pasó jefe?, ¿en qué quedamos?" Él no dijo nada. Vio el arma y a los músicos. Abrió el blazer y guardó de nuevo el fierro, todavía humeante. "Ai muere pues, échense otra."

Los músicos se miraron uno a otro. El de la tuba, que lideraba la banda, asintió. Tocaron otra y otra y otra. Y de nuevo, emocionado y ya de pie, sacó la nueve milímetros y escupió tres plomazos. "Epa epa." Se pusieron nerviosos. "Patrón, jefe. Así no podemos tocar." Estuvieron a punto de guardar todo en los estuches, hacer cuentas y salir. Unos se alejaron más que otros. "Yastuvo, loco. Mejor vámonos."

El joven escuchó sus quejas y sonrió de nuevo. "Ta bien ta bien. Ai muere con los balazos. Sigan tocando, por favor." Les dio un adelanto y les pidió "El sinaloense" y luego "El toro manchado" y "El palo verde."

Se echó dos líneas y dos botes de cerveza casi de un tirón. Siguió el ritmo con los pies, esta vez separando las suelas del piso y golpeando a ratos con sus manos las rodillas. Estaba henchido y desbordante. Se inyectó energía en polvo y líquida a través de sus orificios superiores. Y gritó y gritó. Los músicos lo miraban con los ojos saltados y se lanzaban señas entre ellos.

Aquél, sacó de nuevo el arma y pum pum pum pum. Los músicos callaron. Uno empezó a dolerse de la parte trasera. Se buscó. Palpó. Puso los dedos frente a sus ojos: sangre. "Sangre", gritó. Los otros se le acercaron, espantados. "Ya ve patrón", le reclamaron. El hombre se levantó, miró la herida.

"Ah, es en la nalga. No sea chillón, chingada madre." Y con la misma sonrisa, ordenó: "Llamen a la Cruz Roja y sigan tocando."

La calle 12

La banda orquesta esperaba terminar la tanda para descansar. Fiesta de graduación. Ellos, músicos experimentados y de buen nivel, se esmeraban en prender la mecha de la fiesta y empujar a los asistentes, a través de esos sonidos, a la pista de baile. Y nada.

La mecha se prendió cuando tocaron canciones de banda sinaloense. "Caminos de Michoacán" fue la chispa y de ahí para delante la tanda tuvo vida en el centro del salón de baile. El que cantaba tomó el micrófono para anunciar que los siguientes minutos estarían descansando.

Entró en el aire la música de un diyei, que no requirió destreza para acomodar los CDs en la tornamesa. Algunas cumbias sabrosas y guapachosas mantuvieron a la gente parada y entrelazada, en espera de una y otra y otra canción. Los músicos conversaban a un lado de la tarima. Un hombre bien vestido, de traje elegante tipo norteño se acercó.

Llamó al que cantaba. El hombre se presentó. Tendió su mano y pronunció un nombre que el ruido apagó. Apretó la mano del músico con fuerza y le dijo: "Quiero hacerle una petición."

El cantante, que además tocaba la guitarra, lo escuchó y asintió cordialmente mientras intercambiaban palabras que apenas llegaron a sus oídos. Le dijo: "Claro, lo que guste". "Quiero que toquen La calle 12." "Cuál, perdón, es que no alcancé a escuchar." "La calle 12", dijo aquel hombre, a quien el malhumor se le subió rápido a los ojos. "Sí, claro. Ahorita."

Le preguntó cómo se llamaba, para dedicársela. Aquél le respondió que no más la tocara.

Cuando terminaron el descanso, anunció la canción. "Una petición, con mucho gusto. Claro que sí. Cómo no. Para ustedes 'La calle 12'." Sonaron los metales y las cañas, entraron la batería y las cuerdas. Una interpretación excelente, aunque no alcanzó para regresar a los asistentes a la pista.

Aplausos: montoncitos allá y otro poco más allá. Dispersos, apenas sonoros. Al final de la canción, el hombre se acercó de nuevo y le dijo que tocaban muy bien, que le había gustado mucho. Se desabrochó el saco y lo abrió, se acomodó la camisa y el cinto: la pistola estaba entre la camisa y el pantalón y fingió que le molestaba, así que hizo como que la sacaba y la volvía a meter.

"Ahora quiero que la cante." El músico le preguntó "¿Que la cante?" "Quiero que la cante." Le dijo. Y otra vez esos ojos crecieron. El músico no la pensó: "Claro, señor. Lo que guste. Encantado." Le informó a sus compañeros. Les aclaró: "Quiere que la cante." Se acercó al micrófono con gran temple. Y la cantó. Los músicos compartían miradas nerviosas. No dejaban de revirar, intrigados.

Al final, el hombre aquel se acercó para felicitarlo por haber cantado una canción que no tenía letra.

Enfermos y alterados

La mejor, más popular y multimillonaria –por la riqueza que ha generado a sus expositores– manifestación de la presencia violenta del narco en el ambiente musical y de los espectáculos está en el llamado Movimiento Alterado, nacido en Culiacán y con presencia en todo el país y buena parte de Estados Unidos.

Sus principales expositores son El Komander, Los Buitres, Óscar García, Larry Hernández, Buchones de Culiacán, Buknas de Culiacán, Los Primos, Erik Estrada y El RM, entre otros. Como ellos mismos lo han reconocido, sus canciones cuentan con la autorización del cártel de Sinaloa y ensalzan a sus jefes: empecherados, decapitados, sanguinarios, levantones, encuernados, enfermos, ondeados.

Sus piezas musicales no son corridos, pues no cuentan historias, pero sí hacen propaganda de jefes, sicarios, enfrentamientos y matanzas.

Huellas de sangre

En Sinaloa, el caso más reciente de un músico grupero asesinado se dio el 30 de marzo de 2012. José Baldenegro Valdez, baterista de Enigma Norteño, agrupación que interpretaba narcocorridos, fue encontrado muerto a balazos y con huellas de tortura, luego de ser privado de la libertad por hombres armados, en Culiacán.

Otro caso impactante fue en junio de 2010, cuando fue muerto a tiros Sergio Vega, "El Shaka", en las cercanías de San Miguel Zapotitlán, municipio de Ahome. De esta tierra es también Valentín Elizalde, "El Vale", muerto a balazos en Reynosa, Tamaulipas, luego de un concierto. Iba en una camioneta y le dispararon primero con fusiles automáticos y luego, de cerca para rematarlo, con armas cortas. En el lugar había cerca de 60 casquillos de diferentes calibres. Junto a Elizalde, oriundo de Guasave, Sinaloa, fueron muertas dos personas.

Pero el que conmocionó a nivel nacional, fue el homicidio de diecisiete integrantes de la agrupación Kombo Kolombia, en Monterrey; fueron levantados el 24 de enero por un comando y encontrados muertos y enterrados días después. El grupo, que empezó cantando en camiones de pasajeros con botes y palos, e interpretaba piezas de cumbia vallenato, terminó en una fosa clandestina de quince metros de profundidad.

Versiones extraoficiales indicaron que Kombo Kolombia trabajaba para el cártel de Los Zetas. Aunque esta información no ha sido confirmada, el hecho de que las autoridades encargadas de investigar los delitos los vinculen con cárteles de la droga, explica la impunidad, la condena pública y el olvido.

Heridas

Joel trae esas heridas en la mirada y en la voz. Su lengua está cuarteada y sangra, sus ojos tienen una vitrina multicolor. Sus recuerdos parecen apagados, arrinconados para no recordarlos. Recordar duele. La nostalgia, su nostalgia, es eso: dolor por el pasado. Trompetista muerto a tiros, amigos músicos convertidos en adictos por los narcos, otros amenazados, perseguidos, vetados, muertos. Se despide porque tiene que volver al atril y el templete, para interpretar baladas.

Se apura y mientras avanza para alcanzar la guitarra y el micrófono, y sentarse, gira para despedirse. Lo hace con dolor y desconfianza. Lleva muchas notas de muerte, muchos arpegios con cicatrices que no cierran, y silencios interminables de llantos que no cesan, por tantos amigos muertos.

Marzo de 2013

Palabras contra balas

El 23 de febrero de 2013, un joven fue atacado salvajemente en Costa Rica, al sur del municipio de Culiacán. Horas después murió, al día siguiente, en el hospital del IMSS de esa localidad. Juan Ramón Montoya Quevedo tenía golpes contusos en rostro y cabeza, y cuatro balazos. El crimen conmocionó al pueblo, que se volcó a los funerales y al entierro.

Pacho le decían quienes lo conocían. Pero incluso quienes no tenían trato con él acudieron dolidos a las exequias y acompañaron a la familia del occiso todavía un mes después del homicidio. Ahí, en el lugar donde fue visto con vida por última vez, aún le prenden veladoras. Que el fuego no falte, dicen amigos y vecinos. Ellos, todos, temen que se alce victorioso el poder del dinero y las amenazas y que en éste, como en otros muchos casos, ganen los malos: que haya impunidad y no justicia.

Los testigos indican que el presunto homicida, David Ruiz Estrada, quien está preso en el penal de Culiacán, hacía piruetas en su camioneta Ford negra, tipo Lobo, de la línea Harley Davidson; circulaba a alta velocidad y molestaba a los vecinos. Juan Ramón Montoya le llamó la atención y al parecer ambos se hicieron de palabras. El agresor había empezado a ingerir bebidas embriagantes hacía dieciocho horas. Alrededor de las 23 horas ambos volvieron a discutir, frente a un expendio de cerveza ubicado por la calle San Rafael.

Cachazos y balas

En su testimonio ante el Ministerio Público, una vez preso, Ruiz Estrada, de 22 años, dijo que la víctima lo amenazó e insultó y que, cuando se topó con él por segunda vez, notó un bulto en el lado derecho de la cintura; pensó que se trataba de una pistola y que le dispararía.

El bulto, señalaron sus familiares, era la funda de un celular o su cartera, que siempre guardaba entre el pantalón y la camisa.

"Al pensar que me quería disparar, rápidamente saqué la pistola .380 que traía conmigo y le disparé como en cuatro o cinco ocasiones, desconociendo cuántos disparos logré acertar, ya que todo fue muy rápido; pero lo miré caer al suelo, y estos disparos los hice a una distancia aproximada de dos metros", confesó, de acuerdo con el expediente de la fiscalía, cuya copia está en manos de la familia de la víctima.

Los testigos señalaron que Pacho no llevaba arma, puesto que no tenía ni era su costumbre portarla. Y una vez que Ruiz Estrada le pegó los primeros balazos, dos o tres, Pancho, le dijo, tirado en el suelo que ya se calmara. Pero no bastaron los: "Ahí muere, compa. Ya estuvo", que le repetía, con varias lesiones de bala. El presunto homicida le disparó de nuevo hasta sumar cuatro balazos y el joven, yacente en el suelo, le insistía que se calmara. El agresor se acercó y le puso la pistola en la cara para accionarla nuevamente, pero ya no tenía balas. Molesto, iracundo, le empezó a golpear rostro y cabeza con las cachas del arma.

El dictamen de la Dirección de Investigación Criminalística y Servicios Periciales, de la Procuraduría General de Justicia del Estado, indica que Ruiz Estrada tenía en su mano derecha residuos de plomo, de acuerdo con la prueba de rodizonato de sodio practicada en sus extremidades superiores, para saber si había disparado arma de fuego. Así lo establece la prueba con folio 21113, practicada en el laboratorio de química forense.

"Con base en los resultados obtenidos con la técnica utilizada se establece lo siguiente:

SÍ se identificó el elemento investigado 'PLOMO' en las zonas más frecuentes de maculación (2/5 partes de las regiones palmar, dorsal e interdigital) de la mano derecha del C. DAVID RUIZ ESTRADA", reza el documento.

En las pruebas de este tipo practicadas en el hoy occiso, el resultado fue negativo. Así lo indica el folio 21133/2013, integrado a este expediente. En el dictamen médico de autopsia, practicado en el área de medicina legal y con folio 21656/2013, en el Servicio Médico Forense, se concluye que fueron cuatro las lesiones de bala (orificios de entrada) que provocaron otras lesiones.

"Uno de los disparos, que ingresó por el brazo izquierdo, de arriba abajo: tuvo un orificio de reentrada "en hemitórax lateral izquierdo, en línea axilar media a cinco centímetros del plano de sustentación, de forma oval, midiendo ocho por nueve milímetros de dimensión, sin orificio de salida multifragmentándose en columna vertebral torácica.".

Otro de los cuatro balazos que recibió tuvo como orificio de entrada el hemitórax lateral izquierdo y midió siete por ocho milímetros.

"Se determina que el ángulo de incidencia del proyectil al hacer contacto con la piel tiene una dirección de atrás hacia delante, de abajo hacia arriba, de izquierda a derecha, de bordes invertidos y con presencia de anillo equimótico escoriativo de la epidermis, con orificio de salida localizado en hemotórax lateral derecho en línea axilar media."

En el rubro de conclusiones, se señala que la causa de la muerte de José Ramón Montoya Quevedo fue "laceración cardiaca y de pulmón derecho secundario a herida producida por proyectil disparado por arma de fuego por mecanismo perforo-contundente".

Además, agrega:

"Cronotanatodiagnóstico: la valoración de los signos cadavéricos se realizó a las cinco horas con seis minutos del día veinticuatro de febrero del año en curso, por lo que presenta cronotanadiagnóstico menor a tres horas al momento de practicar la autopsia."

Tipo de muerte: el tipo de muerte es violenta.

Lesiones *antemortem:* todas las lesiones descritas son *antemortem.*

Lesiones *posmortem:* no presentó.

Sobrevida: no presentó sobrevida después de sufridas las lesiones.

El dictamen fue firmado por los doctores Francisco Javier Montoya Serrano y Hugo Rivera Cabanillas.

Monopolio del crimen

La pequeña ciudad es vigilada. Desde la carretera, en los principales accesos y lugares públicos, el narco tiene a sus vigilantes. Lo que en otros lugares llaman halcones, aquí son conocidos como punteros. Los tiene ahí el cártel local, el de Sinaloa, que sigue dominando la región, salvo algunas escaramuzas y operaciones demenciales de sus competidores; una mezcla de residuos de los Beltrán Leyva y los Carrillo Fuentes en municipios del norte, como El Fuerte, Sinaloa y Ahome, y Mazatlán, Escuinapa y El Rosario. Como la guerrilla, estos grupos criminales llegan, golpean y salen. Sigilo y espectáculo.

Pero el narco local quiere que todo esté en paz. Monopolio del crimen: si alguien asesina, roba un automóvil o comete cualquier otro delito, es porque así fue ordenado. Nadie más debe ni puede operar por su cuenta. Una indisciplina, la más mínima, puede costar el exilio, un castigo en alguna casa de seguridad lejana y a solas, o la muerte.

En Costa Rica operaba "El Fantasma", cuyo nombre es Marcelino Ticante Castro, originario de Veracruz, de formación militar y agente de la Policía Municipal de Culiacán. Fue detenido por el Ejército Mexicano en Costa Rica, durante febrero de 2013. Era uno de los principales sicarios de Joaquín Guzmán Loera, jefe del cártel de Sinaloa, y consiguió que un joven culichi, de nombre Jonathan Salas Avilez, le prestara su identidad. Todo mundo decía que así se llamaba y cuando Salas murió durante un enfrentamiento con el ejército, en 2012 en esa región, la nota en periódicos locales y nacionales fue que había muerto "El Fantasma".

El hoy preso había cometido varios errores. El primero fue haber torturado salvajemente a varios oficiales del ejército luego de que los militares detuvieron a importantes operadores de esta organización. Cuando las negociaciones entre el ejército y el narco concluyeron, y esto permitió que liberaran a los detenidos, los militares, que también fueron dejados en libertad, ya estaban muy golpeados. El otro error fue hacer mucho ruido en Costa Rica, presentarse con armas de alto poder a fiestas de la comunidad y familiares, y causar destrozos, atemorizar y amenazar.

Mucho ruido para una ciudad muy tranquila, controlada por el narcotráfico pero con niveles aceptables de violencia: un ejecutado cada tercer día y nada más. Por eso los jefes del cártel decidieron entregarlo. Ese día de febrero estaba solo, en casa de su madre, queriendo pasar por otro. Pero fue reconocido y apresado.

Ahora que todo volvía a la calma en Costa Rica, sus habitantes fueron sacudidos de nuevo. Y la ciudad se enfermó, primero de violencia y azoro por este crimen, no sólo por la forma en que fue ultimado El Pacho, joven de buena fama y familia, sino también por la necesidad de recuperar la paz —la paz impuesta y administrada por los narcos— a la que tenían derecho y estaban acostumbrados.

Justicia de puntero

Varios de estos punteros habían visto la agresión e intervinieron. Ruiz Estrada iba con su cuñado, de nombre Juan Alexis Coronel Picos, y se retiraron "a toda velocidad, tomando por la calle principal de Costa Rica y atravesaron la ciudad, para tomar la carretera hacia Los Cascabeles y llegar al panteón de Pueblo Nuevo", señala el mismo indiciado en el testimonio rendido ante la fiscalía.

Durante la huida, agregó, descubrió que lo seguían en una camioneta tipo Jeep Patriot, cuyas características se desconocen. El joven conductor perdió el control de la camioneta Honda en una curva y se volcó, resultando con golpes leves, aunque no llevaba puesto el cinturón de seguridad.

"A mí me sacaron del interior de la camioneta quienes me venían siguiendo, me golpearon y perdí el sentido, para recuperarlo en la Cruz Roja de Costa Rica; ahí supe que mis perseguidores me entregaron a los policías municipales, y que además me robaron la pistola con la que privé de la vida al Panchío."

También, agregó, le robaron un reloj de pulso, dos anillos, una cadena, cuatro celulares y alrededor de 6 300 pesos que llevaba en la cartera, así como documentos personales. El arma, contó luego ante la fiscalía, había sido comprada alrededor de quince días antes a "un señor de Costa Rica", por cuatro mil pesos.

El detenido señaló que estaba consciente de que matar a una persona era un delito que se castiga con cárcel, y que en "este momento me siento tranquilo declarando la verdad de lo que pasó y de lo cual me siento arrepentido". Dijo que aunque estuvo tomando cerveza, sabía lo que hacía.

Lo iban a matar

Los punteros disienten de esa versión. Información extraoficial indica que estaban tan molestos por los abusos cometidos que lo iban a matar; pero el aprehendido ocultó su identidad y dijo llamarse como su cuñado, quien ya no estaba con él. Al final, señalaron, optaron por entregarlo a las autoridades para que lo apresaran.

Levántate, hermano

En el hospital del IMSS de Costa Rica estaba su padre y momentos después llegó su hermana, quien tuvo que empujar al guardia que le impedía ver a su hermano. Preguntó cuántos impactos de bala tenía, pensando que si eran dos o tres resistiría, porque era un joven fuerte.

Cuando le dijeron que eran seis, agachó la cabeza, cerró los ojos: agua con sal y maquillaje empezaron a rodar. Vio a pocos metros a los médicos. Eran muchos, se afanaban en atenderlo entre tanta fuga de sangre de esos seis orificios. Momentos después dijeron: "Se nos fue."

Ella, pensando en que su madre no estaba con ellos porque había salido de la ciudad para visitar a unos parientes, empezó a gritarle que no podía morirse porque entonces ella no sobreviviría.

"Yo lo abracé, me le eché encima para besarlo y abrazarlo, para decirle Pacho, hermano, levántate, levántate ya. Tienes que seguir luchando. Si tú te mueres, mi mamá se morirá también", recordó Dámaris del Rocío, hermana del occiso y apenas un año mayor que José Ramón, quien tenía 27 años.

Funerales y protesta

Fueron cientos, miles a la casa donde Pacho era velado. Los que no lo habían tratado sabían que era un joven hogareño, no tomaba cerveza, tampoco consumía drogas, ni andaba armado. Que era el mismo al que podían llamarle a las tres o cuatro de la mañana para pedirle que fuera por ellos, porque se les había ponchado una llanta, descompuesto el carro o se habían atascado, y siempre acudía. El que atendía, junto con su padre, un taller de maquinaria agrícola: hogareño, juguetón, servicial y amable.

Su familia tuvo que abrir la puerta trasera para que la gente pudiera entrar y salir por ambos accesos. Aquello se convirtió en una procesión: todos querían verlo, despedirse de él. Enrabiados, resignados, quejumbrosos, conmovidos. Así siguieron esos días, luego del panteón. El entierro fue alrededor de las siete de la noche y, para las once, la gente seguía alrededor de la tumba.

Hasta la fecha, vecinos, parientes, amigos y desconocidos visitan esa casa, la de los padres y de Pacho, para acompañar a la familia, solidarizarse, compartir rabia y dolor. Y la exigencia de que se haga justicia. Los del expendio, el joven que a través de otros parientes lo conoció hace 12 años y ahora vive en Estados Unidos, los maestros que lo trataron y los que no. Todos se lamentan. Les duele su muerte. Duelo colectivo. Ciudad herida.

"No merecía morir, no así. Para nosotros en Costa Rica, donde estaba todo tranquilo hasta que eso pasó, esto es demasiado. No era amigo de todos, pero lo conocían y lo respetaban", afirmó Sergio Enrique Ruiz Valdez, de 28 años, vecino de toda la vida, quien conoció a víctima y victimario y asegura que entre ambos no había rencillas.

Dijo que durante los funerales parecía que daban recompensa a quien acudiera. Era conocido porque organizaba carnes asadas para reunir a sus amigos, aunque él no tomara. "Todo esto sacudió a Costa Rica. Quizá si hubiera muerto en un accidente nos pesaría, pero no de esta manera."

Recordó que el presunto asesino cometía desmanes desde que tenía once o doce oaños, cuando sus padres le regalaron un automóvil Sentra nuevo y manejaba a toda velocidad, aunque apenas se asomaba entre el volante y el tablero.

Guadalupe Rivera, presidenta de la Comisión de Derechos Humanos de Costa Rica, lamentó que por hechos violentos mueran buenas personas, como Pacho, y eso fue "lo que a todos nos indignó en la comunidad, porque todo mundo vio, supo qué había pasado. Es una atrocidad".

Versiones extraoficiales señalaron que igual que los punteros, los jefes del narco en esa región estaban muy molestos por la conducta del homicida, por eso ordenaron a los halcones aprehenderlo. Ellos, por supuesto, querían ir más allá y aplicar la justicia por mano propia.

¿Qué es lo que quiere?

Dámaris ha realizado las gestiones ante el Ministerio Público, la abogada de oficio y quien sea necesario. Una funcionaria de la agencia del MP especializada en homicidios dolosos, que está viendo su caso, le preguntó por qué su hermano dijo groserías, y ella le respondió que debería preocuparse por cómo es que un joven, el supuesto homicida, llevaba un arma de fuego.

Le reclamó además que en los exámenes toxicológicos practicados por la Procuraduría General de Justicia del Estado (PGJE) el apresado no dio positivo por ingerir alcohol, cuando él mismo reconoció en su declaración ante la fiscalía que estuvo tomando esa tarde y noche, desde las seis.

—A ver, ¿tú qué pides? –preguntó la del servicio público.

—Justicia. No más.

De acuerdo con el expediente CLN/COSR/62/2013/AP, las pruebas practicadas a David Ruiz Estrada por la Dirección de Investigación Criminalística y Servicios Periciales, indican que éste no tenía presencia de drogas como cocaína, mariguana y otras, en la sangre. Y también su examen toxicológico de alcohol, clave CLN/2013/7736, folio 21124/2013, del 24 de febrero, resultó negativo.

"No se encontró la presencia de sustancias provenientes del consumo de alcohol etílico en el espécimen biológico (orina) que se recolectó del C. David Ruiz Estrada", reza el documento, firmado por Celina Soto Rocha y Alma Delia Osuna Acevedo, químicos de esta dependencia de la PGJE.

Esta prueba y lo dicho por la defensora de oficio y el personal de la agencia del Ministerio Público hacen dudar a la familia de Pacho: "Es un caso de homicidio doloso, es un caso fuerte, pero… puede que salga. Para que no te vayas a llevar una sorpresa."

Los enviados

Varios agentes investigadores de la Policía Ministerial del Estado (PME) fueron enviados a la casa de Pacho. Dámaris platicó con ellos y le dijeron que Martín Robles, subprocurador General de Justicia, los había mandado para ofrecerles todo el respaldo y asegurar que la investigación se realizaría con seriedad.

"Ellos me dijeron que estaba 'hermoso el expediente', porque tenían detenido al agresor, declararon los que iban con él, reconoció que disparó y que en su carro se dio a la fuga", señaló Dámaris Montoya.

Dinero, narco y hostigamiento

La hija, los padres, vecinos y amigos han realizado protestas en Costa Rica y en la PGJE. El 12 de marzo alrededor de un centenar de inconformes realizaron una manifestación en la sede de la procuraduría local, en Culiacán. En las mantas y pancartas podía leerse: "¡Queremos un Costa Rica sin violencia!", "¿Cuántas muertes más serán necesarias para darnos cuenta que ya han sido demasiadas?", "Reclamamos justicia para El Pacho", y "¡Basta de impunidad!"

Entre los manifestantes estaban los padres del hoy occiso, Óscar Loza Ochoa, de la Comisión de Defensa de los Derechos Humanos (CDDHS) y Guadalupe Rivera, de la Comisión de Derechos Humanos de Costa Rica, además de amigos de la escuela y vecinos de toda la vida. María Isabel Quevedo, la madre, manifestó que lo único que exige es justicia:

"Yo quiero justicia para mi hijo. Él era muy bueno, servicial con los muchachos. Este joven (que lo mató) andaba dando vueltas policiacas, la gente le tenía miedo, echando bala y mi hijo lo único que hizo fue pedirle que se calmara... que se haga justicia, a muchos muchachos los tiene amenazados", sostuvo.

Ella y su hija, Dámaris, manifestaron que el padre del detenido está acosando a los testigos para que cambien su versión y digan que fue en defensa propia. A algunos les ha ofrecido dinero y llevarlos personalmente ante el Ministerio Público para que declaren.

"Son gente que ha hecho dinero de las drogas. Que tienen o tenían poder, mucho, y ahora quieren resolver las cosas así", dijo uno de los inconformes, quien pidió mantener el anonimato. Versiones extraoficiales vinculan al padre con el crimen organizado.

Por eso la exigencia de todos ellos se resume en una palabra: justicia.

Y que no se marchite su recuerdo, lo que El Pacho representó para quienes lo conocieron. Ni se apaguen las mechas de las veladoras que unos y otros llevan al lugar donde fue salvajemente atacado.

Marzo de 2013

¿Cómo se ha llegado hasta aquí? ¿Cómo puede detenerse esta inercia antes de que México se desvanezca en medio del miedo y el terror en un holocausto repleto de cabezas cortadas, tiroteos donde los ciudadanos inocentes son bajas colaterales, policías que entran a la casa rompiendo la puerta y se roban el queso que hay sobre la mesa, cárceles donde impera la mafia y se tortura sistemáticamente, declaraciones oficiales de avances y éxitos que ya ni los niños de la gran burguesía urbana se creen, fábricas y talleres que cierran, madres asesinadas por protestar por el asesinato de sus hijas?

Paco Ignacio Taibo II
"Ocho tesis y muchas preguntas."
La Jornada. Sábado 15 de enero de 2011.

Bala perdida, bala encontrada

Para doña Engracia y don
Chuy. Donde sea que estén, están.

Cicatriz de balazo, químico de Culiacán, viajes a Colombia y Venezuela. De apellido Escobar.

Luis salió corriendo de la escuela primaria Sócrates, ubicada en la colonia Miguel Alemán, en Culiacán. Era jueves, 11 de octubre de 1972 y tenía ocho años: al día siguiente, Día de la Raza, no habría clases, así que tendría tres días de descanso, por eso salió feliz, abanicando sus pasos, hasta que tropezó en uno de los pasillos del plantel, cayó y se raspó brazos y rodillas.

"Me dolió pero me aguanté. No me iba a echar a perder esos tres días de asueto. Cuándo iba a pensar que ese asueto se iba a prolongar tres meses", señaló.

Luis era inquieto, travieso y ocurrente. Le ponía sobrenombres a todos en el barrio, en la colonia Rosales. Le gustaban el futbol, la leche, las galletas y estar donde no lo llamaban. Trashumante de la loma, la tienda de la esquina, los campitos deportivos de los alrededores: su casa siempre le quedó chica y sus zapatos, como esos ojos que parecían tener gobierno propio, no andaban la tierra, la alteraban.

El tío Tipo

Le decían "El Tipo", pero Luis no sabe por qué, no lo recuerda. Como su padre, era de Colima y había llegado a la capital sinaloense con todo y familia —esposa y dos hijas— en busca de trabajo. Lo contaba don Chuy, padre de Luis y hermano de José, y lo sabían quienes lo conocían: "El Tipo" era trinquetero, borracho, gandalla, vago, irresponsable, y le gustaba ganar dinero rápido y tener muchas mujeres.

Pero a Jesús Escobar Cervantes no le importó. Era su hermano. Había trabajado con dos alcaldes de Culiacán, Emilio Aguerrebere y Mariano Carlón López, durante la década de los sesenta, y ahora era empleado del Instituto Mexicano del Seguro Social (IMSS). Así que podía ayudar a su hermano a conseguir algún empleo para que mantuviera a su familia y se instalara tranquilo. Y aunque no le gustaba andar moviendo influencias ni molestar a sus amigos y conocidos en el gobierno, logró ver a algunos de ellos y que colocaran a José en un puesto del Ayuntamiento: administrador del Panteón Civil de Culiacán, uno de los principales de la ciudad.

Malas compañías

En ese trabajo en el panteón más grande de la ciudad capital, El Tipo se relacionó inevitablemente con jefes de los llamados "gomeros" de la región, como llamaban en esos años a quienes cultivaban la amapola, de la que se extrae goma de opio, aunque el calificativo se usaba también para referirse a los que sembraban mariguana. Lamberto Quintero y Pedro Avilés eran entonces dos de esos capos del narcotráfico. A ellos y a otros más del mundo del hampa –incipiente semilla del crimen organizado y de los cárteles como el de Sinaloa y Guadalajara– les hizo favores: guardó armas y droga entre las tumbas y ocultó a uno que otro carraqueado, como llamaban a los ejecutados con fuego de metralletas y desde un vehículo en movimiento.

Fue así como se hizo de dinero. Y mucho. Y lo gastó con la misma rapidez en mujeres, cerveza y fiestas. Su ascenso fue tan rápido que tuvo para comprar un Dart del año, de agencia, al contado. Algo que Jesús, don Chuy, no había logrado con muchos años de trabajo fiel y honesto en las oficinas de gobierno.

Una familia ejemplar

Don Chuy encabezaba en la calle Durango de la colonia Rosales una familia ejemplar. Sus salidas eran a misa los domingos, al trabajo y la escuela. Si se compraba cervezas le podían durar semanas, congeladas como piedras, en el refri. Luis era el irreverente e inquieto. Era el tercero de los cinco, en línea descendente, y sumaba las vagancias de todos y se escapaba y entrometía cuantas veces podía. Pero todos ellos eran hijos obedientes, dedicados al estudio, sin consumo de alcohol y mucho menos de drogas: en el barrio, más de alguno hubiera querido formar parte de esa familia, que tenía además una de las primeras viviendas de material, en la que siempre había leche y galletas, televisión a color y consola para tocar discos de acetato.

Sus padres ingerían pocas bebidas embriagantes. En esa casa todo estaba en orden y la sala, de muebles acojinados y adornos que en Navidad completaban un nacimiento con heno, minúsculos muñecos de figuras bíblicas, coronado por un frondoso y decorado árbol de navidad, repleto de adornos que pendían de los brazos del pino artificial.

Todo en esa casa era certidumbre y paz. En los sombríos cuartos, formados uno detrás del otro, sin puertas divisorias y con apenas una ventana por la que se filtraba una tenue luz, los niños que vivían en la loma y más allá de esa cuadra, se formaban sentados en el suelo para ver los programas de televisión. En ocasiones había galletas de animalitos o las redondas con betún encima, y algo de leche, para todos. En otras nada, sólo el gusto de estar ahí, hechos bola frente al aparato con pantalla a colores, en ese ritual colectivo en el que todos eran bienvenidos a la casa de don Chuy y doña Engracia.

Era raro que se oyeran groserías en los sonidos de esos cuartos, mucho menos ruido de golpes o indisciplina de los hermanos Escobar hacia sus padres. Ahí, el monopolio de la irreverencia y las ocurrencias, las travesuras y groserías lo tenía Luis: el que ponía apodos, armaba los equipos para las careadas de futbol y visitaba prácticamente todas las casas del lugar y las expropiaba. Sus chistes le abrían las puertas y sus vagancias, aun las más inofensivas, no tenían parangón en ese barrio, llamado "La loma de la col ros", la colonia Rosales.

Tarde de dominó

Al papá de Luis le gustaba jugar dominó y poner a Los alegres de Terán. A veces, también, a Aceves Mejía. Sacaba el dominó, ese de fichas blanquinegras, que de tan duras parecían hechas de huesos. El sonido de las piezas al bailar en el centro de la mesa de la sala. Las manos encima, meneándolas. El golpe seco para anunciar las nuevas movidas y trazar las geométricas rutas de las fichas: una t, una l, una u. Líneas rectas, una libreta para rayar los puntos, con cuadros y cruces, y una sudorosa cerveza al lado: su piel exterior bien podía secarse si se trataba de la cerveza de don Chuy que apenas empinaba la botella y luego olvidaba que aquello debía vaciarse y terminar viajando en su estómago, venas y arterias.

La tranquilidad fue rota con la llegada del tío Tipo. Argüendero y mequetrefe, arribó sin ser invitado. Iba acompañado por cuatro integrantes de un conjunto de música norteña, conocidos acá como chirrines, y pidió que le bajaran de la cajuela de su Dart siete cartones de cerveza Superior. Don Chuy se hacía acompañar por su tocayo, como él lo llamaba, a quien apodaban "El Cachuchas". Rara vez invitaba a alguien a su casa y menos si se trataba de jugar dominó, pues para eso estaban sus vecinos.

"Y como un zorro, porque así era mi tío, llegó a la casa sin que nadie lo invitara. Llegó en su auto Dart, que había comprado de contado, algo que mi padre jamás pudo hacer ni con el trabajo de toda su vida… él lo hizo en un santiamén", recordó Luis.

Por órdenes de los padres, todos los hijos habían sido confinados al rincón de atrás, en el fondo de ese cajón de tres cuartos sin puerta. A los hermanos mayores, Jesús y Paco, les encargaron que cuidaran a Luis para que no se asomara a la sala, cuando llegó el tío Tipo. Se acomodó en uno de los acolchonados sillones. Sacó un arma de fuego calibre .45 y empezó a jugar con ella: la tomó, la puso sobre su cien derecha y aparentó que iba a disparar. Doña Engracia, su cuñada, le pidió que la guardara: "Con esos objetos no se juega. Se te va a salir un tiro." El hombre le respondió con carcajadas que no se preocupara, que le había sacado el cargador y no tenía balas. Inclinó el arma hacia abajo, apuntó al piso y le jaló. La bala, alojada en la recámara de la pistola, salió, pegó en el mosaico y rebotó: el proyectil subió y penetró entre tibia y peroné, en la pierna derecha de Luis, de apenas ocho años, quien había burlado la "escolta", como él mismo llamó años después a los hermanos que lo cuidaban.

"Y entonces, bien me acuerdo, salió un chorro de sangre."

Huésped de dieciséis días

"En el momento del impacto yo vi cómo un chorro de sangre salía de mi pierna. Mi calcetín humeaba, el olor es inolvidable: como chanatero en Navidad. Mi tío tomó su pistola y la arrojó a un rincón diciendo '¡Chingatumadre!' Mi padre me tomó en sus brazos, mientras mi madre se derrumbaba en un grito '¡Mi hijo!'", contó Luis.

Engracia se desmoronó al ver cómo su hijo caía mientras la mancha roja de la hemorragia se esparcía fácil y rápidamente por el suelo. Fue María del Rosario, una vecina con quien la familia Escobar tenía mucha cercanía, quien tras escuchar el disparó corrió desde la casa de enfrente y saltó hasta la sala para poner un torniquete en la pierna de Luis. Cuando logró disminuir la hemorragia, le mostró a Engracia su hijo, para que viera que no estaba muerto.

"Ella me puso un torniquete con un pañuelo blanco, que al instante se tornó rojo, y al mismo tiempo me jaló hasta el lugar donde estaba tirada mi madre, para que viera que su hijo no estaba muerto, que ese día había burlado a la muerte y momentáneamente me había mandado a la cola de la lista", afirmó.

Luis fue llevado a la sala de urgencias del hospital regional del IMSS, a un kilómetro del lugar de los hechos. Los agentes de la Policía Judicial del Estado, avisados de la llegada de un menor herido de bala, le insistían al lesionado que dijera que su padre le había disparado pero éste se negó una y otra vez. Cuando le preguntaron quién, se aferró a una respuesta: "No sé".

Dieciséis días estuvo la bala alojada en esa pierna derecha, en el hospital del IMSS, hasta que fue sometido a una intervención quirúrgica para sacársela.

Non grato

"No sólo la bala me marcó con una cicatriz. Es decir, físicamente, y aunque no tengo secuelas en mi organismo, me dejó una marca que me ha causado problemas", manifestó Luis.

Luis vive en Los Cabos desde hace cerca de 25 años, después de intentar hacer su vida en Culiacán, la capital de Sinaloa, donde estudió en la preparatoria Cervantes incorporada a la Universidad Autónoma de Sinaloa (UAS), y ahí mismo cursó la carrera de químico farmacobiólogo. Emigró a aquella región turística de Baja California Sur en los noventa, se casó, abrió un laboratorio e aún imparte clases en planteles de la región.

No ha vuelto a tener contacto con armas ni balas y su vida, ya sin las travesuras de niño y joven, transcurre entre el trabajo y el hogar. El consumo de alcohol es prácticamente mínimo y ha preferido esnorquear, practicar la pesca y otras actividades acuáticas.

En marzo de 2010, cuando el frío no abandonaba esa región de la península bajacaliforniana, Luis Enrique Escobar Ramírez decidió realizar un viaje a Estados Unidos e inició los trámites para obtener la visa. Había salido del país anteriormente, por placer e invitado por amigos de la carrera universitaria, a Colombia y Venezuela.

Ahí, en Tijuana, la ciudad más importante del vecino estado de Baja California, en la frontera con EUA, acudió al consulado. Parado frente a la ventanilla, le hicieron varias preguntas. Luis, confiado, hizo cuentas: casi 25 años radicando en Baja California Sur, desempeñándose como químico en su laboratorio, y dando clases en las principales preparatorias de la ciudad, además de ser deportista.

"Aquella mañana en el consulado de los Estados Unidos en Tijuana, yo era el tipo más confiado en que me darían mi visa, pues tengo casi 25 años radicando en Los Cabos, siempre como emprendedor, empresario relacionado con medio mundo, deportista, profesor en la principales preparatorias de la localidad", señaló.

Y empezó el interrogatorio.

—¿Lugar de nacimiento?
—Culiacán.
—¿Ocupación?
—Químico.
—¿Has salido al extranjero?
—Sí, a Colombia y Venezuela.
—¿Tienes cicatrices de heridas permanentes?
—Sí.
—¿De qué?
—De bala.

La empleada del consulado estadounidense hizo una mueca. Miró la computadora y luego al solicitante. Luis no dejaba de sonreír, seguro de que no tendría problemas. La mujer miró de nuevo, cerró el entrecejo y volteó a observarlo. Le dijo que lo sentía: a través del sistema, las autoridades norteamericanas habían enviado una alerta y le sería negada la visa.

Y él mismo, triste y desconcertado, sacó sus conclusiones. Para ese momento, unidas las piezas del rompecabezas, la solicitud de visa le parecía un episodio macabro que no dejaba de provocarle risa: se apellida Escobar, es químico, fue baleado en una pierna y nació en Culiacán, la llamada cuna de los narcotraficantes.

Recordó que muchos, en diferentes momentos de su vida, llegaron a preguntarle si era pariente de Pablo Escobar Gaviria, el capo colombiano jefe del cártel de Medellín, y alguna vez socio de narcos mexicanos. También le hacían burlas por ser culichi y encima haber estudiado la carrera de químico.

"Escobar, químico, baleado, de Culiacán… nunca he ido a Estados Unidos pero sí a Colombia. Por eso creo que son secuelas de vida, de un destino caprichoso. Pero sí, esta es una historia macabra. Macabrona."

Frijoles puercos

Para Óscar. Gracias por estar.

Los militares tocaron a su puerta: "Queremos revisar su casa", me dijo uno de ellos. Como que era el jefe. Y yo le contesté pues que por favor pasaran, "con todo gusto", respondió Sergio, propietario de la vivienda ubicada en la colonia Ejidal, en Culiacán.

Se regresó por las llaves y abrió. "Adelante", les volvió a decir, cortésmente. Entraron entre ávidos y timoratos, escudriñando con la mirada y con los fusiles en la mano. Conforme avanzaba, el jefe preguntaba qué hay ahí: en cuartos, cajas, patio, muebles y planta alta.

El señor los acompañó a ratos y por momentos los dejó solos para que hicieran su trabajo. Su esposa meneaba en la cocina una cazuela grande en la que preparaba frijoles puercos: el frijol copulaba con chorizo, queso chihuahua, manteca de cerdo y chiles jalapeños, y ella no podía dejar de mover la cuchara para que la mezcla fraguara de manera adecuada. De no hacerse así, argumentan los expertos, los frijoles se pegan.

Los hombres con vestimenta verde y capuchas negras llegaron hasta el patio. Vieron cajas que abrieron curiosos y dieron con un estante de periódicos viejos, pero bien conservados. Entre desconcertados y temerosos, entraban y salían de las habitaciones. Había culichis que no les abrían ni la puerta, mucho menos los dejaban ingresar a sus viviendas con el pretexto de hacer una revisión con la pistola molecular que detecta armas de fuego, cartuchos y droga.

Los ejemplares del periódico semanal *Ríodoce* estaban apilados, acomodados por fechas y atesorados amorosamente en uno de los rincones. Los soldados dieron con ellos. El jefe fue convocado y se sentó a un lado para empezar a leerlos. No se movió durante un buen rato: sus ojos pegados a la publicación, especializada en temas del narcotráfico y seguridad.

A Sergio le preguntaban a qué se dedicaba y los olores del guiso navegaban como estela fina e invisible por toda la casa. Los militares, inquietos y vigilantes, avanzaban conquistando sala, patio, pasillos: esa vivienda era ya su territorio, invadido a punta de pasos de botas recién lustradas, unas cuantas preguntas y sin disparar una sola bala.

"¿Allá arriba qué hay?", me preguntó quien parecía el jefe, que no quería soltar los periódicos y había permanecido clavado, leyéndolos. Le respondí que esos eran los cuartos de mis hijos. "'No están ahorita porque van a la escuela. Pero pásenle, adelante por favor.'" "No, no. Si son menores de edad mejor no", me dijo. Hasta eso muy educado el oficial, para qué es más que la verdad.

Y los uniformados siguieron avanzando, asegurando paredes y muebles, en ese reducido espacio.

Uno que iba adelante, llamó al jefe. Le pidió que se dirigiera a uno de los rincones para escuchar: era el sonido de la pistola molecular que fue usada por el Ejército Mexicano durante 2008 y 2009, cuando la incidencia delictiva alcanzó un promedio de dos mil 200 homicidios anuales. Pit pit. Era un mueble viejo: una repisa de madera y puertas con ventanas de cristal, rústica y algo empolvada, pero en buen estado.

El jefe volteó a verme y preguntó con la mirada. No me dijo nada pero no hizo falta. Estaba esperando una explicación antes de proceder a abrir, a esculcar el mueble. Yo lo que hice fue hacerle señas, sin hablar, de que continuara. Me encogí de hombres para decir, adelante, procedan. Y procedieron, recordó Sergio, quien durante muchos años se desempeñó como maestro.

Abrieron el mueble con cuidados quirúrgicos. En el interior y a la vista, había un cartucho de calibre grande pero desconocido y una ojiva: recuerdos de un decomiso realizado cuando daba clases en una escuela secundaria y de un multihomicidio cerca de su casa. Les explicó. Pusieron las cosas en su lugar y cerraron todo.

De pronto uno de ellos dijo "Qué bien huele." No supe quién, uno de ellos pero no el jefe. "Son frijoles puercos", contesté. Y hasta hicieron el mmm. Yo sin preguntarles les serví en tostadas. Primero como que se resistieron. Y el jefe me contestó que no podían. Y dijo: "¿Qué tal si pasa el teniente?'" Pero rápido se acomodaron y devoraron los frijolitos que preparó mi mujer.

Se retiraron de ahí como a la media hora. Satisfechos. No encontraron nada, pero con su actitud y tantos agradecimientos, fue como si dijeran: "Misión cumplida."

13 de febrero de 2013

El más buscado

Tres millones de pesos pedía el gobierno.

Dos millones de dólares, los criminales enemigos.

En el Colegio Chihuahua, en la ciudad y estado del mismo nombre, todos hacían fila para recoger a sus hijos. Puros vehículos de lujo en la cola del estacionamiento, sala de espera automotriz: camionetas Suburban y Durango, Escaleid, Lincoln, BMW y Cadillac. Varios de ellos blindados, con el humo en los cristales de puertas y ventanas, y las siluetas apenas perceptibles, con armas cortas y largas a la mano.

Niño fulano de tal. El mismo nombre que el padre: Noé Salgueiro, apodado "El Flaco Salgueiro". La madre de otro niño escuchó y no lo podía creer. Volteó para todos lados. No vio más que camionetas de modelo reciente, imponentes como una ola para ser montada por un surfista. Todas con hombres de gafas al volante.

"Aquella negra seguro es blindada. También la otra. Y la otra. De volada se nota. Mira el cristal, además de oscuro es verdoso. Y se ven pesadas: las carrocerías no son las mismas", dijo América, para sí, pues a su lado no había nadie. Ella también iba por su hijo y estaba acostumbrada a ese ritual escandaloso, público y secreto, en la fila de automóviles que esperaban la salida de los hijos, una vez voceados por la portera del plantel.

Algunos que esperaban vestían traje, como si fuera parte del uniforme de trabajo. Otros portaban sacos informales o camisetas *edjarli, jólister* o *ferrari*. Narco moda para imponer respeto y miedo. Guardaespaldas y pistoleros. Quién es quién. Malos revueltos con más malos. Y no lo disimulaban.

Ahí, en la fila de espera del patio frontal de la escuela, el secretario de seguridad pública. Atracito el dueño de la más grande concesionaria de automóviles de lujo de la ciudad. Muy cerca el contralor del gobierno y casi al final de la cola de vehículos el líder de los diputados.

Licuadora infernal de ángeles con pistolas 5.7, de las llamadas matapolicías, a la mano: en el asiento de al lado, en la guantera o la cintura. Boutique celestial de diablitos negros y alados, al otro lado de esos cristales ahumados y esa carrocería pesada por las que difícilmente pasarían las balas de cuerno de chivo.

Conforme eran nombrados iban saliendo. Los niños traspasaban la puerta gritando y brincando. Bajaban los siete escalones de la entrada principal. Sus mochilas al hombro o la espalda. El sol en su mirada, en la frente. La felicidad decretada.

Y salió él. Un niño con los cachetes inflados y chapeteados por el sol del recreo y el partido de futbol que nunca perdía. Era el hijo del capo. Su nombre estaba en las narcomantas elaboradas en imprentas de la localidad, no a mano como suelen escribirse las leyendas de criminales enemigos.

Era de Culiacán y estaba bajo las órdenes de Joaquín Guzmán Loera, "El Chapo". Era el responsable de esta organización criminal en Chihuahua. Por él, "El Flaco", y por Adán Salazar Zamorano, llamado don Adán, La Línea, la organización enemiga del cártel de Sinaloa, ofreció dos millones de dólares. Lo hizo a través de estas mantas, colocadas a lo largo de los dieciséis kilómetros del periférico chihuahuense, al estilo *free way* de las ciudades gringas: ancho, de diez carriles, a velocidades de 80 a cien kilómetros por hora y ni un alto.

"Comprenderás que por ahí transita medio mundo y todos vieron los anuncios antes de que los quitaran. Ofrecían dos millones de dólares de recompensa por "El Flaco". Fue entonces que el hombre dejó de recoger a sus hijos en el Colegio Chihuahua, como cualquier padre de familia dedicado, amoroso y protector", cuenta América.

Días antes del operativo militar donde el protagonista fue El Flaco Salgueiro, cedió catorce de sus propiedades, para que quedaran a nombre de su esposa e hijos. El valor total de estas operaciones rondó los 50 millones de pesos. Y todo en una sola notaría, cuyo titular es Sergio Granados, entonces secretario general de gobierno y luego dirigente del Partido Revolucionario Institucional (PRI) en esa entidad.

El 8 de octubre de 2011, Miroslava Breach, corresponsal de *La Jornada,* publicó en este diario de circulación nacional:

"Un diario local publicó este viernes una lista de catorde propiedades, que supuestamente tienen un valor superior a los 50 millones de pesos, registradas a nombre de los hijos de Noel Salgueiro Nevárez, el mismo día y en la notaría pública número tres, cuyo titular es el exdirigente estatal del Partido Revolucionario Institucional (PRI) y exsecretario general de gobierno, Sergio Granados.

Por segundo día consecutivo fueron colocados narcomensajes en distintos puntos de la capital en relación con la detención de 'El Flaco' Salgueiro, lugarteniente de Joaquín Guzmán Loera, donde se acusa a policías estatales y municipales de brindarle protección y participar en levantones y ejecuciones ordenados por el cártel de Sinaloa".

El *Diario de Chihuahua* documentó que el 30 de enero de 2007 fueron inscritas en el Registro Público de la Propiedad catorce propiedades a nombre de tres hijos de Noel Salgueiro, correspondientes al fraccionamiento de un predio de más de 900 hectáreas ubicado en el ejido Nombre de Dios.

Todo el trámite lo realizó la notaría tres, de Sergio Granados, y quedó registrado en marzo de 2008, cuando el notario ya fungía como secretario general de gobierno en la administración de José Reyes Baeza Terrazas y había iniciado la Operación Conjunta Chihuahua.

Interrogado sobre el asunto, el gobernador César Duarte aseveró que su gobierno coadyuvaría con la Procuraduría General de la República (PGR) a ubicar todas las operaciones que había efectuado Noel Salgueiro en la entidad y a profundizar en las investigaciones.

Este viernes, en la capital, fueron colocadas dos mantas más, donde el cártel de Juárez señala e identifica por apellidos a varios mandos policiacos estatales y municipales en la protección de las actividades delincuenciales de Salgueiro.

Los mensajes, colocados en la cerca de un centro de espectáculos en la avenida Tecnológico y otro en la avenida Los Nogales, ambas de alta circulación vehicular, dicen: "Colaboradores del gobierno corruptos que están en la nómina del cártel de Sinaloa realizan levantones bajo las órdenes directas de la célula del Flaco Salgueiro: Aguilera y sus hijos, Solares, Valencia Rocha, Ranulfo, hermanos Ituarte, De Santiago Zúñiga, Segovia, Eleazar Rascón Payín. Elementos del grupo Gamma: Rentería, Huerta Versosa y Javier Díaz. Y nuestras autoridades lo siguen ocultando. Atte. NCJ (nuevo cártel de Juárez)."

Es Juárez la ciudad fronteriza más violenta del mundo. Un día pueden aparecer en esa parcela de asfalto 30 homicidios, todos ellos a balazos. Y la entidad, Chihuahua, 40, quizá más. Hay que agregar los asesinatos de mujeres, las violaciones, migración, trata de personas, narcotráfico. Impunidad, indolencia, corrupción: sucursal del infierno.

El operativo

Todos sabían. Nadie abría la boca. Todos fingían: en labios pegados no entran balas. Él iba con sus guardaespaldas por su hijo, a la escuela. Saco informal, botas de piel de avestruz y camiseta Versace. Ahí, en esa comunidad, era el jefe de matones, el patrón, el más chingón.

Tuvo que irse a otra ciudad y otro estado, para que le cayera el ejército. Nadie supo cómo ni en qué casa lo detuvieron. Una llamada, un convoy militar a la puerta, listo para la entrega: y él apacible, erguido, resignado y sonriente. Vámonos, le dijo el oficial. Y se fue con ellos.

En Culiacán, de donde era originario, Noé Salgueiro fue aprehendido. El 5 de octubre de 2011, el diario *Milenio* publicó:

"El Ejército capturó a Noel Salgueiro Nevárez, 'El Flaco Salgueiro', identificado como principal lugarteniente del Cártel de Sinaloa que encabeza Joaquín 'El Chapo' Guzmán, en Chihuahua y fundador del grupo delictivo 'Gente Nueva', que disputa el control de las actividades de narcotráfico al Cártel de Juárez.

El coronel Ricardo Trevilla, vocero de la Secretaría de la Defensa Nacional, estimó que esa captura representa un grado de 'afectación' similar al que se cometió con el abatimiento de Ignacio 'Nacho Coronel', pues ambos controlaban el tráfico de drogas en todas sus vertientes.

Indicó que fuerzas especiales realizaron un operativo de precisión en Culiacán, Sinaloa, donde el sospechoso fue detenido sin realizar un solo disparo. El vocero de la Defensa Nacional informó que con esa captura se afecta la estructura del liderazgo y capacidad operativa del cártel de 'El Chapo' Guzmán, no sólo en Chihuahua, sino a escala nacional e internacional.

En conferencia de prensa realizada esta mañana en las instalaciones de la Sedena, señaló que el 'El Flaco Salgueiro' es responsable de la ola de violencia en Chihuahua, principalmente en Ciudad Juárez, 'al disputar este espacio a la organización de Carrillo Fuentes y su grupo de sicarios denominado 'La Línea', manteniendo bajo control a diversas pandillas delincuenciales autodenominadas 'Artistas asesinos' y 'Los Mexicles'.

Pero la captura de 'El Flaco' no disminuyó la violencia en esa región ni el poderío del Cártel de Sinaloa ahí o a nivel nacional. Su nombre, eso sí, dejó de ser pronunciado por la portera del Colegio Chihuahua, ante el azoro de los que en la fila de vehículos de modelo reciente, lujosos y muchos de ellos blindados, esperaban la salida de sus hijos."

21 de mayo de 2013

Creo que la guerra global contra las drogas que hemos sostenido ya no en los últimos 40 años, sino en los diez más recientes, ha sido un fracaso. No sólo en cuanto a sus graves consecuencias vinculadas con el aumento y proliferación del crimen, sino porque es un fracaso ante la enfermedad y la adicción, y en la propagación del VIH. No hemos tratado la droga como un problema de salud pública, sino como un conflicto de política criminal.

En fin, es un completo fracaso y desde luego es un tema de hipocresía: la hipocresía de los gobiernos diciendo: "Esta droga está bien y aquella no", y la hipocresía de los padres diciendo: "Mi droga está bien y la tuya no."

Hay tres políticas específicas que tienen posibilidades de ser implementadas en los próximos años y décadas. La primera: legalizar la mariguana, controlándola con impuestos y regulaciones, más o menos como en el caso del alcohol.

La segunda, seguir el modelo portugués: descriminalizar la posesión de pequeñas cantidades de cualquier droga. Y la tercera, la más difícil: considerar lo que han hecho con la heroína los europeos y canadienses durante los últimos veinte años. Ellos intentaron que los adictos dejaran de consumir con programas de tratamiento de drogas con metadona.

Finalmente, entendieron que si eres verdaderamente adicto y no puedes parar, es preferible que vayas a una clínica y recibas heroína legal, de uso farmacéutico.

El resto es tomar esta política, todavía muy limitada, y expandirla sustancialmente. Así, un día de estos será mejor que cualquiera que sufra de adicción, o sea un consumidor asiduo, pueda obtener estas drogas reguladas no del mercado negro y los narcotraficantes, sino de una fuente confiable y regulada.

Se necesitan periodistas que cubran historias con valentía y editores que tomen posiciones controversiales. Y también se necesitan individuos en un sentido semejante a lo ocurrido con la homosexualidad y los derechos de los gays. Cuando la gente, persona famosa y no famosa, decidió salir del clóset, identificarse a sí mismo, decir soy un hombre o una mujer gay, soy igual a todos los demás y merezco ser tratado con dignidad.

Entre más consumidores responsables encuentren el valor para identificarse, más cambiará la opinión pública. Así que valentía y liderazgo para las personas que saben es lo que en definitiva se necesita para cambiar esta situación.

Ethan Nadelman, Director ejecutivo de
Drug Policy Alliance, EUA.
Universidad de los Andes.
Primera Conferencia Colombiana sobre
Políticas de Drogas, agosto de 2012.

El Bocadín

"¿Qué te preocupa? ¿A qué le temes?"

Juan instala en su cara la sonrisa ladeada. Sus ojos de niño se agitan como destellos. Parece travieso, ansioso, desesperado, juguetón y simpático. Y malo. Esa media sonrisa es de travesura, de que hizo algo malo de lo que igual puede estar orgulloso, pero también avergonzado. Es una mueca macabra que no abandona su cara.

Es un homicida del cártel de Sinaloa en cualquier punto de Culiacán. Ha visto unos cien cadáveres que sus compañeros de cuadrilla o los de otras células han torturado, destazado y ejecutado. Él sólo ultimó a tres. "Se fueron", dice, para referirse a esos dos que apenas hace una semana mató por órdenes de su jefe, luego de haberlos mantenido cautivos.

Juan tiene veinte años y ninguna pesadilla. Sus lágrimas están escondidas y así emergen cuando alguien que están torturando llora, suplica, se amarra en el "No voy a decir nada, compa", y es ultimado. Su bebé apenas tiene un año, su esposa puso un taller para pegar y adornar uñas naturales y postizas. Y su padre le suplica que se salga de la clica porque teme que un día le llamen para anunciarle que Juan está muerto.

"Nada", contesta. Nada le preocupa a Juan.

El jefe los mandó a atorar a tres secuestradores en el municipio de Navolato. Dieron con ellos fácilmente, con el apoyo de agentes de las policías Ministerial del Estado y Municipal de Navolato quienes, como es sabido, operan mayoritariamente para el cártel de Sinaloa. Igual que Juan, pero él no necesita uniforme ni arma reglamentaria. Traen en su haber varios AK-47 y AR-15. Los someten y se proponen llevarlos a una casa de seguridad, pero uno de ellos empezó a escupirlos a insultarlos. Decidieron llevarlos con el patrón y ése, el más picudo de los tres que habían capturado, lo insultó. El jefe apenas lo ve y ordena que lo lleven al lago. El joven sigue insultándolos. No sabe lo que le espera.

Bocadín

Dos de ellos lo toman de brazos y piernas. Es un joven que no llega a los 30 años, flaco y de baja estatura. No para de mentarles la madre y retarlos a chingazos. Pero Juan y sus compinches sonríen. Lo tienen asido boca abajo, de pies y manos. Lo balancean como si estuvieran jugando. Se ríen.

Bocadín es un cocodrilo de tres metros o poco menos. Juan lo describe y habla de su hocico: abre sus brazos pero parece que no le alcanzan para referirse al tamaño de la bocanada. Se resigna y asegura que la mitad de su cuerpo, algo robusto y de mediana estatura, puede ser tragado de un movimiento por el reptil.

Avientan al desconocido. Patalea y manotea. El cocodrilo se mueve con sigilo e inesperadamente emerge: con violencia y sorpresa, saca su cabeza y esa arrugada piel y atrapa, se prende, sacude. En cosa de segundos aquel ya no tiene una pierna. Unos cuantos bruscos y salvajes movimientos terminan con la mitad de uno de los brazos en el hocico. Gritos, luego llantos. Silencio de agua brava. Torbellino, pequeñas olas de lodo y agua turbia y sangre. El joven brinca, quiere alejarse. Resbala, cae, se levanta, trastabilla y vuelve a caer. Como puede se aleja y van por él. Lo sacan y lo ponen a la orilla del lago.

"El bato estaba consciente. Y duro, muy duro. Se portó bien el güey porque no crea que se puso a chillar con nosotros. Pidió perdón o que le ayudáramos. Se estaba desangrando pero no se moría. Nosotros lo vimos y adrede, no más por ocurrencia, le echábamos cocaína en las heridas. Y él no más brincaba, así como que se tambaleaba. Le agarraban unos temblores machín", contó Juan.

—Pero, ¿para qué le echaban cocaína?

—No más, por juego. Para ver cómo se ponía el bato.

Hasta que dejó de moverse y se murió. El homicidio fue durante los primeros días de abril de 2013. En todo Sinaloa suman alrededor de 330 asesinatos, muchos de ellos en los municipios de Culiacán, la capital del estado, y Ahome, ubicado en el norte de la entidad. En la lista de asesinatos no está este joven destazado por Bocadín. Ni siquiera en calidad de desconocido: putrefacto olvido.

La cuadrilla

Juan forma parte de una cuadrilla y sospecha que el jefe, que tiene alrededor de seis años en el sicariato y unos 25 de edad, se queda con los cuatro mil pesos que le dan diario para que los reparta entre los integrantes de la célula; para que echen gasolina, coman algo y quizá pisteen –como llaman acá a la ingesta de cerveza o güisqui– y tal vez coquéen para que aguanten las intensas y extenuantes jornadas de trabajo.

A la quincena le pagan seis mil pesos, pero lo estresa "cabronamente", como él mismo lo describe, que tarden tanto en darles el dinero y que se los entreguen el día 20 o 22 de cada mes. Y apenas es día 17.

En cada colonia una cuadrilla como ésa. Todos traen vehículos en buen estado, como esa camioneta gris sin placa delantera, modelo 2010, aunque algo abollada por tanto jale, persecución y valemadrismo en medio de la selva de chapopote. Esos carros que ellos conducen y en ocasiones los jefes les venden –un Audi negro, por ejemplo, a 50 mil pesos y en abonos– son robados, recuperados, despojados a otros que también los robaron pero que operaban para organizaciones criminales contrarias o por su cuenta, sin el cártel oficial de por medio.

Todos traen celulares y no uno. Pueden ser dos o tres, además del Nextel. Todos traen radio de intercomunicación y alguien, quizá un joven de diecisiete o veinte o años, se comunica con ellos desde la central, igual que con otras células de otras colonias. Los tenis que lleva Juan, se los quitó a uno que agarraron por andar robando carros sin autorización del patrón. No supo qué fue de él pero antes de que se decidiera su futuro, unos tomaron el cinto, otros el celular o el pantalón, la cadena, el reloj y los anillos. Él prefirió los tenis porque los que traía "ya estaban medio jodidos".

Andamos trabajando

Juan puede andar solo o con los otros cinco que conforman su célula. Ya los han detenido los retenes del grupo élite, de la Secretaría de Seguridad Pública Estatal, o los del grupo especial, de la Policía Ministerial del Estado. Todos de negro, con fusiles automáticos G-3 o AK-47 o AR-15, botas altas amarradas por fuera y exhibidas. Son los grupos entrenados y formados por el gobierno de Mario López Valdez, Malova, para combatir a los narcos de organizaciones enemigas al cártel de Sinaloa, como el grupo que lidera Isidro Flores, "El Chapo" Isidro, residuos de la organización de los Beltrán Leyva en Guasave. Muchos dolores de cabeza. Mucha rabia y fiereza en las emboscadas y respuestas virulentas a los operativos de las policías contra ellos.

"Andamos trabajando", contesta Juan a los agentes. Uno que otro le responde: "Nosotros también. Bájate para una revisión." Pero él se aferra al volante: "No, eso no puede ser", les digo. "Somos gente de 'El Chapo'", y nos dejan ir. Ya no dicen nada y hasta se ponen a las órdenes de uno. Traemos cuernos a un lado, todos enfierrados. No más nos contestan "Pásale pues."

Juan recuerda que el jefe les ordenó encontrar a un chavalo que llevaba unos 50 carros robados en una semana. Dieron con él porque antes encontraron al hermano. Les informó rápido dónde podía estar y le pegaron varios balazos. Ahí quedó, en un sector del sur de la capital sinaloense. Al robacarros, que apenas tenía unos 23 años, no le sacaron información. No les importaba. Sólo tenían que torturarlo. Y Juan nomás vio.

Primero las uñas de las manos. Luego las de los pies. Cortaron sus dedos justo en la base de las uñas, uno por uno. Cada hora un dedo. Le sacaron las muelas con unas pinzas perras. Él, Juan, estuvo ahí. Y de repente le dio lástima. Y sintió sus ojos mojados. Y no pudo más.

"La neta, la neta. Se me salieron las lágrimas. Me dio lástima el bato pero no puedes actuar así. Hice como que no pasaba nada y pues pasó lo que tenía que pasar. Pensé después, cuando terminó todo, que todos podemos terminar así. Todos nosotros andamos haciendo eso y sí, es cierto, podemos terminar igual, así", manifestó.

En otra ocasión un par de jóvenes le robaron un automóvil a otro. Lo que no sabían es que la víctima era pariente de un capo de un sector de la ciudad. Mandaron por esos dos y no fue difícil dar con ellos en el fraccionamiento Barrancos. Entre tanta clica, muchachos con Nextel y radios, teléfonos celulares y halcones. La misma operación: les quitaron los tenis, las camisetas Burberry y los celulares.

"Uno de ellos se cagó. Y era una peste. Le llamamos al jefe para preguntarle qué hacíamos. Los matamos o qué, le preguntamos. Él preguntó también si eran muy jóvenes, si estaban plebes y cómo se veían. 'Morros, se ven morros.' Preguntó otra vez que si 'muy morros'. Y le respondimos. 'Oquei, dijo. Háblenles a los élite. Métanles un kilo de mota para que estén un par de años encerrados y se calmen los cabrones.'"

Los otros dos

En total eran tres secuestradores. Después de echar al más picudo a los cocodrilos, que murió desangrado, Juan y sus secuaces se encargaron de los otros dos, a quienes metieron a una casa de seguridad ubicada en una zona deshabitada, entre las ciudades de Culiacán y Navolato.

Los ataron a las sillas, les pusieron un trapo en la boca para que no gritaran o los encapuchaban. Después de una sesión de culatazos en espalda, pecho y abdomen, les tocaba darles agua y comida en la boca. A ratos inconscientes, cansados; cuando despertaban lo hacían violentamente, pidiendo cesaran los golpes y la tortura. No les hicieron caso. La instrucción del comandante de cuadrilla fue: "Tortúrenlos porque aquí está prohibido el secuestro. Y cuando ya vean que no pueden más, métanles unos balazos y tírenlos por ahí."

"Ésos ya se fueron", respondió Juan, cuando se le preguntó qué había pasado con los dos que no aventaron al lago, a las fauces de Bocadín. El doble homicidio fue entre el 10 y el 12 de abril de 2013. Los policías municipales y ministeriales les avisaron que podían sacar los cadáveres de la casa de seguridad, pero antes de que llegaran los de las Bases Operativas Mixtas Urbanas (BOMU), porque ahí participan soldados adscritos a la Novena Zona Militar. Se movieron con sigilo y eficiencia. Y abandonaron los cadáveres de las víctimas sin mayor problema.

Si se quieren salir

Juan no tiene pesadillas. No lo despiertan sus muertos o mutilados ni los gritos en las madrugadas. Tampoco el tableteo del cuerno de chivo ni los operativos del ejército o la policía. Él con esa media sonrisa como de fiesta y amenaza. Combinación: ángel con alas salpicadas de sangre ajena.

Su comandante, jefe de la cuadrilla, tiene 23 años y es "una verga parada", bueno para matar: matonsísimo. Ve a las víctimas y confiesa que se agüita. Cada mes se reúnen con otro jefe que está más arriba y cada vez es la misma cantaleta. Ahí, en esos encuentros, les dice que pueden salirse cuando quieran, que no habrá ninguna represalia.

"Sálganse", nos dice. "Sálganse si quieren, no hay pedo. No habrá ninguna bronca. Pero pobres de ustedes si me ponen, si la andan haciendo de sapos. Vamos por ustedes, al fin que ya sabemos dónde viven, quiénes son sus padres, hermanos e hijos. Y los vamos a matar a ustedes, los vamos a matar a todos." Así nos dice el bato. Y yo entiendo porque nosotros tenemos mucha información del jefe, sus familias, sus movimientos. Ya ha pasado con otros que se han salido y los han trozado. Y gacho.

No se ve dolor en su hablar. Ni en sus muecas. Cuenta de sus padres y hermanos. Lamenta que se los estén acabando las preocupaciones por los pasos perdidos de él. De andar en carros robados, traer un arma de fuego y matar gente. Tiene un bebé, una mujer, una casita que renta y amigos en el barrio, el panteón y la cárcel. Pero no tiene insomnio ni lo asaltan o emboscan los gritos de terror de sus víctimas. Sonríe de nuevo, no puede ocultar el orgullo de su récord mortal: tres muertos míos, pero he visto unos cien.

Parece de repente ponerse sentimental. Nubes grises que rondan su rostro, esas ojeras. Nebulosidad en la que se pierden sus ojos, esa mirada, esas pestañas de movimientos de niño, de inocente y matón a sueldo. Ya es día 17 y debe una buena parte de su salario.

—¿A ti qué te agüita? ¿Qué es lo que te preocupa y te pone triste?

Cualquiera diría que Juan piensa en su hijo que no ha dejado de balbucear o el padre que le suplica que se salga porque no quiere que le avisen una madrugada que ha sido muerto o en sus víctimas, los ruegos de que no los torturen más. Quizá que no quiere estar ahí, en el lugar de los cautivos, cuyo destino lo decide el comandante, el jefe, el patrón: ruleta rusa de la perdición.

—La neta, la neta. A mí lo que más me agüita es que no nos paguen.

17 de abril de 2013

CCUADRO 6: ¿A QUIÉN RESPONSABILIZAN LOS JÓVENES (J), ADULTOS (A) Y ADULTOS MAYORES (AM)?

GRUPOS→	JÓVENES		ADULTOS		ADULTOS MAYORES	
NIVELES DE CONSENSO	ÁMBITOS CAUSALES	V%	ÁMBITOS CAUSALES	V%	ÁMBITOS CAUSALES	V%
	Narcotraficantes	32.6	Narcotraficantes	29.3	Narcotraficantes	25.2
	Gobernantes corruptos	14.9	Gobernantes corruptos	12.6	Gobernantes corruptos	15.9
ALTO J→74.7 % A→71.3 % AM→75 %	Deterioro de los valores	10.3	Situación económica	10.5	Drogadictos y alcohólicos	14.2
	Delincuentes y pandilleros	10.2	Delincuentes y pandilleros	9.9	Deterioro de los valores	11.7
	Drogadictos y alcohólicos	6.7	Deterioro de los valores	9.0	Delincuentes y pandilleros	8.0

BAJO J→25.3 % A→28.7 % AM→25 %						
Violencia e inseguridad	6.3	Policías indignos	7.7	Situación económica	6.6
Situación económica	5.7	Drogadictos y alcohólicos	7.1	Policías indignos	6.4
Policías indignos	5.2	Violencia e inseguridad	5.2	Violencia e inseguridad	4.3
Mala educación	3.3	Mala educación	3.8	Venganza y maldad	3.4
Venganza y maldad	2.5	Venganza y maldad	2.9	Mala educación	3.1
Machistas	1.9	Miedo e incertidumbre	0.8	Machistas	0.8
Perrurbados y dementes	0.4	Perturbados y dementes	0.6	Perturbados y dementes	0.4
Miedo e incertidumbre	--	Machistas	0.4	Miedo e incertidumbre	--
Discriminación	--	Discriminación	0.2	Discriminación	--
TOTAL	100%	TOTAL	100%	TOTAL	100%

100 %

Pese a la similitud existente entre jóvenes y adultos mayores respecto al bloque del consenso alto, habría que subrayar dos importantes diferencias: por un lado, son los jóvenes quienes más responsabilizan a los *narcotraficantes* —32.6% de sus respuestas— en tanto que los adultos mayores son quienes menos lo hacen —25.2%. Por otro lado, esta centración atribucional hace que los otros campos temáticos del bloque del consenso alto elaborado por los jóvenes mantengan bajo valor; el ejemplo que mejor ilustra la diferencia es el campo temático *deterioro de los valores*, para los jóvenes es el tercer ámbito causal en importancia, en tanto que para los adultos mayores es cuarto; no obstante, el valor dado por los adultos mayores supera —11.7%— al otorgado por los jóvenes —10.2%. Por su lado, los adultos construyen el bloque de consenso alto con cuatro campos temáticos similares a los referidos por jóvenes y adultos mayores; pero consideran que la *situación económica* promueve más la violencia que *drogadictos y alcohólicos*.

Isaac Tomás Guevara Martínez
e Hiram Reyes Sosa.
Catedráticos e investigadores,
Facultad de Picología de la Universidad
Autónoma de Sinaloa (UAS).
"¿Quiénes son los responsables
de la violencia?", en
La violencia en Sinaloa, editado por la
UAS, 2012. Coordinadores: Ambrosio Mojardín
Heráldez e Isaac Tomás Guevara Martínez.

CAPÍTULO II
POLICÍAS DESECHABLES

Dieciocho balas para Alejo

Alejo ahora se pregunta si vale la pena: volver a la policía, poner en juego la vida propia y de la familia, y empuñar un fusil automático, como hace casi veinte años.

La noche anterior a aquel 9 de diciembre de 1994, el encargado del hotel Hollywood en que se alojaba, ubicado en la llamada zona dorada, en el puerto de Mazatlán, le advirtió: afuera ha estado un hombre y parece que anda armado, y en la parte de atrás de los cuartos hay otro medio "placoso", no vaya a ser que lo estén "plantoneando". Eran las dos de la mañana y Alejo Herrera Elizalde, entonces de 34 años y uno de los comandantes de lo que ahora es la Policía Ministerial del Estado, investigaba el secuestro y homicidio de Amalia García Coppel, caso que sacudió a los mazatlecos y a todo Sinaloa.

La autoría del plagio y asesinato de García Coppel fue atribuida, de acuerdo con versiones de la propia Policía Ministerial, a la organización de los hermanos Arellano Félix, del cártel de Tijuana, que tenía células operando en el centro y sur del estado. Durante la década de los ochenta del siglo XX, mantenían importantes operaciones y eran reconocidos empresarios.

Una vez que lo abordó el encargado del hotel, salió y no vio a nadie. Sin prender las luces, tomó sus pertenencias y se cambió a otro cuarto. Al día siguiente averiguaría qué querían y quiénes eran los que intentaban cazarlo aquel fin de año, en la zona turística del puerto.

Una vida entre balas

Alejo es de buena estatura y grueso. Muy grueso. Ese pelo corto y esa corpulencia espantan. Cara de malo y voz de cavidad marmórea. Es su carta de presentación. Mira para arriba y pocas veces baja la mirada. Si a eso se agrega el porte, el fusil AK-47 versión corta y terciado, los cargadores abastecidos, la escuadra fajada y de uniforme negro, su silueta se convierte en una película de terror.

Permaneció siete años en la Policía Federal de Caminos, hoy conocida como Policía Federal de Proximidad Social; tres años en la Policía Judicial de Michoacán, y veinte en la Ministerial de Sinaloa. Tenía apenas quince días como egresado de la escuela y de haberse dado de alta como agente federal, cuando detuvo una camioneta *pick up* con cámper, en la carretera México-Pachuca.

Hacía mucho frío aquel invierno de 1979 y arreciaba un viento que escarchaba los intersticios. Eran las cinco de la mañana y Alejo, de diecinueve años, iba en su patrulla, solo. Decidió ordenar al conductor de la camioneta, que se detuviera porque le faltaba un faro delantero. Cuando lo tuvo enfrente, él parado y el de la camioneta en la cabina, le explicó por qué le había pedido que se parara. Revisó documentos del vehículo y el conductor empezó a ponerse nervioso. Le pidió que abriera el cámper: "Voy a revisar la carga. ¿Qué lleva?", le pregunté. "Nada, nada", respondió el hombre. Para entonces el amigo ya estaba bien nervioso, recordó Herrera.

Le contestó que le permitiera sacar las llaves, pero en lugar de eso encendió el motor y se puso en marcha para huir. El agente regresó apurado a la patrulla y empezó la persecución. Tomó el micrófono del equipo de intercomunicación, dio aviso a la central de la corporación y pidió ayuda. Adelante, la camioneta chocó contra un árbol y unos tambos de basura junto a la carretera.

El hombre descendió con un arma corta, calibre .38 súper, que traía en uno de los compartimentos de la cabina, y empezó a disparar contra el uniformado. Alejo recibió un balazo en la pierna derecha, muy cerca de la espinilla. Cojeando, como pudo, se mantuvo de pie y repelió la agresión. Traía una escopeta reglamentaria calibre .12 y le hizo tres disparos. El hombre quedó tendido en el asfalto, con los intestinos expuestos, y Alejo, a pocos metros, tirado y consciente.

Al lugar llegaron el agente del Ministerio Público y los agentes federales de refuerzo. Le confirmaron que el hombre había muerto y sus compañeros, que dieron con una cámara de fotografías instantáneas, empezaron a tomarle fotos a él, la patrulla y el muerto. Las gráficas impresas salían como recién paridas de la cámara: bailaban con el viento, revoloteaban. Sólo dos le quedaron cerca y logró atraparlas, y con ellas alimentó su memoria personal. Revisaron la camioneta. Bajo el camper, en bolsas, cartones de huevo y costales, aquel desconocido llevaba alrededor de 800 kilos de mariguana.

"Yo apenas tenía diecinueve años y me habían dado la alta como agente de la Federal de Caminos quince días atrás. Era mi primer enfrentamiento. Claro que me puse nervioso, pero la verdad no flaqueé. Fue miedo y adrenalina, y como que eso se transformó en coraje y fuerza para disparar. Yo sé que en esas circunstancias otros se quedan paralizados. Yo no", manifestó.

La cacería

Alejo Herrera carga sus casi 182 kilos a eso de las 10:40 horas. Sale de su hotel, a pocos pasos del Fiesta Inn, y se encuentra con los dos agentes ministeriales que conforman su escolta, Ricardo

Villarreal García, quien manejaba la Ram Charger modelo 1994, nueva, asignada al comandante, y Efrén Beltrán Bustamante.

Les iba platicando lo de los hombres sospechosos que le había reportado el encargado del hotel, esa madrugada. Estaban a punto de dar vuelta en el retorno, por la avenida Del Mar, para dirigirse al sur, cuando empezaron los disparos. Los agresores los estaban emboscando: uno de ellos bajó de un vehículo con un fusil AK-47 a la altura del abdomen, de pie, a pocos metros del automóvil en que iban los uniformados, y empezó a accionarlo. Otros hacían lo mismo desde atrás, al frente y a los lados. Herrera alcanzó a ver a cuatro tiradores, aunque los reportes oficiales señalan que fueron en total trece agresores y al menos cuatro diferentes armas de fuego.

El comandante recuerda que sintió que estaba bañado en sangre y los cristales de las ventanas destrozadas a tiros; en lugar de arredrarse, tomó el AK-47 y empezó a dispararles. No veía, pero escuchaba las ráfagas y calculaba el lugar en que estaban los agresores y regresaba el fuego.

"Ahí cayeron dos heridos. A uno se lo llevaron en otro carro a La Noria —una comunidad ubicada en la zona alteña de Mazatlán, donde después murió debido a los balazos que recibió— y otro fue también rescatado por sus compañeros y se lo llevaron a Los Mochis —cabecera municipal de Ahome, ubicada a unos 400 kilómetros al norte del puerto— y lo dejaron en la Cruz Roja, envuelto en sangre y sábanas", manifestó Alejo.

En el lugar quedaron cientos de casquillos de diferentes calibres. Cálculos extraoficiales señalan que fueron alrededor de 30 los que participaron en la agresión, entre ellos varios agentes de la Policía Ministerial —que informaron sobre los movimientos realizados por el comandante y los ejecutores, que estiman en trece sicarios. Se usaron armas AK-47, conocidas como cuernos de chivo, fusiles AR-15, y pistolas calibre 9 milímetros y .38 súper.

Alejo Herrera Elizalde recibió dieciocho balazos: dos en la espalda, otro en el cuello, cinco en el brazo, uno en una nalga, otros en la pierna y algunos más en el abdomen: a su intestino grueso, que quedó tan destrozado como el monoblock de la Ram Charger, tuvieron que cortarle 60 centímetros. En el cuello, justo en la base de la oreja, tiene la bala que lo besó pero no alcanzó su cráneo ni el resto de su cara: un eterno chupetón de fuego y plomo.

El mensaje

En respuesta, las autoridades iniciaron un fuerte operativo en el sur de Sinaloa. Dámaso López, a quien apodan El Licenciado, hoy uno de los principales operadores del cártel de Sinaloa en la zona de Eldorado y parte del Valle de San Lorenzo, en Culiacán, era el coordinador operativo de la zona sur, de la Policía Ministerial.

Versiones extraoficiales señalan que ubicaron a todos, incluidos los sicarios y los que avisaron a éstos para iniciar la refriega. Y de ellos, de esa treintena de homicidas, no se supo más.

Herrera Elizalde pensó que la agresión era la respuesta de un grupo de secuestradores oriundos del estado de Durango con los que se enfrentó días antes. Se le hizo que habían reaccionado muy rápido. El saldo de ese enfrentamiento fue de dos aprehendidos y dos más muertos. Pero no, al poco tiempo supieron que el origen estaba en el cártel de Tijuana de los hermanos Arellano Félix, cuyo operador en Sinaloa, conocido como El Güero Jaibo, había sido buscado por Alejo semanas antes y de quien había recibido un mensaje amenazante.

Juan Francisco Murillo Díaz, nombre del gatillero y operador, participó en la ejecución del cardenal Juan Jesús Posadas Ocampo, en Guadalajara, capital del estado de Jalisco. Era homicida, secuestrador y asaltante y a Herrera le intrigaba que a pesar de sus conocidos delitos, no había policía que lo detuviera en Sinaloa: "Qué casualidad, a todos se les iba… por dinero."

En una ocasión, una joven y muy guapa mujer llegó al despacho del comandante en la Policía Ministerial, ubicada por el bulevar Zapata, en la colonia Ejidal de Culiacán. Parecía nerviosa, aunque el oficial no se confió. Se presentó y le dijo que iba de parte de "El Güero Jaibo", que ya sabía que lo andaba investigando y que iba a ir por él.

Yo le menté la madre. Ella dijo que "El Güero Jaibo" la tenía amenazada, pero yo no me la creí. Le contesté: "Dígale que digo yo que chingue a toda su madre. Que venga, aquí lo espero." No permitiría que me azorrillara un cabrón como ése, aunque se sabía que era un hombre muy malo, contó el comandante.

Sabía, agregó, que Murillo Díaz era compadre de otro que también había sido jefe de la policía, Humberto Rodríguez, "La Rana", también de la organización de los Arellano Félix y hoy preso en el penal de máxima seguridad de La Palma, por narcotráfico. Además, era cercano a Rodrigo Villegas Bonn, considerado jefe de gatilleros del cártel de Tijuana.

La respuesta

Durante un operativo, la Policía Ministerial detuvo a dos supuestos gatilleros. Cuando Herrera se enteró habló con ellos y logró que uno aceptara delatar a "El Güero Jaibo" a cambio de recuperar su libertad, y así lo hizo. La versión que le llegó al comandante es que había una reunión o fiesta en una vivienda ubicada en la colonia Electricistas, en la ciudad de Los Mochis, donde aparentemente estaba Ramón Arellano Félix, considerado el brazo ejecutor del cártel de Tijuana, Humberto Rodríguez y otros diez o doce pistoleros. Además de armas de alto poder, portaban granadas de fragmentación.

Entre varios jefes de la corporación acordaron no informar de este operativo al grupo que comandaba Alejo Herrera, porque presumían que algunos de ellos pasaban información a esta organización criminal. Accedieron a participar en él contra los narcotraficantes, además de Herrera, Octavio Urías Quintero, asignado a Los Mochis; Rito Meza Bracamontes, ubicado en el municipio de El Fuerte; Martiniano Vizcarra, quien estaba en

Culiacán, y Ángel Ledezma Rodríguez. En total, eran unos veinte entre comandantes y agentes.

Cuando los uniformados llegaron fueron recibidos a tiros y varios de ellos decidieron no participar más en la refriega. En la vivienda sólo estaba "El Güero Jaibo", su esposa y una niña de escasos seis meses, a quienes había tomado como rehenes. Primero les disparó con armas automáticas y luego terminó con los seis cargadores de una pistola .38. Herrera y su grupo le respondían con ráfagas de fusiles AK-47, pero sin intentar pegarle, porque corrían peligro la bebé y la madre, a quienes tenía abrazadas. Así permanecieron durante cerca de cinco horas, hasta que la joven le mordió el brazo y el pistolero soltó a sus rehenes y bajó la guardia. Mientras, la madre tomó a la niña y se tiraron al suelo.

Herrera y los comandantes aprovecharon y le dispararon hasta darle muerte. Versiones extraoficiales indican que en el lugar había varios casquillos calibre .357 mágnum bajo una perforada alfombra donde cayó abatido el pistolero.

¡Taxi!

"Nunca estuve inconsciente", cuenta Herrera. Su voz suena cavernosa y recorre el espacio donde se realiza la entrevista. Su boca pone un punto y seguido que se prolonga de más hasta convertirse en puntos suspensivos. Quizá dentro de su cabeza está buscando los detalles de aquel intento de asesinato en que el objetivo era él.

Señaló que tomó uno de los rifles que dejó uno de sus compañeros heridos, Efraín Beltrán Bustamante —quien quedó muerto en el lugar— y empezó a dispararles hasta exprimir los cargadores. Hizo lo mismo con una escuadra que portaba. Accionó esas armas con la izquierda y luego con la derecha. Y si hubiera podido lo habría hecho con ambas al mismo tiempo, pues es ambidiestro, pero tantas lesiones y la confusión no le permitieron un accionar simultáneo.

Bañado en sangre, tambaleante, vio que un taxi pasaba cerca del lugar y le hizo señas para que se detuviera, pero el conductor pareció espantarse al verlo con tantas heridas y sangrando. En la escena, los agresores dejaron tres vehículos, cargadores de AK-47 en tambos para la basura y tres vehículos: un Nissan blanco, un Cutlass gris y un Grand Marquis negro.

"Usaron balas que explotan cuando llegan a la superficie, tipo expansivas, pero pierden cerca de 70% de su fuerza con el impacto… eso me ayudó a sobrevivir", explicó. Duró alrededor de dos horas en cirugía, abierto en canal, e internado por tres días en el ISSSTE de Mazatlán. La incapacidad fue por 24 días y los médicos estaban sorprendidos de su rápida recuperación.

Él dice que tuvo suerte, que logró reaccionar bien durante el ataque, que el tipo de balas usadas en su contra también le favorecieron. Pero esos cerca de 182 kilos, esa masa de carne y grasas, construyeron una gelatinosa barrera de blindaje especial frente a tantos proyectiles disparados.

Los corridos

El dueto de música norteña Miguel y Miguel compuso un corrido a Alejo Herrera, que tituló "Comandante Herrera":

> Conocido en Michoacán
> en Sinaloa es temido
> por mucho tiempo al gobierno
> su pistola ha servido.
> Él no supo de padrinos
> ni de recomendaciones
> de muy abajo empezó
> como se forman los hombres
> respetando a sus iguales
> también a sus superiores…

Por eso siendo muy pollo
le salieron espolones
a sus jefes les mostró
que es hombre de decisiones
terror les causa su nombre
a los ratas y matones…

En una de sus estrofas, se refiere al ataque que sufrió el jefe policiaco en el puerto de Mazatlán:

Una vez en Mazatlán
con el cuerpo hecho pedazos
de la muerte se escapó
estando ya entre sus brazos
por muerto lo habían dejado
tenía dieciocho balazos.
Los gatilleros sabían
que no debían fallar
muy cerquita lo seguían
por la avenida Del mar
y en un semáforo en rojo
comienzan a disparar.

Ponme a tus jefes

El 11 de septiembre de 2004 un comando mató a balazos a Rodolfo Carrillo Fuentes, hermano del extinto capo Amado Carrillo, del cártel de Juárez, en el centro comercial Cinépolis de Culiacán. En el ataque también murió Giovana Quevedo, su esposa. Varios agentes de la Policía Ministerial, bajo el mando de Pedro Pérez López, jefe de Investigaciones de la corporación, custodiaban a la pareja cuando empezó la balacera.

Luego de este doble homicidio y de una serie de asesinatos relacionados con esta emboscada, se dio el rompimiento entre los cárteles de Juárez y de Sinaloa, y la Procuraduría General de la República (PGR) inició indagatorias sobre la protección que jefes policiacos brindaban a los Carrillo, por un lado y, por otro, a la organización criminal que lideran Joaquín Guzmán Loera, "El Chapo", e Ismael Zambada. Prácticamente todos los jefes de la PME fueron acusados de trabajar para el narcotráfico y muchos de ellos, excepto Alejo Herrera, lograron huir.

En la lista de los más buscados aparecieron Jesús Antonio Aguilar Íñiguez, entonces director de la Ministerial –puesto al que regresó en 2011, con el gobierno "del cambio" de Mario López Valdez, Malova, luego de haber sido "absuelto" por la justicia federal–, quien permaneció oculto durante poco más de un año. También fueron giradas órdenes de aprehensión contra Reynaldo Zamora, Martiniano Vizcarra, Héctor Castillo y otros. Pedro Pérez, quien iba con Rodolfo Carrillo cuando fue ultimado, resultó herido durante la refriega y luego detenido mientras lo atendía personal médico en el hospital del ISSSTE de Culiacán. Actualmente está preso acusado de vínculos con los criminales.

Herrera Elizalde fue encontrado el 19 de junio de 2005 en su casa, en el fraccionamiento Villa Verde, por militares y agentes federales adscritos a la Subprocuraduría de Investigación Especializada en Delincuencia Organizada (SIEDO). Eran unos 30, vestidos de negro y gris, encapuchados y con perros pastor alemán: revisaron todo y dieron con alrededor de 600 cartuchos, 400 de ellos calibre 7.62, para AK-47 y el resto 9 milímetros.

El comandante fue llevado a la ciudad de México, donde permaneció arraigado 90 días. Durante los interrogatorios fue abordado por un policía de la Agencia Antidrogas de Estados Unidos (DEA, por sus siglas en inglés) y un agente del Ministerio Público Federal. Lo acusaban de delincuencia organizada, delitos contra la salud y posesión ilegal de cartuchos.

El agente estadounidense le ofreció dejarlo en libertad si les "ponía" (delataba) a jefes policiacos y del narcotráfico. Como una letanía se los fueron mencionando y él fue respondiendo que no sabía dónde estaban o no los conocía. Fueron alrededor de cuatro horas y media en ese interrogatorio disfrazado de "entrevista".

"El gringo, un pocho, me decía ponme a fulano, ponme a sutano, y yo le decía que no y ahí me amarré. Jefes del narco y de la policía. Se molestó y me dijo 'Entonces voy a pedir que te giren orden de aprehensión, porque eres un enemigo de los Estados Unidos. Te voy a llevar a mi país', y le contesté que había aceptado que me interrogara por cortesía: 'Usted tiene unos 30 años y yo 50, y lo que usted hace conmigo yo lo hacía cuando usted estaba en pañales.' Se enojó y se fue."

Herrera le informó al Ministerio Público Federal que estaba molesto y triste, y también tenía coraje. Le señaló que traía la presión muy alta: "Vea mi cuerpo, no dejo de sudar y la presión me está matando, ando empapado."

El fiscal le preguntó por qué le decía todo eso y le respondió que a la primera "calentada" se iba a morir y "yo no quiero morirme así, sentado, amarrado. Quiero morirme echando chingazos."

Amargado

Así se describe el ahora ex comandante: amargado. Estuvo poco más de un año preso en el penal de Culiacán, del que salió absuelto en 2006. Irónicamente, antes de que lo detuvieran y después del homicidio de Rodolfo Carrillo y de la descomposición violenta que se dio y las ejecuciones en Culiacán y Navolato, había decidido renunciar a la policía. No lo hizo y esperó a que lo encontraran en su casa. Sabía, dice ahora, que no iba a tener problemas y pronto lo iban a soltar.

"Me queda una amarga experiencia, emocionalmente me afectaron mucho, socialmente y en todos los sentidos; a final de cuentas la verdad salió a relucir y salí absuelto de los delitos que me imputaban", expresó en una entrevista que le hizo el reportero Daniel Gaxiola, en el diario *Noroeste,* el 11 de agosto de 2006.

Ahora no está amargado. Al menos no lo dice. Está enojado. Y resentido. Se apura en aclarar que no con el gobierno ni con el sistema, "sino con el hecho de que no vale la pena poner en riesgo mi vida a cambio de defender a la sociedad... me gusta defender a la gente, pero ¿por qué yo?, ¿por qué voy a agarrarme a chingazos contra "El Chapito" Isidro (jefe de una organización criminal que operó para los Beltrán Leyva, enemigo del cártel de Sinaloa, con gran presencia en el municipio de Guasave, a 150 kilómetros al norte de Culiacán). ¿Por qué? ¡Está cabrón!"

Empieza abril de 2012 y confiesa que altos funcionarios del gobierno de Sinaloa le ofrecieron su reingreso a la PME pero como jefe de un grupo importante. Les respondió que no, que merecía algo más. Y así quedó.

—Es muy difícil ser comandante de la Policía Ministerial y no tener nexos con el narcotráfico, ¿usted los tiene? ¿Es cómplice de ellos?

Suelta un "No" que suena como disparo. Suena y se queda en el ambiente. Suelta después una carcajada que es como una ráfaga potente, viniendo de su voz de caverna honda y oscura.

—No, no hay ninguna prueba de eso. Por eso salí absuelto y ando por todos lados, con libertad y tranquilidad, toda la del mundo. Ando por todos lados y sin problemas—, respondió.

Con un policía dentro

Alejo Herrera ya no pesa aquellos 182 kilos, pero sí alcanza alrededor de 147. Dentro habita un policía, aunque aclara que ya no anda como antes, cuando llegó a portar una escuadra, por si había problemas. Tampoco vigila la entrada. Su espalda acorazada está frente al acceso principal de ese salón: es la misma espalda que le recuerda el orificio y los daños que provocó en sus interiores aquella bala que le dispararon los sicarios en Mazatlán: son sus dieciocho18 heridas, sus dieciocho18 punzadas, tatuajes, chupetones de plomo y fuego, dolor a ratos, cicatrices que gritan intermitentemente.

"Es un lujo andar en la calle, en mi vehículo y hasta en los camiones del transporte urbano", confiesa. Tiene una empresa de seguridad privada que le da para mantener a su familia.

Quiere volver y no. Estar en la policía, portar armas y uniforme. Le pregunta a su esposa e hijos qué piensan y le contestan que se reincorpore, que si a él le gusta por ellos no hay problema. Pero él se queda pensando. Mira la pared, el vaso de agua fresca, la cuchara, el popote, la mesa.

"Quiero volver, la verdad. Y al mismo tiempo me resisto. Estoy muy a gusto así. Además, me sigo preguntando si todo esto vale la pena."

12 de abril de 2013

Directores de la policía, de las agencias contra el crimen organizado, la SIEDO, comandantes de la AFI, subprocuradores… A la fecha, el Estado mexicano aún no lo sabe o no quiere saberlo. A la fecha, la inteligencia estatal está filtrada, distorsionada, fragmentada; resulta (sobre todo de la lectura de sus comunicados) absolutamente incoherente.

[Cuarta] El sistema judicial está podrido. Lleva muchos, muchos años estándolo. Agentes del Ministerio Público descalificados, jueces corruptos, ineficiencia absoluta cuando no complicidad declarada con el crimen. Con una estructura como ésa no se podía ir a la guerra. ¿Cuántos delincuentes han sido dejados libres en los tres años pasados? ¿Cuántos han recibido condenas intrascendentes respecto de la magnitud de sus crímenes? Pepe Reveles narraba el otro día en una mesa redonda que quienes entregaban los cadáveres al Pozolero (y hablamos de más de un centenar de muertos) pronto saldrán en libertad, porque el Ministerio Público sólo pudo acusarlos de tenencia de armas y posesión de drogas a causa de una investigación mal integrada. Reina un caos maligno, como habitualmente ha reinado en la justicia mexicana, paraíso del accidente y la casualidad. Vivimos en un territorio de rezago de indagaciones, expedientes confusos, sin investigación científica, ausencia de un banco nacional de huellas digitales, inexistencia de un concentrado de la información de todas las agencias policiacas del país. ¿Cuántas veces hemos leído en la prensa que el detenido había estado en la cárcel recientemente? ¿Quién lo soltó?

Paco Taibo II
"Ocho tesis y muchas preguntas"
La Jornada, 15 de enero de 2011

Granada y coxis

Rosa Patricia la hacía de payaso en los hospitales en diciembre, por diversión. Ahora lo hace para obtener algo de dinero, en calles del centro de la ciudad de León.

Jesús, a quien llaman "El Oaxaquitas", trae los dedos lacerados: los químicos que tiene que maniobrar en su nuevo trabajo, revistiendo hebillas y otros objetos, han carcomido uñas y piel.

Ambos eran policías. Apenas unos meses atrás habían recibido, en diferentes periodos, reconocimientos como policías del año. Ahora tienen otras heridas: las del despido de la corporación y el desprecio, acusados de "poco confiables" y desechados de la certidumbre económica. A esas heridas agregan las de granada en el muslo, él, y un quiste pilonidal en el coxis, ella. Y muchas vivencias, amigos y compañeros muertos. Una vida de peligros y sacrificios, que ahora semejan una vieja y horrorosa caricatura. Algo que les pasó a ellos pero que nadie recuerda. Algo que no pasó, extraviado y borroso en los rincones del olvido. Algo que se olvidó entre los exámenes de control de confianza.

Puertas abiertas

En total, suman alrededor de 500 los policías municipales de León, Guanajuato, dados de baja por no aprobar el examen de control de confianza, que aplica el Sistema Nacional de Seguridad Pública en todo el país. En poco tiempo, el gobierno de Bárbara Botello Santibáñez, del Partido Revolucionario Institucional (PRI), hizo la diferencia respecto a sus antecesores, de Acción Nacional (PAN): dar de baja a unos 128 agentes, dos de ellas embarazadas.

La abogada Dolores García, quien defiende a una buena parte de estos uniformados cesados, lamentó que a diferencia del gobierno del estado de Guanajuato, que suspende a sus policías con goce de sueldo, mientras se define su situación laboral luego de los malos resultados en los exámenes de control de confianza, el de León los da de baja y sin nada de nada.

"Los del gobierno de León, que es un gobierno del PRI, fueron muy astutos para sacar a los 500 elementos de la policía y con esto dejar abierta la puerta a la delincuencia para que tome León, porque en las calles, para vigilar el municipio, apenas quedan cerca de 750 agentes que se distribuyen en tres turnos; es decir, 250 en cada uno, en jornadas de doce12 horas de trabajo y 24 de descanso. Algo así como un policía para veinte colonias", sostuvo.

Apenas la semana pasada, agregó, unas cinco personas fueron asesinadas en esta región, ubicada a cerca de una hora de la capital, Guanajuato. Dos de las víctimas eran mujeres. Además, hay casos de policías agredidos a balazos y con machete, "porque los ven indefensos, los delincuentes saben que no alcanzan los que están vigilando, para cubrir, proteger a la ciudadanía ni para protegerse entre ellos".

En Semana Santa de 2013, un policía de nombre Emilio Santiago Carrasco fue baleado y levantado por desconocidos. Cuando lo soltaron tenía mochado un pie y tuvo que ser hospitalizado.

León, la joya de la corona

En León siempre ha estado el narco. Otra cosa es cómo se expresa, si tiene o no manifestaciones delictivas de alto impacto, como los asesinatos. Pero ahí está, sigiloso y acechante. Conviven en este municipio, de alrededor de dos millones 600 mil habitantes, los cárteles de Sinaloa, Milenio, Nueva Generación, Zetas y La familia o su versión de Caballeros Templarios.

Las pugnas empezaron hace 10 años, después de que el cártel de Sinaloa, liderado por Joaquín Guzmán Loera, El Chapo Guzmán, controlara plenamente la zona. Ahí estuvieron, con todo y propiedades y operaciones, Rafael Caro Quintero, fundador de lo que fue el cártel de Guadalajara, y el mismo Guzmán.

Los sinaloenses siguen ahí, pero ya no son tan visibles, sobre todo después del homicidio de Antonio Ramírez Miranda, conocido como don Toño, y de que otras organizaciones criminales empezaron a ingresar a la vida delictiva local y a disputar el negocio de las drogas.

El asesinato fue en 2009. La nota del diario *Milenio* informó del hallazgo de un leonés de 40 años, muerto de un balazo en la cabeza cerca de la comunidad de Comanja de Corona. El occiso estaba dentro de un Jeep rojo, cuatro por cuatro, envuelto en cobijas.

"Un leonés de 40 años de edad fue encontrado muerto envuelto en una cobija en el interior de su Jeep, en el kilómetro 1 del camino de terracería a Comanja de Corona.

La víctima fue identificada como José Antonio Ramírez Miranda, quien tenía su domicilio en el Fraccionamiento Guadalupe en León, informaron autoridades de la Procuraduría de Justicia de Jalisco.

El hombre muerto era conocido como 'don Toño'. Al parecer presentaba un tiro en la cabeza.

El cuerpo estaba en el asiento trasero de un Jeep rojo 4 x 4 de modelo reciente, con placas GLD 3573 del estado de Guanajuato, que presuntamente acababa de comprar.

Vecinos de Comanja de Corona dijeron a las autoridades que ayer al amanecer ya estaba el Jeep abandonado.

El hallazgo fue reportado a las 11:45 de la mañana, en la central de emergencias 066 en León. Los primeros en llegar al lugar fueron policías preventivos de León, quienes al observar a la persona envuelta en el interior del auto sin signos vitales, solicitaron una ambulancia de la Cruz Roja y el Ministerio Público para seguir con los procedimientos legales.

Posteriormente arribaron agentes de la Policía Ministerial de Guanajuato, Fuerzas de Seguridad Pública y Tránsito del Estado, así como policías municipales de Lagos de Moreno, Jalisco.

Dos horas después del reporte arribaron agentes de la Policía Ministerial Investigadora de Jalisco y Ministerio Público, quienes se hicieron cargo del cadáver.

Versiones extraoficiales de la Procuraduría General de Justicia del Estado de Guanajuato señalan que don Toño controlaba plenamente el mercado de las drogas en León y en Purísima del Rincón y San Francisco y municipios colindantes. Era el padrino, tenía el control total. Todo aquel que quisiera vender cualquier tipo de droga, tenía que entenderse con él."

Por el sur entra La Familia y trastoca violentamente la vida en regiones de Valle de Santiago, Acámbaro y Yuriria. La zona era controlada por pandillas y policías locales antes de que la venta de drogas se convirtiera en un negocio bonancible. Los narcos ingresan con los favores, protección y complicidad de agentes estatales y federales de municipios de Celaya, Apaceos El Grande y Apaceos El Alto.

Los de Sinaloa se repliegan y a la guerra por el control de la región entran los Zetas. Celaya, sobre todo, se convierte en un campo de batalla entre estas organizaciones criminales, y a pesar de ubicarse cerca de León, a 140 kilómetros, Celaya concentra la mayoría de los incidentes delictivos relacionados con los cárteles del narcotráfico.

"León sigue siendo tranquilo, se tiene alrededor de un ejecutado cada dos meses. Pero en Celaya es uno diario y en ocasiones llega a dos o tres asesinatos de este tipo, relacionados con el narco, al día", reveló un experimentado periodista de la vida policiaca local, quien por temor a sufrir las consecuencias de esta violencia pidió mantener oculta su identidad.

Los Zetas, precisaron fuentes de la procuraduría, ingresaron a la región por el norte, desde San Luis Potosí, afectando municipios como San Felipe, San Luis de la Paz, Dolores Hidalgo, y Lagos de Moreno, en el estado de Jalisco, a media hora de León en automóvil. Muchos de los enfrentamientos suceden en terrenos jaliscienses y con la participación del grupo criminal La

Nueva Generación, restos de la comandada por Ignacio Coronel, líder del cártel de Sinaloa en Guadalajara, abatido por militares en julio de 2010 en esa ciudad, capital de Jalisco.

La ruta del dinero

El narcotráfico tiene en ciudades como Celaya y León inversiones en bares y antros, en la industria inmobiliaria, hoteles, clubes deportivos y restaurantes. En León, silente y sigiloso, con pocos cadáveres en la calle y sin el escándalo que se hace sentir en regiones del norte del país, el dinero sucio está presente, y bien y macizo, en la vida económica local.

Ahora León está lejos de aquel Jahaziel García Velázquez, joven pariente del otrora poderosísimo capo, oriundo de Badiraguato, Sinaloa, Rafael Caro Quintero. Ahora está en la página de las procuradurías General de la República y General de Justicia de Guanajuato, en la lista de los más buscados, acusado de haber violado y asesinado a una joven, aunque otras versiones lo relacionan con la desaparición forzada y homicidio de un menor.

Datos Generales del Delincuente
Jahaziel García Valenzuela
Apelativos: EL JAHAZIEL
Fecha de Nacimiento:
Edad:
Lugar de Origen: LEÓN, GTO.
Señas Particulares: CABELLO: negro ondulado, OJOS: café oscuro, CEJAS: pobladas, COMPLEXIÓN: regular, NARIZ: mediana, BOCA: mediana, MENTÓN: oval, TEZ: morena
Delitos: HOMICIDIO CALIFICADO, VIOLACIÓN CALIFICADA Y ROBO CALIFICADO
Organización Delictiva:
Vínculos:

Zonas de Operación: LEÓN, GTO.
Datos Generales:
Antecedentes Penales:
Observaciones: Es buscado por la Procuraduría General de Justicia del Estado de Guanajuato.
SE ENCUENTRA PRÓFUGO DE LA JUSTICIA DESDE: 15/08/02
Buscado por: PGR

ENVÍA TU INFORMACIÓN POR E-MAIL
O LLAMAR A LOS TELEFONOS: 53-46-15-40
LARGA DISTANCIA NACIONAL SIN COSTO:
01-800-0085-400
¡Se mantendrá el anonimato del informante!

Información de fuentes que tuvieron participación en las indagatorias indican que García Valenzuela estuvo detenido y fue liberado "por falta de pruebas" por el homicidio del menor. Después, cuando fue reaprehendido por la violación y muerte de una joven, fue dejado en libertad como resultado de un acto de corrupción. El ahora titular de la Procuraduría General de Justicia de Guanajuato, Carlos Zamarripa, era director de Averiguaciones Previas cuando se dio esta extraña liberación del detenido.

Ahí, en las cumbres de los grandes negocios y en ocasiones no tan importantes pero sí bien distribuidos y con presencia diversificada y disfrazada, producen jugosas ganancias. En la lista de quienes operan financieramente para el cártel de Sinaloa y no requieren escoltas ni armas, y tampoco acumulan en su trayectoria delictiva homicidios ni sangrientos escándalos públicos, hay hombres de negocios dueños del restaurante Capitán George. Versiones extraoficiales indican que uno de sus familiares fue aprehendido en Nicaragua por su participación en el asunto de las camionetas con logotipo de Televisa; y las autoridades federales han realizado operativos en León, en propiedades de los Jáuregui, luego de la aprehensión de dieciocho mexicanos en unidades del emporio televisivo y en posesión de 9.2 millones de dólares, el 21 de agosto de 2012.

A los detenidos, entre ellos una mujer a quien se ha identificado como Raquel Alatorre, se les vincula con el crimen organizado y no se descarta que tengan relación con más delitos, como el narcotráfico, en Nicaragua y otros países de Centroamérica.

Información difundida en los medios periodísticos indica que algunas de las camionetas usadas en este ilícito salieron de la empresa concesionaria Chevrolet del Parque, ubicada en esta ciudad. Y se atan cabos, como pasa en cualquier historia truculenta:

El 14 de noviembre de 2012, el diario *Milenio,* con circulación en esa entidad, publicó que Jesús Alvarado Aguilar, propietario de las seis residencias cateadas en León, es hermano de Jorge Reynaldo Alvarado Aguilar, propietario del desaparecido restaurante Capitán George.

Además, Jorge Reynaldo fue víctima de un atentado a balazos en octubre de 2010, afuera del colegio Miraflores, de esa ciudad, aunque "no se tiene conocimiento de que el empresario Jorge Reynaldo Alvarado Aguilar esté bajo alguna investigación".

Un documento municipal, relata la nota, relaciona al dueño de las seis casas cateadas por la PGR en fraccionamientos residenciales, con otra del empresario restaurantero Jorge Reynaldo.

"En Tránsito Municipal se pudo documentar que Jesús Alvarado Aguilar tiene la licencia JS2008654805 para conducir vehículos, vigente hasta 2013; incluso alguna vez fue multado.

En la licencia para conducir de Jesús Alvarado tiene el domicilio de Paseo de las Lomas 2088 del fraccionamiento exclusivo y residencial llamado Cumbres del Campestre ubicado al poniente de la ciudad y la propiedad es del empresario restaurantero Jorge Reynaldo Alvarado.

Guardias del fraccionamiento residencial Cumbres del Campestre confirmaron que la casa es propiedad del empresario

Jorge Reynaldo, incluso en la lista de vecinos del fraccionamiento está su nombre.

El capitán George vivió ahí en 2088, aquí está en la lista, pero luego de que quisieron matarlo a un lado del colegio Miraflores se cambió y luego rentó la casa y ahorita es habitada por una familia", platicó un vigilante anónimo.

El año pasado su abogada en León, Mireya Nieto, confirmó que su representado Jorge Reynaldo ya ni siquiera se encuentra en Guanajuato, que retiró sus inversiones a raíz del atentado y de que lo habían mencionado como propietario del casino Egyptian del bulevar Clouthier.

La abogada precisó que su cliente quería aclararle a los medios de comunicación que él sólo era propietario de la finca donde estaba el casino y se le pagaba una renta.

"A principios de octubre de 2010 Jorge Reynaldo Alvarado salió de su restaurante de lujo llamado Capitán George ubicado en la prolongación del bulevar Campestre, abordó una Suburban blindada nivel 5 y casi al llegar al bulevar López Sanabria dos sicarios dispararon al vehículo con rifles de alto poder.

Los guardaespaldas del empresario restaurantero reaccionaron y pudieron retirarse sin resultar heridos, las balas no penetraron el blindaje. Hubo dos detenidos y confesaron que los habían contratado por un millón de pesos para matar a Jorge Reynaldo Alvarado Aguilar."

También hay presencia del dinero de los cárteles en el club de futbol Leones —cuyo propietario, Valente Aguirre, ha sido relacionado públicamente con operaciones de "blanqueo"–, en cadenas televisivas; bares y antros ubicados en los bulevares Hidalgo y Campestre (en su mayoría), operan con recursos de los criminales: "Este sector está lleno de antros y todos tienen relación con los narcos. Ahí llegan, los cierran si quieren y dan propinas de veinte mil pesos a las meseras o por alguna puta."

Además, el empresario Adolfo Rezza ha sido vinculado con actividades criminales, con fuertes inversiones en la industria editorial.

A pesar de la aparente discreción, la guerra entre los cárteles marcó a la ciudad y a sus habitantes. "León es uno", reza la publicidad del gobierno municipal. Y así, como uno solo, limitó su vida pública, su presencia en las calles durante las noches, por temor a pandillas, pero también a los sicarios del narco.

"En los antros ha habido un chingo de homicidios. Hace alrededor de seis meses mataron a uno a balazos mientras se tomaba una michelada. Un psicólogo que vino de Guadalajara también fue asesinado... ya no es como hace diez o doce años cuando podías andar por todas partes y a cualquier hora; cada vez es más frecuente la recomendación sobre lugares y horas en que puedes divertirte."

El 25 de abril de 2013, un hombre fue muerto frente al mercado de León, por la calle Belisario Domínguez, a pocos metros de la cantina El Amigo. La víctima, identificada sólo como Efrén, había decidido vender droga en el sector, ya controlado por una organización delictiva. Le advirtieron que dejara de hacerlo y no quiso, por eso lo mataron, señalan las indagatorias.

Hasta la cobertura periodística se ha modificado en León. Uno de los mejores y más influyentes diarios, el *AM,* hace notas de los homicidios "pero ya no le buscan". Un experimentado reportero señaló que todo se vino abajo en cuanto a coberturas luego de que un rotativo publicó en qué hospital estaba una persona baleada. Los homicidas, enterados de que habían fallado en su misión, decidieron concluir: un hombre y una mujer acudieron al nosocomio y se identificaron como parientes del lesionado; entraron a la habitación en que convalecía y le dispararon a corta distancia, hasta darle muerte.

Luego de esto, la Procuraduría General de Justicia del Estado determinó que en ninguna nota periodística se informara sobre los hospitales que atendían a heridos de bala. De poco sirvió. Aunque en menor medida que en otras regiones del país, con alta incidencia de homicidios, las ejecuciones dentro y fuera de hospitales aquí continúan. Impunidad campante.

La joya de la corona

Para muchos, en términos empresariales, de negocios lícitos e ilícitos, León es la joya de la corona. Sus carreteras le permiten una rápida y eficiente comunicación con otros estados y regiones de importancia: por el norte se llega muy rápido a Jalisco, a través de Lagos de Moreno, con su acceso a los altos y a una región de mucha importancia entre esta entidad y Guanajuato; al sur se llega rápidamente a Michoacán; por el oriente en tres horas se llega a la ciudad de México, por mencionar algunas vías de intercomunicación.

"León es la joya de la corona, más que Celaya o la capital Guanajuato, por este excelente sistema de carreteras; de esta manera estamos muy comunicados, pero también porque está en un corredor industrial que empieza en Celaya, con mucho peso, y que sigue hacia el sur del país", sostuvo un empresario de la localidad.

El dinero del narco, aseguró, es mucho y está metido en hoteles, el futbol, el sector inmobiliario y restaurantero, y en todo lo que se refiere a diversión y vida nocturna.

Ser poco confiable

Jesús Gómez Hernández tiene 37 años y ya es exmilitar y expolicía. Tiene tres hijos y esposa. En cosa de días, así de repente, lo corrieron de la corporación y él se enroló primero como ayudante de carpintero y ahora trabaja en una industria que recubre con químicos botones, hebillas y otros productos para cintos y calzado.

Reconoce que votó por la actual alcaldesa, Bárbara Botello Santibáñez, porque cuando fue candidata priísta y estaba en campaña, iba en las madrugadas a hablar con los policías en las comandancias. Y ahí, en una de esas visitas de proselitismo, la conoció, escuchó y se convenció.

"Tenía muchas esperanzas en ella. Su triunfo fue también por el voto de los policías porque ella ofreció modificar el examen de control de confianza cuando iba de madrugada a visitarnos, me acuerdo bien, a hacer campaña en las comandancias", recordó Gómez, a quien se conoce en las filas de la corporación como "El Oaxaquitas".

Es moreno, de baja estatura, pelo lacio e insumiso. Acude con su esposa y una de sus hijas a la entrevista. La niña acepta rápido comer un pedazo de pastel de chocolate y la mamá un agua fresca. Él, refresco. Sonríe con facilidad, no tiene mirada turbia ni se ve enfermo. Tiene en el muslo una herida por la esquirla de una granada de fragmentación que lo perforó.

Es de San Antonio Nanahuitipan, de la región de Cañadas en Oaxaca. Un poco más de diez años se mantuvo en el Ejército Mexicano, donde llegó a ser cabo. Salió con honores y un expediente limpio. Lo mismo pasó luego de siete años y quince días en la Policía Municipal de León, en la que nunca fue castigado, pero de la que lo dieron de baja por decir que conocía delincuentes. "¿A quiénes?", le preguntaron los del Sistema Nacional de Seguridad Pública, durante el examen de control de confianza; contestó que a quienes había detenido como agente.

Ahí en la corporación fue instructor, inició el programa de policía de proximidad social, también conocido como policía de barrio, cuyo objetivo era acercarse a la ciudadanía en cuadras y colonias para generar confianza, un ambiente de seguridad. Obtuvo medallas de honor y la presea Alas de Plata por salvar vidas. Fue también Policía del Año en 2012. Y como si su carrera en la institución de seguridad fuera en sentido contrario, como si acumular buenas cuentas y trabajar con honores y recibir reconocimientos, valiera para recibir malas noticias, fue despedido dos meses después.

Un contraste para el escándalo. En el estado de Sinaloa, Jesús Antonio Aguilar Íñiguez, conocido como Chuytoño, director de la Policía Ministerial del estado, fue reprobado y el gobierno lo tiene ahí, al frente de la corporación investigadora y ubicado como el poderoso superpolicía que controla las corporaciones municipales más importantes, fuera de la ley.

El jefe policiaco emergió de los pantanos y manchado hasta el occipucio cuando tenía el puesto que detenta ahora y renunció para salir huyendo, luego del homicidio de Adolfo Carrillo Fuentes, "El Niño de Oro", uno de los menores de los Carrillo Fuentes, del cártel de Juárez. Carrillo fue muerto a tiros junto con su esposa cuando salían del centro comercial Cinépolis, en Culiacán.

En la refriega fue herido el comandante Pedro Pérez, jefe de Investigaciones de la PME, quien fungía como jefe de escoltas del capo. Otros comandantes y agentes fungían también como parte del cuerpo de seguridad durante ese ataque perpetrado por un comando y ordenado por Joaquín Guzmán Loera, en septiembre de 2003.

Aguilar consultó con el entonces gobernador Juan Millán Lizárraga y renunció. Cuando se le buscó ya había huido de las oficinas, la ciudad y el estado. La PGR ofreció una recompensa de cinco millones de pesos y otros jefes de la ministerial, todos integrantes de su equipo de confianza, también eran buscados por la Policía Federal.

En 2010, tras varios años de ser "perseguido", Chuytoño reapareció, primero como jefe de seguridad del ex gobernador Antonio Toledo Corro, a quien Vicente Fox acusó de tener nexos con el narco y luego reculó; poco después como asesor en materia de seguridad del ex mandatario que encabezó el llamado "gobierno del cambio", y de Mario López Valdez, Malova. Ahora es jefe de la PME, de nuevo, y controla las policías municipales en Ahome, Guasave, Navolato, Culiacán y Mazatlán, las regiones más importantes y de mayor incidencia delictiva en Sinaloa, sobre todo en relación con el crimen organizado.

La entidad –que sumó 102 asesinatos en abril y 412 homicidios dolosos en lo que va del año, en su mayoría ejecuciones, y con cerca de tres mil 800 personas ultimadas en lo que va del mandato de López Valdez–, dejó de percibir alrededor de cuatro millones de pesos del gobierno federal en materia de seguridad debido a que Aguilar Íñiguez reprobó los exámenes de control de confianza. La norma en la materia indica que todo agente y funcionario de estas áreas deben aprobar estos exámenes o ser dados de baja. Pero esto no pasó con el director de la ministerial.

A la colorida y funesta expresión de que no combatiría a criminales con blancas palomitas, dicha por el gobernador Malova luego de ser cuestionado por el nombramiento del jefe policiaco, se agrega la reciente, ante las preguntas de los reporteros: "Creo que los sinaloenses debiéramos estar agradecidos por la nueva actitud que las policías de Sinaloa, encabezadas en mucho y logradas en mucho por el compromiso de Chuy Toño, estamos teniendo en Sinaloa", dijo, el 17 de abril en Badiraguato, durante una gira de trabajo.

Y agregó: "Y el fin justifica los medios, sí, porque el fin más noble es darle seguridad a los sinaloenses y es la tarea que está cumpliendo Chuy Toño, y creo que lo está haciendo bien porque Sinaloa por primera vez dejó de ser el campeón con corona de los delitos."

De payaso a payaso

Rosa Patricia Hernández Terrones va de payaso a payaso. Se vestía como *clown* durante diciembre, para visitar a los niños enfermos del Hospital General de León y repartir dulces y globos. Nomás por gusto. Ahora lo hace porque no tiene trabajo, para obtener unos cuantos pesos: en la última función, en las calles peatonales del centro de esta ciudad, ella y su amigo el payaso Zapatín obtuvieron apenas 300 pesos. Mitad y mitad.

No bastaron los once años y siete meses que acumuló como policía municipal, distinciones como agente del mes, del año y Alas de Plata por atender a una joven en estado inconsciente y recién violada. No fueron suficientes: el 21 de marzo fue destituida como agente.

Ella como su compañero "El Oaxaquitas" tenían un salario de alrededor de cuatro mil 600 pesos cada catorce días, pero acumula más años que él en las filas de la corporación, con once y siete meses. Lo dice con una calma espantosa, sin falsas modestias ni alharacas. Lo dice, simplemente: su amigo y compañero Luis Antonio Razo Padilla murió de las heridas de bala que recibió el 4 de febrero, luego de permanecer una semana hospitalizado.

Para ella, los altos funcionarios de la policía no los dejan trabajar porque en cuanto les llevan información sobre casas o negocios en los que se expenden drogas al menudeo, no realizan operativos, sino actos de extorsión para que sigan operando y sea el agente común y corriente, el de la vigilancia en las calles, el que se enfrente cotidianamente a lo que las autoridades dicen combatir, pero en realidad solapan.

Hernández Terrones recuerda el día en que realizaba patrullaje y recibió el reporte de una joven sometida y obligada a ingresar a una vivienda abandonada. Fue por el bulevar San Pedro. La víctima tenía dieciocho años, y regresaba de estudiar inglés en la escuela Boston. Ella vio a un hombre que tenía cubrebocas, andaba en chor y descalzo. Cuando se dio cuenta que la estaba agrediendo a golpes, ya era tarde.

"Cuando llegamos vimos que se trataba de una casa sola, nadie decía nada al principio, pero luego se acercó una señora para decirnos que era ahí, que un vago había metido a una jovencita. Entonces me pongo mi AR-15, lista para disparar. Ingresan dos compañeros y escuchan: 'Dime que te gusta, hija de tu puta madre. Dime que lo disfrutas.' Ven a una joven boca arriba y a un hombre desnudo, sobre ella. El policía le grita que se eche al suelo.

Después de someterlo uno de los policías baja y me pregunta si sé de primeros auxilios. Yo le entrego el AR-15, le informo que trae el tiro arriba. Subo y veo a la joven. El policía que la había ido a buscar estaba blanco, blanco. Y yo me pongo nerviosa. La muchacha tenía el cordón de la mochila en el cuello y una sandalia en la boca, que le sangraba, y tenía los pómulos hinchados y un ojo como saltado.

Me hinco a dos piernas y le empiezo a dar primeros auxilios. Yo llevaba una medalla de la Virgen de Guadalupe y se la di. Ella estaba inconsciente y no reaccionaba. Le quité el cordón y le saqué la sandalia. La puse de lado para que respirara. Le alcé los pies y empezó a reaccionar. Y gritó: 'No, no quiero salir embarazada.' Yo le dije: 'Cálmate, todo va a estar bien.' Y repitió lo mismo. Luego dijo que quería ser médico, uno de los mejores médicos en el país.

Llegó la ambulancia y otros policías. Los paramédicos la atendieron y cada policía que llegaba le pegaba al violador, sometido y boca abajo. Les dije párenle, luego va a haber problemas. Va a ser peor."

Rosa Patricia voltea a ver a "El Oaxaquitas". "Uno la hace de paramédico y psicólogo, de maestro y agente de tránsito, de consejero matrimonial. De todo." Él asiente. "Somos todólogos."

Ambos pidieron una carta de no antecedentes penales, requisito para encontrar empleo. En ambas aparece la leyenda: "Poco confiable", con letras grandes y más oscuras que las otras impresas en el papel.

La vida marca

Jesús Gómez andaba de ayudante de carpintería. No hay muchas opciones cuando fue policía y se pide una carta de no antecedentes penales que tiene la leyenda: "Poco confiable." Y terminó unos días en esa carpintería, tratando de abultar esos bolsillos y llevar algo a las panzas de su mujer e hijos. Ex militar, ex policía. Dado de baja por no aprobar el examen de control de confianza. Y esto en medio de la llamada "guerra contra el narco", en la que ciudades y pueblos del país están sembrados de cadáveres y regados con sangre. Y la escena se multiplica, dantesca. Y los cadáveres y las balas y el tableteo y las sirenas de patrullas y ambulancias lo copa todo.

En una de las protestas que realizaron los agentes despedidos por esta causa, apareció él junto a la abogada Dolores García, que lleva su caso y el de otros ex agentes. Un empresario le dijo que lo había visto en televisión y lo quería ayudar. Le preguntó qué sabía hacer, respondió que muy poco además de usar armas, vigilancia, etc. El empresario insistió y dijo que lo dejara ayudarlo, pero necesitaba saber si estaba dispuesto a aprender. Sin revirar ni respirar, "El Oaxaquitas" dijo que sí a todo.

"No tengo ganas. Tengo hambre", respondió.

Ahora chambea en una empresa que aplica un recubrimiento químico a piezas metálicas de cintos, hebillas y botones. Por inexperiencia y algo de torpeza, ha terminado ese recubrimiento con sus manos, descarapelándolo todo. Pero tiene trabajo e ingresos. Sabe que va a aprender. Lo sabe y no olvida lo suyo, su corazón y uniforme, su trabajo. Quedaron atrás, pero también a un lado, adelante, en todo su palpitar.

Sale el tema de la esquirla de granada. En esa jornada violenta del 11 de septiembre de 2009 hubo de diecisiete a veintitrés policías heridos en diferentes hechos, todos relacionados, en las entradas y salidas a Silao, municipio vecino de León. Los lesionados fueron llevados a diferentes hospitales, pero no hubo incapacidades ni informes públicos sobre dónde convalecían ni sus identidades, por temor a que los sicarios los remataran. Sale el tema de Rocío, una compañera policía que hizo frente a un comando y se protegió detrás de un poste, disparando su AR-15. Quedó rafagueada y herida, pero sobrevivió. Se sometió a tratamiento médico y psicológico. También ella fue despedida.

"Yo me pregunto por qué nos han corrido, porque estamos hablando de gente buena que se queda en la calle, cuando en la policía quedan unos que han matado, chocado, abusado, y siguen ahí. Me siento adolorido y frustrado. Yo digo que la policía, los agentes, son parte de mí. Me despierto en la noche por las sirenas, me pregunto: ¿a dónde irán?, ¿regresarán? Yo quiero ir a ayudarlos porque son parte de mí. Digo van muy recio, ¿qué pasará?, ¿qué les pasará?, ¿qué les espera?... ¿qué será de su vida?", confiesa él.

Ella asegura que le da tristeza. Recuerda a sus compañeros, a cada uno de ellos. Se pone la camiseta: "Ah, cómo lo disfruté, tiene uno reconocimientos, agente del mes, policía del año, las Alas de Plata por rescatar a la joven violada... y de repente, nada."

Ella está menos preocupada por el dinero. Su madre recibe una pensión y sus hermanos trabajan y la ayudan. Ella también aporta, porque no quiere estar de oquis. Por eso sale de payaso Pompitas. Irónicamente, el nombre de su personaje coincide con la lesión en el coxis que sufrió cuando era policía de bicicleta. El médico le diagnóstico un quiste polinidal arriba de las nalgas.

"¿Amargada? No. Me da tristeza, eso sí. Resentimiento, porque es feo que la corrupción viene de arriba y quieren limpiar su imagen, ésos, los de arriba, con los que trabajan bien: dándonos de baja", afirmó ella.

Entre Rosa Patricia y Jesús suman alrededor de unos 26 agentes heridos, uno de ellos con dos fracturas en la columna vertebral, y alrededor de seis muertos. Cargan sus cruces, sus vidas, esos calvarios multiplicados por cada uno de ellos, en sus pechos y espaldas. En toda su piel.

"Es algo que te deja huella. Son tus compañeros y están heridos, fueron heridos. O están muertos. Y son parte de tu familia, compartes con ellos toda tu experiencia, tus días completos, tu vida personal... les tocó ahora a ellos, qué me espera, pregunto. Quedas marcado para toda la vida. A veces no puedes ni expresarlo", manifestó Jesús.

Sufre porque sus hijos padecen *bullying*. Han visto las noticias de que fue despedido, de que hace protestas. Y la alcaldesa los ha tildado a todos de delincuentes, de tener nexos con el narcotráfico. Los otros niños, compañeros de sus hijos, los llaman rateros. Jesús afirma que si ése era el problema, por qué no los investigaron y castigaron, incluso penalmente.

La abogada confía en que habrá logros, aunque no por la vía administrativa, pues en la Comisión de Honor y Justicia de la policía sus acusadores son juez y parte. Acudirán al Tribunal de lo Contencioso pero no esperan gran cosa. Su esperanza está en los juzgados federales, donde ya han ganado algunos casos y han indemnizado a los agentes con cientos de miles de pesos, y hasta millones. Pero la tarea es ardua y el camino escabroso, serpenteante.

Rosa Patricia, blanca, de baja estatura y pelo teñido. No expresa nada en su rostro. Pero en cuanto se descuida y baja la escafandra de su blancura, llueve en sus ojos. Rápido, creyendo que uno no se da cuenta, escampa sus mejillas.

Y le duele ese coxis, ese quiste pilonidal, nombre que apenas sabe pronunciar. Más cuando hace frío. Más cuando se acuerda que ya no es policía, que está desempleada. Hace quince días, en abril, se topó de nuevo con aquella joven violada. Venía de nuevo de las clases de inglés, casi a la misma hora y muy cerca de aquel lugar.

"Yo te conozco", me dijo. Yo me sonreí. "Eres la policía, la que me salvó."

"Ya no, le contesté. Ya no soy policía. Me despidieron." Ella se detuvo y sonrió. Me dijo: "Para mí no. Para mí siempre vas a ser policía."

5 de mayo de 2013

… políticos, banqueros, asesores financieros, policías, notarios, abogados, arquitectos, contadores, vendedores de autos de lujo, aseguradoras, joyeros, restauranteros, músicos, etcétera. El grado de protesta está en función de dos factores: el dinero y el nivel de vida, más que en los de la ley y la moral… [en muchas regiones, a la clase política y empresarial] no le quitaba el sueño cuando los traficantes sólo vivían, invertían y lavaban dinero en el estado y mataban en otros lugares del país.

Luis Astorga.
Doctor en sociología, catedrático de la UNAM y coordinador de la cátedra UNESCO.
Autor de los libros *El siglo de las drogas* y *Drogas sin fronteras.*
"Transformaciones económicas y sociales relacionadas con el problema internacional de las drogas" en *Seguridad, traficantes y militares. El poder y la sombra.* Tusquets.

Eslabones de sangre

I

Estaban velando en el Huanacaxtle, un pueblo cercano a Eldorado y Quilá, al sur del municipio de Culiacán, a su tío Pablo. Había sido un buen hombre, padre y vecino tranquilo, querido por los habitantes de la comunidad. Pero un día llegaron hasta ahí los soldados y la policía, catearon su casa y encontraron varios kilos de mariguana.

Le preguntaron de quién era y él se echó la culpa. No era suya, sino de dos hijos suyos. Por eso lo llevaron preso. Con el tiempo sabrían que aquel operativo no era resultado de un trabajo de investigación de las autoridades gubernamentales, sino de información que los enemigos de los hijos de Pablo suministraron.

"Les pusieron el dedo, ésa es la verdad. Luego lo supimos, pero para entonces mi tío ya estaba muerto", recordó un familiar.

En la cárcel de Culiacán lo sorprendieron por todos lados. Llevaban puntas —armas filosas y puntiagudas fabricadas por los mismos reos dentro del penal— y navajas. Y lo abrieron por muchos lados y murió. Llevaron el cadáver a su casa, en el Huanacaxtle, a velarlo. Al parecer, quienes ordenaron su muerte esperaban que acudieran los dos hijos que se dedicaban al narcotráfico y así fue.

Llegaron hombres armados. El ataúd en el patio: un terreno compartido por tres viviendas contiguas, sin divisiones, que igual daban a la calle que a las habitaciones de los inmuebles. Iban en camionetas, se bajaron. Llevaban armas de asalto y pasamontañas. Les ordenaron a todos que se echaran al piso, boca abajo; unos corrieron para refugiarse en las casas y otros les hicieron caso y se quedaron besando la tierra.

Los desconocidos dijeron que eran de la Policía Ministerial. Uno de los que estaba en el suelo trató de conversar con el que le apuntaba a la cabeza, parado justo atrás de él. Era primo de los dos que ellos buscaban. Le dijo que él había sido también policía, pero en el municipio de Navolato. Que le dijera qué querían y si se podía le diera su nombre, porque tal vez podía ayudarlos. Intentó voltearse pero los disparos terminaron con él. Otro joven, de unos 14 años, se puso nervioso y corrió para alcanzar las viviendas pero uno de los sicarios lo acribilló.

Buscaron entre los asistentes, tirados en el suelo y los que habían huido, a los dos hermanos hijos de Pablo. No estaban. Entre las mujeres que habían corrido para refugiarse estaba otra prima: ahí se quedó arropada por brazos de una tía, arrinconada entre la cama y el ropero, queriendo no ver ni oír las ráfagas que todavía retumbaban en sus oídos.

Los matones se fueron. Antes de que llegaran, lo mismo habían hecho los dos hermanos apenas veinte minutos antes. Llegaron, se asomaron sin saludar. Vieron al padre tendido. Tocaron el ataúd como queriendo decir adiós o perdón. Y se fueron.

II

Al primo ese lo velan en Navolato, donde la familia también tenía casa. El Huanacaxtle ya no era seguro para ellos y quizá lo mismo era para todos en el lugar. Nadie habla del tema porque duele. La madre sí, lo necesita. Los dos muertos en la familia eran como su hermano y su hijo, criados bajo el mismo techo y compartiendo platos y cobijas.

"Para nosotros fue muy doloroso. Tanto que si no se toca el tema, es mejor. De plano no lo hablamos", manifestó uno de los parientes.

Ella recibió a los dos años una llamada. Era de otro primo, también de Navolato. Habían acudido él, su hermano, la esposa de éste y los hijos, a comer a Altata, bahía ubicada a cerca de veinte kilómetros de la ciudad. Hasta la mesa que ocupan llegan varios hombres: uno de ellos levanta un arma y dispara contra Juan, frente a sus hijos, hermano y esposa.

Suena el teléfono. Antonia contesta. Se escucha del otro lado: "Mataron a Juan." Ella pensó que hablaban de su hermano, pero rápido recordó que el primo que la llamaba también tenía un hermano llamado Juan.

—No es cierto –respondió.
—Sí. Lo acaban de matar a balazos.
—¿Por qué me dices eso?
—Porque yo estaba ahí.

Pidió que avisara al resto de la familia. No estaba llorando ni en medio de un drama de gritos y balbuceos. Estaba en *shock*. Andaban en bandas de narcotraficantes y tenían enemigos. Querían convencerlo de que se fuera con ellos y se negó. Le respondieron sin palabras y con varias detonaciones y proyectiles grises, deformes, candentes y perforadores.

Lo velaron en Navolato también. Ella y su esposo fueron un rato y regresaron a Culiacán poco tiempo después: "No podemos quedarnos", le dijo él, y se retiraron. Lo mismo hicieron otros. El miedo en los funerales. Aquí, en los sesenta y setenta, los narcotraficantes inauguraron las ejecuciones en funerales, procesiones y entierros.

Ella escucha balazos a lo lejos y se espanta. Es Navidad o día de la Virgen de Guadalupe y el templo de La Lomita, como llaman en Culiacán a la iglesia de Nuestra Señora de Guadalupe, está llena de pasos y cuerpos y figuras que se deforman entre el humo de la llama de los cirios, el sudor, el vaho expedido por los alientos después de esa escalinata de pavor y tantos llantos y súplicas y milagros pedidos y postergados. Y también la pirotecnia. Y el ulular de patrullas y ambulancias y los bomberos. Todo eso la acongoja. Escucha las detonaciones de los cuetes y piensa que son balazos. Oye a lo lejos las ambulancias o patrullas y dice mataron a alguien. Entonces corre. Alcanza el celular, busca, encuentra, aplasta las teclas y se pone el teléfono en la oreja: "Bueno, bueno. Hermano, dónde estás. Hermano, escuché balazos y patrullas. ¿Estás vivo, estás bien? Ah, qué bueno, pensé que te había pasado algo."

III

Pocos años después balearon a otro primo. Muy cerca del Huanacaxtle le destrozaron a balazos las piernas. Los atacantes lo dieron por muerto y se retiraron. Antonia se enteró y lo visitó en el Hospital Regional del IMSS, en Culiacán: está perforado por tubos y clavos, mientras se recupera de las lesiones y fracturas.

Los médicos le ordenaron terapia física y consiguieron que otro familiar de la comunidad los alcanzara para darle ese tratamiento. Pero los parientes cercanos del baleado recularon. Mejor no. Si se enteran que está vivo van a querer rematarlo.

"Me dijeron que era mejor que no fuera, que ni supiera dónde estaba recuperándose, en qué casa, para que no corriera peligro."

Vuelve a escuchar las sirenas. No sabe por qué pero para ella son sinónimo de violencia, riesgos. muerte. Corre, busca, encuentra. Teclas: clic clic. Una, dos, tres llamadas. "Hermano, ¿dónde estás, estás bien, estás vivo?"

18 de abril de 2013

Morgue

Tania estaba emocionada porque los de la preparatoria iban a ir a la morgue. Quería estudiar ciencias del mar, biología marina o algo parecido. De todos modos le tocaría algo de eso: abrir seres vivos, destazar organismos, diseccionar, tomar muestras para ver si sufrían alguna enfermedad o sólo por conocerlos y estudiarlos, poner bajo el microscopio los sinuosos misterios de sus tejidos.

Bata blanca, libreta y pluma en mano. Ella palpitaba en esa mirada de adolescente que quiere comerse al mundo de un bocado. Sus amigos se frotaban las manos, comían uñas y mojaban y volvían a mojar sus labios con sus lenguas empapadas. Todo, fuera del Servicio Médico Forense (Semefo), de Culiacán.

En el mismo complejo de edificios varios de ellos tienen qué ver con la seguridad pública. Ahí, junto, está la delegación estatal de la PGR, y atrasito el Instituto Estatal de Ciencias Penales, donde se forman los agentes de todas las corporaciones locales, y a un lado la Secretaría de Seguridad Pública Federal. Estar ahí ya de por sí creaba tensión. Pero ellos estaban más que emocionados.

Les dijeron "Viene alguien a recibirlos." El maestro que los llevaba, de biología, había preparado todo con tiempo. Pero ese alguien no se apuraba. Y ella tenía prisa por todo, por vivir, conocer, experimentar, sentir, crecer. Hasta que salió un hombre de barba, cuarentón, con antiparras bifocales y pelo entrecano.

Saludó apocado y luego los condujo al área donde diseccionan los cadáveres y sacan muestras. ¡Puf! El golpe fue demoledor. Como un chingadazo en la nuca. Olor a muerto, a sangre seca, a vida ida, a enfermedad podrida. "Y esa mujer tendida, con la cara volteada y todas sus partes revueltas, como un maniquí convertido en rompecabezas. La habían atropellado esa mañana. Y pues la verdad fue una bronca verla, muy impactante", recordó ella.

Mala forma de terminar el año y recibir otro, ese diciembre de 2011. En medio de fiestas y posadas, ellos estaban ahí, entre sangre y piel cuarteada, ya sin brillo.

"Acaba de llegar", les dijo el médico legista. "De todos modos no hubiera sobrevivido: el camión le aplastó una arteria e hizo que se desangrara", les explicó, esta vez con cierta generosidad. Generosidad macabra.

Para entonces unos habían reculado. No soportaron los olores, menos aquella sala de muertos frescos, sangre apenas tibia, pedacería del horror.

"No'mbre, hubo de todo con los plebes. Vómitos en los pasillos, otros compañeros corriendo en busca de una salida y aire fresco. Otros yacían desmayados. Como en las películas, que dicen: 'Me voy a desmayar, aire, aire' y luego caen desmoronados, como si estuvieran actuando. Pero fueron varios. Cayeron gacho, fulminados por el rayo de olores corruptos, por las imágenes de tantos cadáveres", manifestó Tania.

Ella permaneció de pie. Trastabilló un poco, dio dos pasos atrás y se recuperó. Volvió a la escena de muerte con la mano sobre los labios y alguien le dio un cubrebocas. Se le agrandaron los ojos pero tuvo aliento para captar las enseñanzas de aquel médico forense.

Esos ojos se le mojaron al parpadear: en la plancha de metal estaba un joven de 23 años que parecía dormido y ella, triste y desilusionada, llegó a visualizar una sonrisa sobre la incipiente barba de candado.

"Se acaba de rasurar'", pensé. Me llamó tanto la atención ese cadáver que el que nos guiaba del Semefo se dio cuenta. Y de repente se acercó y empezó a informarme: "'Llegó anoche'", contó. "Lo hirieron en una colonia, parece que iban por él y le dieron estos balazos. Me enseñó los orificios en el pecho y en uno de los costados. Lo trasladaron al hospital y ahí la llevaba, el morro. Pero unos jóvenes entraron a la clínica y le dispararon", le contó. Y ahí sí se agüitó.

Le pegaron varios tiros y fue uno de ellos, en el lado derecho, el que le trozó una arteria. Y con ese tuvo. Los homicidas se fueron como llegaron. Calmados, caminando despacio, platicando y hasta les pareció a algunos en el hospital que celebraban con sus armas de cañones humeantes.

Ella lo vio. Y lo vio. Se detuvo en ese rostro limpio y moreno. Pestañas largas y rizadas. Lo imaginó con sus ojos abiertos, mirándola. Hasta le sonrió. Quizá la llamó por su nombre.

"Hasta que el forense me despertó. Porque como que me imaginaba cosas, me dio mucha tristeza verlo ahí, tan joven. Y le dije al forense: 'Ay oiga, pobrecito y, con todo respeto, qué guapo estaba.'"

1 de diciembre de 2011

Manos que hablan

Con 21 años en la Secretaría de Marina Armada de México y alrededor de doce realizando labores en el campo privado y social de la medicina, Carlos, este médico militar con grado de teniente de corbeta, ha visto de todo y vivido casi de todo. En medio de la vorágine de muerte y destrucción, de sus tiempos como miembro de las fuerzas castrenses y ahora trabajando por su cuenta, sus manos han enfrentado y tratado el dolor y la muerte, para buscar dar esperanza y vida.

Estaba en la preparatoria cuando recibió un curso de orientación vocacional. Entonces supo que lo suyo era servir a los demás. Por eso ingresó como socorrista a la Cruz Roja, "para ayudar a las personas lesionadas, afectadas, y tratar de contribuir para aliviar su dolor".

Estando en la milicia, visitó a una tía en la ciudad de México. Como si lo hubieran enviado, durante su estancia se dio la mayor tragedia que haya vivido la capital del país y en general la nación: el sismo de septiembre de 1985. Y Carlos, acostumbrado a auxiliar, a dar de sí, a ser generoso, se involucró en las tareas de ayuda, rescate y atención de los heridos.

"De inmediato me puse a auxiliar a los afectados, a las víctimas, sus familias, cuando estaba con mi tía. Fue una experiencia muy impresionante: el desastre, la psicosis de la gente... pero uno se prepara psicológicamente para enfrentar todo esto, para estar con la gente, darle apoyo. Hay que dar el 100% de la capacidad de uno para intervenir tanto en lo médico como en lo social y militar, y atender a las personas", manifestó.

Es de baja estatura y moreno. Lacio el pelo, de ojos vivos y por momentos pizpiretos. Atento, cordial y simpático hasta lo pegajoso. Un pulcro caballero en tiempos sucios, brumosos, de bayoneta y fusil de alarido. Camina a paso veloz y parece no dejar nunca las carpetas que abraza con fervor en su costado derecho.

Vivió varios años en Mazatlán y ahora en Culiacán, pero todavía no le cae el veinte de que sus pasos nadan en el fangoso chapopote de una ciudad violenta, anegada por el narco, abnegada ante la criminalidad, que al mismo tiempo admira y presume lo buchón de sus hijos, y condena los homicidios de inocentes en medio de las refriegas.

En una foto que muestra al reportero, porta su reluciente uniforme blanco, de la Marina: unos lentes oscuros al estilo Charles Bronson y de su brazo cuelga, como si fuera el mástil de una guitarra, el fusil AR-15. Está en instalaciones de la Marina Armada de México y no tiene más de 30.

Ahora, en persona, se nota que trae la pila bien cargada. Con energía, pasos cortos y apresurados, no llega tarde a ver a los pacientes que atiende en una casa rentada, donde está con otros familiares, en un céntrico sector de la capital sinaloense. Ha querido incorporarse al servicio público que, además de las citas de rehabilitación que lleva a cabo por su cuenta, son también su inspiración: hace gestiones para que una joven de 14 años que quedó en una silla de ruedas y cuya identidad pide que se mantenga en reserva, reciba ayuda para seguir estudiando, y le interesa llevar a cabo pláticas entre jóvenes sobre farmacodependencia, valores, familia, amistad, etc. Quiere, lo ha querido durante años, ingresar a la Secretaría de Desarrollo Social y Humano, del gobierno estatal, al Sistema DIF o a cualquier otra dependencia que tenga como razón de ser el servicio a la ciudadanía, a los discapacitados, a los afectados por alguna enfermedad, a los que tienen limitaciones económicas y deficiencias físicas o motrices en sus cuerpos. Pero no lo ha logrado.

Trabajó durante años y lo quiere seguir haciendo a sus 60. Ya hace alrededor de 12 que dejó la milicia pero es una hormiguita que mantiene sus sueños y parece tener alas a la hora de moverse, trabajar, inquietarse por un proyecto nuevo. En 2002, realizó el Curso Nacional Antisecuestros, en Mazatlán. Fue el primero en su clase y en la foto, impecable como es él, aparece muy cerca de Jesús Antonio Aguilar Íñiguez, director de la Policía Ministerial del Estado, entonces y ahora.

Carlos, este médico militar, conjunta en su persona, en su forma de ser, la formación castrense, la disciplina y la pasión por las armas; al mismo tiempo una humanidad desbordada, sus castillos de arena a la hora de realizar algún servicio comunitario, los jardines floridos en sus manos, ese manantial que se enciende, como una verbena, a la hora de curar.

Secuelas

Estando en el Hospital Militar de Mazatlán, donde atendía un promedio de 25 pacientes diarios en proceso de rehabilitación física, le fue asignado un agente de la Policía Federal que había participado en una balacera. Versiones extraoficiales señalaron que el uniformado, cuya identidad se mantiene oculta, realizaba indagatorias sobre la venta de droga al menudeo por otros agentes federales, en el puerto sinaloense.

Al parecer, antes de que concluyeran sus investigaciones, fue sorprendido por los policías que él investigaba, y se dio el enfrentamiento. Del otro lado un agente quedó mortalmente herido. Y él ahí, con un balazo en la cabeza: mirada fuera de órbita, algo torva, la parte superior de la cabeza envuelta en vendas, sentado en la cama del hospital, aunque parece estar en otra parte.

"Era un agente federal herido de bala en la cabeza, en región temporal. Le di rehabilitación: corrientes interferenciales para electroestimularlo, ejercicios activos, pasivos y uso de aparatos que ayudan a recuperar la capacidad motriz del cuerpo. Después de mucho tiempo, quedó con secuelas de hemiplejia: arrastraba un poco el pie. Pero logró caminar después de cerca de seis meses de tratamiento y hospitalización. Y eso para mí es muy satisfactorio", comentó.

Si hubiera

Son tiempos oscuros. Carlos lo sabe perfectamente. Él y sus hijos han visto y vivido lo suficiente. Poco quiere contar de eso. Pero sabe que en este escenario de violencia exacerbada, de alrededor de cinco mil 200 muertos en poco menos de cinco meses del gobierno del priísta de Enrique Peña Nieto —cerca de mil 200 funcionarios municipales ultimados a balazos, en ataques del narcotráfico o de las fuerzas de seguridad, y al menos 34 alcaldes muertos en circunstancias similares, en los últimos cuatro años del gobierno del panista Felipe Calderón Hinojosa—, si hubiera estado en las filas de la Secretaría de Marina, lo hubieran llamado al multiplicado y trashumante frente de guerra. A todo el país y a cualquier parte.

Ahí anda. Entre sus costillas, su pecho, su brazo. Todo del lado izquierdo. Un bonche de papeles. En esta ocasión son los expedientes de sus pacientes en tantos años de servicio como médico especialista en rehabilitación física. Diagnósticos, oficios que él mismo redactó pidiendo la intervención de alguna autoridad, papeles que recibió de otro médico o de alguna institución, para el tratamiento del paciente.

En otro paquete de papeles, mordidos por el tiempo y el sudor, visitados apenas por el polvo, trae recortes de periódicos, fotografías, frases, encabezados. Atisbo del olvido que no alcanza a penetrar en esta humanidad militar y al mismo tiempo generosamente servicial. Los trae pegados a hojas blancas, perfectamente doblados para su conservación. Cápsula del tiempo. Amontonada, poco, muy poco maltratada. Su vida, sus pasiones, sus preocupaciones, lo que habita entre sus cejas y sus sienes. Sus principales latidos y esos 60 años de servicio en todos lados, dentro y fuera de los cuarteles, los hospitales y ese parteaguas de la vida nacional que fue el sismo de 1985 en la ciudad de México, que todo lo resquebrajó, y no sólo en la capital del país.

Entre sus montones de papeles con ayeres abultados y tibios, a pesar del paso de los años, están dos libros sin publicar que escribió. Son una suerte de ensayos, de repasos históricos, de artículos periodísticos que elaboró para recuperar y mantener ahí su memoria: sus pasos personalísimos por el quirófano, en esas más de 200 cuartillas, cada una bien nutrida, a renglón pegado, aborda la historia, la sociedad mexicana actual, los jóvenes, las adicciones, la cultura, la idiosincrasia y hasta la sociedad de consumo. La herencia de aztecas y españoles, la influencia de Estados Unidos. Todo. Todo cabe en sus hojas, su cabeza ya visitada por la plata de los años, sus manos que curan y escriben, que viajan y alivian, que aplazan dolores. Que posponen la muerte.

Sociedad descompuesta

Para él no son ciertas las versiones de que el gobierno está coludido con los criminales. "Si el Ejército Mexicano, por ejemplo, fuera cómplice de uno o más de los cárteles del narcotráfico, esto ya se hubiera acabado. Sería un desastre. Pero no, ahí no está el problema del país", advierte.

"Está en la sociedad mexicana. Ahí está el problema. En la corrupción, en cómo se convive con los delincuentes. Tengo cerca de 22 años en Sinaloa, la mayoría de ellos en Mazatlán. Pero lo que veo en Culiacán, en los cinco meses que llevo viviendo aquí, es otra cosa. La gente se mete en broncas con mucha facilidad, porque quiere. Aquí, de plano, hay mucho buchón. Mucha, muchísima violencia. Estamos hablando de una sociedad descompuesta", manifestó.

"La mayoría de los ciudadanos le echa la responsabilidad a las autoridades municipales, estatales y federales, por tanta incidencia delictiva, pero no es así.

En el ámbito social, hay muchos problemas en las familias, dentro de ellas. Por ejemplo está la falta de trabajo, la migración, la descomposición familiar, y todo esto es muy degradante y la gente se involucra en problemas", sostuvo.

Entre sus fotos y recortes de periódicos atesorados hay notas de niños asesinados, del desempleo y el narcotráfico. Le duele pero las muestra. Como quien no quiere verse frente al espejo para no reconocerse, pero termina cediendo y frente a frente, se dice: "Sí, éste soy yo."

"En mis libros toco esta violencia… quisiera uno que todo esto se acabara, que terminara ya. Porque duele y preocupa, para qué más que la verdad. Quisiera que terminara, pero ya no es cosa de uno. Ya no", se lamentó frente a una taza de café que rechazó y un vaso de agua que se toma con una paciencia monástica, a pesar de los 37 grados centígrados y del escaso viento agradable que recorre caprichoso las mesas del café Los viejos portales, frente a la plazuela y el quiosco, en el centro de la ciudad.

Felipe Gurrola, ese narco

Después de tantos años de haberlo atendido, se convirtió en alguien de la familia. Alguien cercano, cálido. Era Felipe Gurrola Gutiérrez, un capo del cártel de Sinaloa y supuesto compadre de Ismael Zambada García, El Mayo, uno de los jefes de esta organización criminal, junto con Joaquín Guzmán Loera, El Chapo.

Cerca de tres años y medio lo tuvo como paciente. Por eso, asegura, ya era como un pariente. El paciente había llevado diversos tratamientos de otros tres médicos y algunos de ellos le recomendaron que buscara a Carlos. Y finalmente lo encontró mediante algunos familiares.

Gurrola era líder del Sindicato de Petroleros de la República Mexicana y vivía en Mazatlán, donde estaba la sede de esa sección sindical. Había estado involucrado en el envío de enervantes en camiones de Petróleos Mexicanos (Pemex) y en otros ilícitos, muchos de los cuales ni siquiera han sido nombrados. Sufrió al menos dos atentados a balazos; uno de ellos, con cuatro lesiones, lo tenía bajo tratamiento y prácticamente cuadrapléjico, frente al médico militar con especialidad en rehabilitación física: Carlos.

"Después del atentado, le pusimos unas barras de Luque en la columna vertebral y estuvo inmovilizado de las extremidades. Felipe Gurrola Gutiérrez tenía alrededor de 54 años y cuatro balazos al nivel de la médula, en la columna pues", informó.

En una hoja con el membrete de Petróleos Mexicanos, puede leerse: "Hoja clínica para paciente en tránsito. Paciente conocido, el cual es valorado y se encuentra estable y es portador de una paraplejia secundaria. Lesión medular, en estos momentos en sesiones de terapia. No escaras, no contracturas, por lo que se indica uso de aparatos largos bilateral, con apoyo isquiático y cinco pélvico para iniciar bipedentación y marcha asistida." El documento tiene la huella de las manecillas y está borroso, pero puede leerse que se trata del narco mazatleco.

Con fecha del 3 de abril de 2000, también en el puerto sinaloense de Mazatlán, se expidió la ficha 52440, con la leyenda "hemiplejia post traumática" y el folio 81158.

"Ya había superado bastante en cuanto a su rehabilitación, luego de meses, años, de tratamiento. Tuve la suerte de haberlo tratado, porque era un caso complicado. Y aprendí mucho con esa experiencia", confiesa Carlos.

El militar describe a Gurrola como un hombre amable y excelente conversador, con quien evitó, a pesar de que era muy sociable, hablar de su problema, el atentado a balazos, sus negocios y enemigos.

"Era de agallas. Muy inteligente, muy humanitario, quizá por su problema, su discapacidad, la gente cambia un poco en su forma de ser y se hacen generosos. Pero él era buena persona. Siempre estaba con su esposa, sus hijos. Yo iba directamente a su casa, porque por supuesto él no se podía mover. Entonces tenía que visitarlo en Mazatlán. Así fue por casi tres años: dos horas diarias de terapia, excepto sábado y domingo… es pesado, sí. Pero muy satisfactorio cuando uno ve los avances que logra el paciente."

A granadazos

La nota publicada el 27 de septiembre de 2002 refiere que un comando armado irrumpió en su domicilio y lo mató a tiros junto con un pariente:

"Personas no identificadas dieron muerte a balazos a Felipe Gurrola, exdirigente del Sindicato de Trabajadores Petroleros de la República Mexicana, y al sobrino de éste, José Gurrola, luego de irrumpir en una casa del fraccionamiento Lomas del Mar, en Mazatlán, cuya puerta volaron con granadas.

Fuentes de la Procuraduría General de Justicia (PGJE) de Sinaloa, que solicitaron el anonimato, sostuvieron que Felipe tenía vínculos con los narcotraficantes Ismael Zambada, "El Mayo" (uno de los jefes del cártel de Sinaloa), y Ezequiel Portillo, "El Chero", quien el martes pasado fue asesinado en el poblado Concordia, ubicado a veinte kilómetros Mazatlán."

Gurrola había sufrido al menos dos atentados, uno de los cuales lo dejó parapléjico y al parecer así fue sorprendido en su vivienda: inmóvil. Uno de los ataques dejó a dos de sus escoltas muertos. Fuentes allegadas a las indagatorias señalan que esta ejecución fue la deuda cuyo cobro se pospuso muchas veces, a pesar de los intentos de saldarla. La orden, aseguraron, vino de las altas esferas del cártel de los Arellano Félix, también conocido como cártel de Tijuana, que en ese momento aún tenía una fuerte presencia en el sur del estado, incluido, por supuesto, Mazatlán, donde vivieron los hermanos Arellano y fueron, durante un tiempo, "respetables empresarios".

Antes, el líder de los petroleros estuvo implicado en el tráfico de droga. Gurrola Gutiérrez, de acuerdo con información periodística del 2000, fue detenido en varias ocasiones acusado de transportar cargamentos de cocaína en pipas de Pemex, y estuvo bajo proceso penal luego de que en Tepic, Nayarit, fue asegurada una avioneta de su propiedad cargada con el mismo enervante, señala la nota publicada el 29 de febrero de 2002, por *La Jornada*.

El 19 de octubre de 2009, el apellido Gurrola seguía sonando en el puerto. La nota publicada por el diario *Noroeste* así lo constata:

"En el mayor decomiso de drogas en al menos el último año en Mazatlán, ayer fueron aseguradas tres toneladas 197 kilos de mariguana en una finca de la Colonia Francisco Villa, en un cateo efectuado por personal de la Policía Federal, el Ejército y la PGR. El inmueble era utilizado presuntamente como casa de seguridad por Ricardo Andrade Padilla, 'El R', 'El Richard' o 'El Hampa', que opera una célula de Marco Iván Gurrola Lizárraga 'Virrey' o 'El 2'. También fue asegurado un fusil Ak 47, un cargador y 22 cartuchos para ese tipo de arma, de acuerdo con un comunicado de la vocería de la Operación Conjunta Culiacán-Navolato-Guamúchil. Se informó que tanto Andrade Padilla como Gurrola Lizárraga, éste hijo del extinto líder sindical petrolero Felipe Gurrola, trabajan para la organización de Ismael 'El Mayo' Zambada García."

La realidad amenazante

El doctor Carlos no deja de sonreír, aun cuando habla de los riesgos que ha enfrentado al margen de su trabajo: sólo por vivir en una ciudad como Culiacán. Antes, en Mazatlán, una nota escrita a mano fue dejada en el parabrisas de su automóvil, con su nombre: "Estás enterado, doctor. Acuérdate de Lomas de Mazatlán. Atentamente La sombra negra."

La amenaza, por supuesto, tenía qué ver con Felipe Gurrola y el tratamiento de rehabilitación que le brindó.

Sus ojos parecen tener dos pájaros que aletean, alegres, al saludar. Incluso, al contar que uno de sus hijos tuvo problemas con un compañero de trabajo y se vio obligado a intervenir para que los jóvenes, al parecer implicados en delitos de alto impacto, dejaran de molestar. No usó armas, pero sí su determinación. No hizo falta que mostrara lo que aprendió y lo llevó a portar la cinta negra lima lama ni sus cualidades físicas, en las que se mantiene a buen nivel.

Días después, uno de los que había amenazado a uno de sus hijos, fue detenido por agentes de la Policía Ministerial acusado de robo de vehículos. "Hay mucha, mucha violencia", dice, con sus ojos como luciérnagas. Se acaba el vaso de agua y no deja de sudar. Se siente a gusto fuera de la milicia. Pero no se siente seguro fuera, dentro, ni en ningún lado, aunque es feliz con esas manos que cantan, que hablan, que curan, que traspasan el fuego de la tristeza y el dolor, que curan y posponen la muerte.

20 de mayo de 2013

No hacer nada

El joven estaba tirado. Fraccionamiento Loma Linda. Su padre había sido ultimado a tiros semanas antes. Su madre lo miraba y él agonizaba. Ya portaba los colores de la muerte: la transparencia de la vida que se va, de la piel incolora. Sus quejidos decrecían. El charco inundaba los milimétricos desniveles en el pavimento. "Ah", aullaba. Hasta que se hizo chiquito. Hasta que no lo dejó escuchar más el viento.

Como pudieron lo levantaron. Los orificios que le dejaron los serpenteantes proyectiles calibre 7.62 eran muy visibles a pesar de la fuerte hemorragia. Los paramédicos, afanosos, tensos, apurados. Los policías municipales, que habían llegado primero que todos, también tensos. Decidieron llevarlo al Hospital General Bernardo J. Gastélum, a unos cuantos kilómetros del lugar.

La madre los siguió. Y ahí, en la antesala del área de urgencias, les reprochó ¿por qué?, ¿por qué se lo habían llevado a ese hospital? Si podían salvarlo, si podían llevarlo a una clínica privada. A la Cemsi o a otra. Los agentes se miraban unos a otros, apenados, en pleno desconcierto: mezcla de frustración y tristeza, de sentirse un poco, algo, tantito muertos, igual que ese joven que acababa de entrar y que en minutos fue declarado sin vida.

—¿Cómo se llamaba?

Luis se toca la cabeza. Trae una herida del lado izquierdo que le descompone el ya de por sí descompuesto e insumiso pelo. Se la golpea un poco. Argumenta que con el golpe que sufrió en ese accidente automovilístico se le movieron las ideas. Otras se le murieron. Sigue golpeando un poco. Parece tocar una puerta y preguntar si hay alguien ahí, del otro lado de la corteza dura.

Sabe que fue en Lomalinda, en 2008. Que al padre de ese joven lo mataron de forma similar y no podían moverlo hasta que llegaran los paramédicos, pero no más: "La neta, no me acuerdo."

Luis tiene 31 años y es agente de la Dirección de Seguridad Pública Municipal de Culiacán, que depende de la Secretaría de Seguridad de la capital sinaloense. Estuvo dos años como agente de la Policía Estatal Preventiva (PEP), de la Secretaría de Seguridad Pública Estatal y poco más de siete en esta otra corporación. Tiene muchos "malandrines" detenidos, como él mismo los llama; una cifra similar de amenazas –cada aprehensión una advertencia fatal hasta ahora no cumplida–, y "un chingo" de agentes, compañeros y amigos, muertos. Hace cuentas y suma cerca de veinte polis ultimados, algunos de ellos en forma escandalosa y cobarde. Todas dolorosas. "Lo peor", dice, "es ver a los hijos de los amigos muertos llorando".

"Ver a los hijos de los polis asesinados es muy feo. Muy feo. Pudieran ser los hijos de uno… esos llantos aquí los traigo. Aquí, grabados." Y se toca el pecho. Y luego golpea de nuevo, esta vez el tórax. Y luego la cabeza. "Aquí. Aquí", repite.

Sin ley

—¿Es Culiacán una de las ciudades más peligrosas del país?

—Definitivamente sí, aquí la cultura de los hombres bragados está muy arraigada. La gente es prepotente… yo dejé de usar el pito del carro, créame que está pesada la cosa, está fea.

"Son hombres airados, porque toda esa música estúpida los transforma bien feo, se sienten los personajes del corrido y se les queda todo esto. Yo no tomo (alcohol) pero me toca ver gente que toma una cerveza y se transforma. Como que ese tipo de canciones les lava el cerebro."

—Pero es la cultura del narco, ¿no?

—De cierta forma, sí… no se puede aplicar la ley, definitivamente no se puede.

"Amá, ¿ya van a venir?"

Luis cuenta que un caso representativo de este ambiente fue cuando le tocó "recibir" a Jorge Rubén Beltrán León, conocido como "El Charrito", pistolero del cártel de Sinaloa. Estaba comisionado a la seguridad del Hospital Civil cuando vio llegar a dos patrullas de la Estatal Preventiva y de custodios del penal de Culiacán, quienes traían a un preso herido.

Era él, "El Charrito". El hombre no soltaba el teléfono celular y a Luis eso le llamó la atención. Le preguntó a un custodio por qué traía el aparato, si se suponía que estaba prohibido para los reos, y le contestó que ése tenía privilegios y que era alguien "pesado".

"Era flaquillo, chaparrillo, me dio por preguntar, quién era ese personaje. Es fulano de tal, es un culero, ha matado muchos ministeriales, me dice. Me espanté, la verdad. Yo todavía servicial adentro, quitándole los pantalones, echándoselos en una bolsa de plástico, porque lo iban a operar", manifestó.

El lesionado tenía heridas de salva "de sal", como de escopeta. Desde que llegó hablaba por teléfono y decía: "Madre ya me tienen aquí… amá, ¿ya van a llegar? Ya me van a meter al quirófano", recordó Luis.

El policía traía una "mazorquita" con seis cartuchos útiles y otros doce disponibles. Era su arma reglamentaria, un revólver .38 especial. No le gustó tanto poli para un reo y empezó a pensar en las rutas de escape. Casualmente fue lo mismo que le preguntó uno de los uniformados: "Dónde están las salidas." "Por todos lados", respondió él. Y le explicó. Uno de los custodios se puso fuera de la sala en la que era atendido el detenido, antes de pasarlo al quirófano. Se instaló y cruzó el AR-15, empuñándolo con fuerza, como un superpolicía. Él se quedó en la puerta. Y en eso vio que la gente empezó a correr y gritar. Luis quiso calmarlos porque había pacientes y no debían molestarlos, cuando descubrió que de la parte trasera venían entre treinta o cuarenta hombres armados. Y vio, como si fuera una película, cómo uno de los pistoleros dispara a corta distancia al vigilante, con un fusil AK-47, en el costado derecho.

"Me cruzo el pasillo y le dije a un viejito que estaba conmigo 'Vente, vámonos, qué estás haciendo aquí.' Nos metimos a un baño y los estatales estaban corriendo tras de mí, con los riflones. Íbamos a salir para la Obregón y también ahí tenían gente armada. Tas tas tas, sonaban los balazos.

"Suena el teléfono, un lamparín que traía yo, y no quería que sonara para que no nos encontraran. Los estatales en otro baño, enfrente. Si entra alguien ya estaría de Dios. Entonces otras ráfagas tas tas tas. El de la llamada era el difunto Rafa Morales. Ya lo mataron también, muy amigo mío y excelente policía, lo hicieron pedazos a balazos. 'No salgas', me dijo, 'ta fea la cosa, ¿estás bien?' 'Sí', respondí. Para entonces ya habían desarmado a todos los polis, a la patrulla le arrancaron el radio, y venía el apoyo. 'Estoy en los baños', le dije, 'Ahí quédate.'"

Al rato me dice 'Sal, está todo tranquilo.' Salgo como triunfante con el revólver. Todos soltaron la risa: a mí no me habían desarmado porque estaba en los baños, me hice famoso porque era el que corrió. Al poli, a quien le decíamos "El Sastre", lo metieron a la sala de operación, tenía unos hoyotes, la libró, y al otro, a "El Charrito", se lo llevaron los pistoleros.

Entonces me di cuenta de que en realidad no hablaba con su mamá, que estaba avisando a los malandrines para que fueran por él. A los pocos días entregaron las armas que nos habían quitado… las dejaron en un carro rumbo a Las Pitayitas."

Ese 27 de septiembre de 2007, "El Charrito" fue rescatado por sus secuaces y a finales de octubre mató a un comandante de la Policía Ministerial y dejó gravemente heridos a otros tres, en la colonia Tierra Blanca. A mediados de diciembre fue aprehendido de nuevo, esta vez por elementos del Ejército Mexicano, en el fraccionamiento Canaco, al norte de Culiacán. De acuerdo con información de la PGR y de la PGJE, Jorge Rubén Beltrán León, "El Charrito", era integrante del grupo de sicarios que comandaba el extinto Gonzalo Araujo Payán, "El Chalo Araujo", quien fue uno de los brazos ejecutores del cártel de Sinaloa.

"Luego de haber sido rescatado, hizo una matadera de polis... fue muy impactante para mí", señaló.

—¿Qué pudiste haber hecho?, ¿crees que debiste enfrentarte con ellos?

—No, lo que quería era preservar la vida del viejito... pero él estaba riéndose. Lo tomé de la mano y lo llevé para allá, nunca se me ocurrió preguntarle el nombre. Pero él estaba riéndose. A lo mejor de nervios.

Esa fue una de sus primeras experiencias como policía. La que lo dejó marcado y todavía lo asombra y produce risa, porque sobrevivió con todo y su "mazorquita".

Peligro e ingratitud

Luis es bajo de estatura y de complexión delgada. Tiene ojos vivos y con ellos también habla. No se detiene a pesar de que en el lugar donde se realiza la entrevista hay más personas. Sabe que no lo escuchan pero igual no baja la voz. Confiesa que le teme a los narcotraficantes, los sicarios, pero también a los malandrines de quinta que consumen "foco" (crack) y quieren despojar de sus pertenencias a cualquiera con un desarmador. Pero se cuida más de los políticos, porque ésos pueden lograr que lo dejen sin trabajo con sólo pestañear.

—Y en medio de este ambiente, el narco, los políticos corruptos, ¿te sientes entre el cuerno de chivo y la pared?

—Aprendes a hacerte como que trabajas. Se oye feo: ellos hacen como que te pagan y uno como que trabaja. Por eso me cambié a la bicicleta, porque en la noche es un peligro. Estuve dos años de policleto en el primer cuadro de la ciudad, pero el clima no te deja... El chaleco antibalas está bien, ¡pero con este calorón!. Son diez horas en el intenso calor del centro, no se puede. Y sólo un día de descanso a la semana.

—Pero hablábamos de la ingratitud.

—Muchas veces tiene razón la gente de ver tanto robo y asaltos, la gente va a decir 'Pinche policía, ¿dónde está?', pero si llego yo y detengo al asaltante uno es héroe. Todo el tiempo va a haber chicos malos, lo sabemos. Lo que hace uno es mantenerse neutro, aprender a moverse en medio, salir adelante, tratar de llevar el pan a los plebes que tengo en la casa, que son tres, de trece, nueve y ocho años.

—¿Cuánto ganas a la quincena?

—Me quedan libres tres mil 800 pesos quincenales, a pesar del "megaumento" que anunciaron... ridículo. Es lo que le digo, uno aprende a quedarse callado. Lo anunciaron por el periódico y la tele, pero eran 150 pesos quincenales, ese fue el aumento, ¿qué hace uno? Quería meterme en la caja de ahorros, para final de año agarrar unos quince o veinte mil pesos, pero ¿qué iba a hacer?, nada más de la casa me descuentan mil pesos a la quincena.

—Eso los obliga a corromperse.

—Desgraciadamente es cierto eso. Mire, siendo sincero, muchas veces el poli quiere tener para pistear, para darse la vida que no se da, tener dos mujeres, droga... El sistema está al punto donde los malandros no te dejan trabajar, todos son gente de fulano, de mangano, tienes que unirte a ellos para que te permitan no trabajar, sino sobrevivir... Yo soy gente de fulano, del señor, del jefe, le dicen a uno. Y no puedes hacer nada.

—¿Y de diez cuántos te dicen: "Soy gente de fulano"?

—Todos. Todos. Y si no lo conocen, conocen al primo, al amigo, al político y ésos son de cuidado, los políticos. Yo le tengo más miedo a un político que a un narco. Con los ojos cerrados te corren del trabajo.

Muchos muertos

A Luis le dan pavor los fusiles AK-47, conocidos como cuernos de chivo. "Son peligrosísimos", dice. Prefiere el AR-15, que es el fusil que usan en la policía, aunque están capacitándolos para el G-3, como los que trae el ejército. Es de rancho y le gustan las armas, y saborea el privilegio de tener una .380 de fabricación italiana e imitación Prieto Beretta en su carro, porque quiere defenderse a la hora de los chingadazos.

Se le pregunta qué es lo que más le ha dolido en su vida de agente de la Policía Municipal y confiesa que la muerte de un amigo que entró junto con él a la corporación y fue abatido en 2008.

"Un plebe que entró conmigo, él venía de Badiraguato y se llamaba Óscar. Nos dieron de alta el mismo día y todo el tiempo estuvo comisionado a custodiar un almacén donde estaba todo el equipo de alumbrado público. Tenía como tres años trabajando, fue en 2008. Ese día lo sacaron para unirse a unos grupos de estatales y municipales, grupos mixtos. Un año pesadísimo. Lo mataron en Américas y Universitarios, frente al Centro de Ciencias de Sinaloa", dijo.

La masacre arrojó un saldo de seis uniformados abatidos, aquel 27 de junio de 2008. Los policías muertos fueron identificados como Roberto Ortiz Martínez y Óscar José García Muñoz, agentes de la Dirección de Seguridad Pública Municipal, Juan José Ramírez Gurrola y Juan Alejandro Amaral Ibarra, de la Policía Estatal Preventiva, y de la Policía Ministerial del Estado, Mario Arturo García López, y el agente de Tránsito Municipal, Juan Manuel Mendoza Herrera.

"Recuerdo cuando les hicieron un homenaje en la policía. A la señora, su esposa, le dieron la bandera y la foto, y ella preguntó al gobernador: '¿Yo para qué quiero la foto?'

Era un plebe nuevo, tendría 21 o 23 años. Quedó con el rifle abrazado, balaceado por la espalda. Los otros quedaron despedazados en la cabina.

Me acuerdo clarito porque ese día acabábamos de quitarnos de ahí. Había una pizzería en la esquina y el dueño era de Mazatlán y lo conocía mi compañero y esperábamos que cerrara para que nos diera una pizza. Me acuerdo clarito.

Nos encontramos otra patrulla, pasamos por la Carlos Linneo, en la Chapultepec. Había un retén de soldados, todos dormidos aunque eran como las nueve y media de la noche y le dije a mis compañeros 'Miren cómo están estos.' Agarramos para la Isla Musala y ellos por Universitarios y empezaron a pedir ayuda, ¡balazos!, '¿Dónde?', pregunté. 'Aquí, en América y Universitarios.' Vimos a una patrulla en la Isla chalineando, tenían parado un carro, y le digo '¿No oyes que están pidiendo 14 (ayuda) y no dejas de chalinear?'

Llegamos y vimos la escena macabra: la patrulla desfondada a balazos, vi a mi compa Óscar. Le quedé debiendo 50 pesos porque no tenía ese día para cenar y le pedí, 'Sí mi compa, sí…'"

Corromperse y huir

Luis trae todo eso en su cabeza, a la que a ratos da golpecitos como para que no se le duerman los recuerdos, no se le vayan ni se le pongan borrosos. Como esa vez, el 4 de diciembre de 2010, cuando fueron abatidos a tiros y luego incinerados los jóvenes músicos Héctor Nayar Reyes, su novia Jénnifer Rivera, de diecinueve años y estudiante de nutrición, quien también hacía sus pininos con el trombón, y Fernando Barraza Beltrán, guitarrista. Habían dado un concierto en la Feria Ganadera, al sur de la ciudad, y transitaban por el bulevar Maquío Clouthier, cuando fueron alcanzados por los homicidas.

A pocos metros de ahí, la patrulla en la que iba Luis y otro agente habían sorprendido a dos mujeres y un hombre en un taxi sin placas, por el bulevar Zapata, bajo el puente que se ubica junto al centro comercial Soriana. Traían bolsas llenas de productos nuevos, aparentemente robados. Los esposaron y subieron a la patrulla. Una de las jóvenes fingió tener problemas de salud cuando empezó la balacera: varios sicarios ultimaban al trío de músicos. Ellos, los agentes, quisieron avisar por radio pero optaron por liberar a los detenidos, temiendo que una de las balas los alcanzara y tuvieran más problemas.

Les "bajaron" 500 pesos y les dijeron, casi exigieron, que se retiraran. Ellos no se acercaron, escucharon las fuertes detonaciones y fingieron no estar ahí. Avanzaron despacio en la patrulla, por el bulevar Zapata, hacia la avenida Nicolás Bravo, y casi al llegar recibieron el aviso por radio de un ataque a balazos y que varias unidades de la corporación se aproximaban al lugar. Entonces sí: prendieron la torreta y la sirena y se regresaron a la escena donde un automóvil Focus, con placas del Distrito Federal, ardía con tres jóvenes en su interior, seguramente ya muertos.

Sin nadie

—No hay apoyo en la policía, ¿cómo le haces sin sociedad, sin policía y sin gobierno?

—¿Qué hace uno?, nada más presentarse a trabajar y no tener problemas. Tengo tres años que no entrego detenidos, '"Es un abuso lo que hacen ustedes, lo quieren ver a uno como si fuera el asaltante, ¿qué más quieren?, aparte sueltan a los malandrines'", le dije el otro día al agente del Ministerio Público.

"Yo no robé ni lo mandé a robar, me refiero al delincuente que uno detiene. Y precisamente por eso no meto ni un detenido. Entonces aprendes a hacerte del sistema, a hacerte pendejo. Trato de hacer mi trabajo lo mejor que puedo. Me gusta, no tengo boletas de arresto, me gusta andar limpio en mi persona y mi equipo, no falto ni llego crudo porque no tomo, pero en lo que es el trabajo lo mejor es aprender a no hacer nada. Se oye feo pero es la realidad: no hacer nada."

Luis está avergonzado porque la noche anterior a esta entrevista, uno de las tiendas Oxxo que él y sus compañeros deben vigilar fue asaltada. Confiesa que escuchó la alarma, pero a lo lejos. Somnoliento, supo pero no pudo moverse. Su turno de 24 horas de trabajo no le permite mantenerse despierto a las tres de la mañana, habiendo empezado a las siete del día anterior: "Está pesado, te duermes, no la haces."

Luis le echa hielos al vaso de refresco. Sonríe sin músculos impostores en su cara. Lo hace porque lo siente. Pero pareciera que no tiene otra más que ejercitar esos músculos faciales frente a la borrasca. En eso le viene a la mente la captura de un peligroso asaltante de las farmacias Farmacón. El hombre, recuerda, asaltaba y manoseaba a las empleadas. Diez era la lista de establecimientos comerciales "visitados" por el maleante. Escucharon el reporte de que había asaltado de nuevo y lo siguió en su bicicleta. Cuando lo tuvo de frente sacó su arma, le dio un cachazo y lo obligó a que se tirara al suelo.

"No se quería tirar al suelo, no quería soltar el arma. Tuve que pegarle un cachazo para someterlo. Me acuerdo que estaban muy contentos los de Farmacón y los de la policía, los jefes. Tanto que nos dieron un reconocimiento y dos mil pesos. Me da risa: dos mil pesos… para cuatro polis."

Lleva cinco años sin ingerir alcohol. Antes bebía todos los días: se embriagaba porque sí, porque no tenía de otra, porque era su manera de sobrevivir y "porque entre tantos muertos, muchos inocentes, de todo, mañana quizá no amanecía, ya no iba a estar.".

Guarda silencio. Parece recogerse en sí mismo. En eso saltan sus ojos, se mueven otra vez sus manos. Levanta la derecha y la menea. El dedo índice, hacia arriba. Y expresa, casi a gritos.

"¡Giordano!, ¡ya me acordé! Se llamaba Giordano el muchachito aquel que mataron en Lomalinda. Su madre nos echaba la culpa, nos reclamaba que sucedió porque lo llevamos al Hospital General. Ella quería que lo atendieran en la Cemsi, en una clínica privada. Decía que por eso se había muerto. Por nuestra culpa."

Y se pega de nuevo en la cabeza, esta vez con suavidad. Festivo por haber reconstruido ese pasaje, aunque doloroso, en su memoria.

25 de mayo de 2013

CAPÍTULO III
COMER, PENSAR, LLORAR BALAS:
LA PÓLVORA COMO BUFFET

Con una granada en la boca

—No vayas, mamá, le dijo la mañana del sábado, mientras se alistaba para ir a trabajar.

Bajo ese disciplinante sol culichi, de más de 40 grados, Karla hubiera querido tener en su boca las frescas rodajas de pepino con sal y limón, un ceviche de camarón o un helado de frutas. Quizá una cerveza bien helada. Pero no. Un disparo, dos segundos, una caída: una granada de fragmentación calibre .40 entre dientes, encías, paladar y lengua. A punto de explotar.

Ella derribada. El hombre al que le acababa de servir un coctel de camarón se quedó paralizado con la cuchara en la mano y a medio camino de la boca. Se incorporó con la ayuda de su sobrino Misael, que le ayudaba en el negocio. Tocó el lado derecho de su cara y lo sintió muy caliente e hinchado. Sangre. Se puso una toalla de las que usaban para secarse las manos y rápido quedó empapada. "Qué asco", dijo. Y luego al joven, que no se despegaba de ella, le pidió que corriera a buscar ayuda.

Karla tenía 32 años y era la encargada de un puesto de mariscos, un rústico restaurante que acá se conocen como carretas. Era 6 de agosto de 2011, sector sur de la ciudad de Culiacán.

Ahí, por la carretera Costerita, una vía que comunica la de cuota, llamada Costera, con la México 15, las cuales conducen a Mazatlán, puerto ubicado a cerca de 200 kilómetros de la capital de Sinaloa.

En el lugar había un trafical. Lo habían dicho ambos mientras partían verduras y ella se disponía a abrir las almejas antes de que llegaran los clientes de siempre y le pidieran campechanas, almejas, ostiones en su concha. Carros y carros y carros. Qué habrá pasado, algún retén, enfrentamiento. No sabían qué provocaba tanto automóvil aglomerado en la zona. Vieron un convoy del ejército y el rojo del semáforo, a unos metros de ahí. Y un soberbio sol que no lanzaba rayos sino invisibles y filosos cuchillos. Y entre tomate, pepino, cebolla, cilantro, chiles serranos y mariscos frescos, ella vio de cerca una sombra: un proyectil, una piedra, un pájaro de acero, que le pegó una seca, fuerte, cachetada que la cimbró toda y luego la tumbó.

No vayas, mamá

Karla es de buena estatura y su cuerpo se adapta a la descripción regional y muy de Sinaloa: plantosona. Frondosa, alta, de ondulaciones pronunciadas y guapa. Se mira en el espejo de esos cuartos de paredes levantadas a duras penas y tras años de trabajo y sacrificios, y un techo de lámina. Se mira y se mira otra vez. Su hija Citlali, que cursa la secundaria, le dice: "No vayas, mamá."

Ella le contesta que no puede dejar de trabajar. Su hermana le dejó la carreta de mariscos para que se hiciera cargo, porque ya estaba cansada y enfadada. Las ventas habían bajado y era mucho esfuerzo y entrega, para tan pocas ganancias. Se desesperó, por eso le dijo que ya no quería más. Y Karla, sin pereza y con mucha enjundia y esperanzas y ganas de salir adelante, le pidió que la dejara hacerse cargo del puesto y que su sobrino Misael le siguiera ayudando.

"Si no voy, con qué comemos", respondió a Citlali. La mira desde la cama. La niña echada como una iguana entre las

CAPÍTULO III. COMER, PENSAR, LLORAR BALAS:
LA PÓLVORA COMO BUFFET

sábanas transparentes de tan usadas y ese colchón que pide auxilio. Karla frente al espejo. Karla vanidosa. Karla alta, pelo ondulado, morena, boca chica, ojos vivos y rápidos, y una voz de madre que anida en los oídos y envuelve y arropa a sus tres hijos.

Se mira, se pinta ojos, labios, pómulos. Pasa el cepillo por su pelo, se acomoda la blusa y el pantalón. Retrae y esparce sus labios. Besa al aire. Y se dice para sí, para su hija, para que la escuche Villa Juárez, esa no tan pequeña comunidad en la que vive, en el municipio de Navolato, y la oiga el mundo: "Qué bonita amanecí hoy."

Su hija se ríe. Ella también, sonoramente. Tenía que ir, lo sabía. Poco dinero en la alacena y nada en la lumbre de esa vieja y tosijosa estufa. Su esposo sin trabajo y los cinco con el hambre y la miseria al acecho.

"Pero no vayas", le volvió a decir.

Voy a descansar

En un viejo carro que era prestado por un familiar, salieron tres integrantes de esa familia. El esposo trabajaba en el campo, a donde a veces lo acompañaba ella, recolectando entre surcos el maíz que no alcanzaba a llevarse la trilladora. Una vez que juntaban suficiente, lo vendían. A duras penas salía para el gasto de unos días.

Se llevó a uno de los hijos para que portara el agua y lo esperara en alguna sombra con el pomo del líquido. Tenían que mantenerse frescos el niño y el agua, mientras el papá se agachaba entre los surcos del maizal. Primero la llevaron a ella, ahí cerca, a que tomara el camión que la llevaría a Culiacán, a cerca de quince kilómetros de Villa Juárez, que ya pertenece al municipio de Navolato.

Alrededor de las once le dio mucha hambre. "Voy a desayunar ahorita que termine de preparar el ceviche", le dice a su sobrino Misael. Ambos preparaban la comida, acomodaban sillas, mesas, partían verdura, lavaban trastos. El joven le preguntó qué

JAVIER VALDEZ CÁRDENAS 143

iba a desayunar y ella le contestó que había llevado de lonche frijoles puercos. Abrió el recipiente: están bien ricos, le respondió.

Quería descansar pero recordó que debía dejar listas las patas de mula. Los clientes de siempre, un grupo de jóvenes, no tardarían en acudir y esa era una de sus principales peticiones para hacerle frente al síndrome de abstinencia. Fue al baño y se paró frente a la tabla para partir verduras. Era cerca de la una de la tarde.

"Voy a abrirlas de una vez antes de que lleguen los plebes", señaló. En eso llegó un trailero y le pidió un coctel de camarones. Le sirvieron y empezó a comer. Pidió un refresco, se lo llevaron. El tráfico de vehículos era espantoso y molesto. "¿Habrá retén?", preguntó a su sobrino. No vio nada, sólo el semáforo que a cerca de cien metros escupía el rojo. Por allá iba un convoy del ejército, cuyos elementos pasaban muy seguido por La Costerita, igual que los agentes de las policías federal, estatal, ministeriales y de la Municipal de Culiacán.

Abría las patas de mula cuando escuchó que algo tronaba. Pensó que alguna llanta había reventado. Volteó y vio una sombra, algo negro, que se dirigía hacia ella. Nada pudo hacer. El golpe llegó duro y seco al lado derecho de su cara: "Fue como una cachetada fuerte, pero no me dolió. Nomás sentí que me pegó duro, muy fuerte. Me caí de lado. Me tiento y siento caliente... y la sangre. Entonces empecé a gritar."

Su ayudante corre cuando escucha el estruendo. Piensa que es una balacera, igual que ella. Él vuelve una vez que escucha los gritos y la ve tirada. Le pregunta qué le pasó, pero no sabe explicarle. Sólo que siente caliente, que tiene una herida en ese lado del rostro y necesita auxilio, porque la toalla que le da para que se seque no puede con la hemorragia y la empapa rápidamente. El cliente que saboreaba el coctel de camarón deja su mano apretando la cuchara, airada, paralizada, sin alcanzar la boca. Se escucha después otra detonación y ella se levanta con la ayuda del sobrino. El trailero apenas atina en prestarles el teléfono para marcar a emergencias, pero no pueden. Mejor optan por buscar auxilio entre los automovilistas: un viejo conductor se apiada y deja que la joven y el sobrino suban. Ella lo hace por su cuenta, como si nada, apretando la herida con la toalla.

El conductor temblaba en el volante. Duraron alrededor de veinte minutos porque los carros no se movían y aquello seguía entrampado; tanto que el joven se bajó varias veces para avisar a los conductores que traía una persona herida, que se hicieran a un lado. Y accedían. Cuando llegaron al crucero de Gas Valle, una de las principales entradas a la ciudad, ella pidió que la llevaran por el bulevar Zapata. Recordó que a unos metros hacia el oriente había una estación de bomberos y en ocasiones se estacionaba una ambulancia. El lugar estaba solo. Siguieron y metros adelante vieron una patrulla de Protección Civil, pintada toda de amarillo y con torreta. Los que la tripulaban les dijeron que no se subieran, que mejor les iban a abrir camino con torreta y sirena encendidas.

"Nos abrimos paso, nos pasamos semáforos. Brincamos por aquí y por allá, de todo. Yo no sabía si aquello era una película o de verdad me estaba pasando a mí", recordó Karla. Camino al Hospital General. Ese tramo se agilizó y las filas de vehículos se abrían o las abrían a punta de violaciones al reglamento de tránsito. Así llegaron a la avenida Aldama y luego al nosocomio, ubicado en la colonia Rosales. Entró a urgencias, lugar atestado de caras largas, alimentadas de espera y dolor, pacientes en butacas de plástico y sentados o acostados en el suelo. Ausencia de Dios.

Al pisar la sala se espantó de ver aquello, pero los presentes se espantaron más y gritaron azorados cuando a ella se le cayó la toalla, revelando aquella escena de terror: apareció el hueco que le dejó el proyectil: sangriento, carnoso, entre dientes y lengua y huesos y el macabro artefacto que ella, sin saber de qué se trataba, tocó y tocó en el trayecto, queriendo sacárselo. Gritos. Tantos que salió la enfermera y los médicos, la vieron y de inmediato la pasaron para atenderla.

No se duerma

Karla lo recuerda ahora. Quiso sacarse el artefacto. Su saliva no era suya, sus sabores cobrizos eran resultado de esa invasión. Tocó y tocó con sus dedos ese insecto acerado, para moverlo y sacarlo. Le decía a Misael "Ya me cansé, niño." Pero él le inyectaba energía. Tía, tía, no se duerma por favor. Ella hablaba de sus hijos, que era lo único que la preocupaba. "Nunca me vi muerta."

¿Qué te pasó, madrecita?

Karla va bañada en sangre. Las enfermeras la ven y se les abren los ojos. Están acostumbradas a los baleados, a los destrozos de los proyectiles de alto calibre, como el 7.62, para fusil AK-47, pero esto rebasa todo. Los médicos la ven y no parecen saber qué hacer. Uno de ellos se acerca y le pregunta, no sin cierto cariño.

—¿Qué te pasó, madrecita?
—No sé. Yo traigo algo.

Estaba cansada de tener la boca abierta. Tragando saliva cobriza y sangre. Tenía sed y entumecimiento en sus quijadas. La parte interior de su boca, bajo ese pómulo y arriba de sus labios, expuesta: podían asomarse a sus adentros, sus arterias, sus ideas, su lucha y ese corazón palpitante, y esa mujer que no dejaba de pensar en sus hijos y en que eso pronto acabaría.

—¿Te duele?
—No.
—¿No te duele?
—No.

Y era cierto. No le dolía. Sólo estaba cansada, sedienta y algo desesperada. Le hicieron algunos estudios, le tomaron placas de rayos equis. No le encontraban nada. No sabían qué tenían frente a sí. Hasta que le hicieron una tomografía: vieron un proyectil en su boca, atrapado, trenzado entre dientes, lengua, paladar, encías.

La noticia corrió más rápido que la voz en los teléfonos celulares. En la Procuraduría General de Justicia del Estado, los directivos decidieron enviar a un médico legista y a una abogada. La abogada le preguntó si necesitaba protección y si temía por su vida, a lo que Karla negó. Sabía que no había sido un ataque personal y estaba convencida de que no tenía problemas con nadie y por lo tanto no había qué temer.

—Karla ¿Me escuchas? —era el médico legista.
—Sí, claro. Estoy despierta.
—¿Sabes lo que tienes en la cara? Es un proyectil.

"Yo veía mucha gente. Cada vez que abrían la puerta veía gente angustiada, temerosa. Vi gente que no conocía, mucha. Pero siempre estuve despierta y consciente, a pesar del cansancio y de la sed. Y cuando el médico legista me dijo eso, pues pensé 'Es una bala, que me la saquen y ya… me molesta mucho'."

Momentos después descubren específicamente qué es.

—¿Sabes que tienes una granada en la boca? Es un artefacto muy potente y corres el riesgo de que se detone…

Ella voltea a verlo. Le pone toda la atención que puede, pero sólo contesta un anticlimático "Ah", como si le hubieran dicho que se trataba de una infección en la garganta o una gripe. Muy tranquila. El hombre se retira y entra el esposo de Karla, a quien ella ubica como un hombre cobarde y llorón. La ve. Se voltea para otro lado. La vuelve a ver y a ver y a ver. Se agacha y empieza a llorar. Se estrella la cabeza contra la pared unas cinco veces y suelta las amarras de esa lluvia que cae por sus mejillas, hasta que ella le habla con esa voz de nido, tierna, y a la vez contundente.

"No llores. ¿Por qué estás llorando?", le dijo. Lo sacaron y cuando abrieron la puerta vio gente fuera también llorando. "En eso llega mi hermana Dulce, que es enfermera, y le digo que traigo una piedra en la boca, que ahorita me voy a ir a la casa."

Información extraoficial indica que los del Ejército Mexicano, apostados en la Novena Zona Militar, ubicada a pocos kilómetros del lugar, fueron avisados del caso, pero no querían ir. "Busquen a los de la Marina", respondieron. Y nadie va. Nadie quiere saber ni exponerse ni correr peligro. En el Hospital General los médicos no se decidían, unos se resistían a participar. Sabían que corrían riesgos: el artefacto podía activarse y explotar durante la operación y todos, en un radio aproximado de quince metros, volarían.

Desfilaron por esa área del hospital policías locales, de todas las corporaciones, y de la Agencia Federal de Investigaciones, y horas después los del ejército. Los únicos que aparentemente no asistieron fueron los de la Secretaría de Marina. Discutían si la trasladaban en helicóptero al Hospital Militar de Mazatlán, para operarla. Llevaron un carro blindado y un maletín especial, al parecer también blindado. Le decían a los médicos que se pusieran un chaleco antibalas, pero los que aceptaron entrar al quirófano se negaron porque les estorbaría para maniobrar. Pensaron en operarla ahí mismo, en urgencias. Opción desechada.

Una vez que se decidió qué iban a hacer, desalojaron salas contiguas al quirófano donde finalmente la intervendrían. También evacuaron al personal.

Fotos

Empezaron a tratarla con pinzas. Nadie quería meter mano hasta que la llevaran a la sala de operaciones. Entraban unos y le tomaban fotos. Fotos, fotos y más fotos. Karla le dijo a su hermana, a duras penas porque ya le costaba trabajo hablar, que le estaban tomando muchas fotos, que estaba despeinada y sin pintar, y que por favor la limpiara y peinara, quería salir guapa.

Lo dijo en serio. No bromeó. Su hermana rió con llanto y le dijo: "Ay, Karla, no te aguantas ni así." Había llegado a la una y media al hospital y ya eran las nueve de la noche. Demasiado inflamado y caliente. Mucha sangre y sed y entumecimiento. Ya no podía hablar ni respirar. Con esa pequeña boca que se le contrajo por la granada y la hinchazón, decidió guardar silencio. Se rindió, pero antes pidió papel y pluma: "Ayúdame, ya no puedo respirar." La joven enfermera ve el recado y va con una doctora para pedirle que hagan algo ya, porque su hermana corre el riesgo de broncoaspirarse. La médico le pide el papel y se lo enseña, y se lo lleva a otros médicos y eso provoca una nueva reunión para ver el caso y tomar medidas inmediatas.

Karla está cansada, le piden que no se duerma ni se rinda. Ella no está rendida, sólo cansada. Cierra los párpados. Sigue segura de que en un momento le sacarán lo que tiene en la boca y se irá a su casa, caminando, de raid o en camión. Para abrazar a sus hijas, decirle a Citlali, la que le pedía esa mañana que no fuera a trabajar, que no se iría más.

Alguien entra y le dice: "No te duermas, ya vamos a hacer la cirugía." Entra un doctor y le anuncia que ya la van a operar, "pero antes tenemos que hacerte una traqueotomía porque no te podemos entubar, nos estorba la granada. Y para que puedas respirar. No te preocupes, no te va a doler. Todo va a estar bien. ¿tienes miedo?"

Pero Karla es terca. Sigue consciente a pesar del sueño y la mole que padece en esa cavidad y la invasión. "No", contesta con la cabeza. Voltea y ve a su interlocutor: ratificación de esa terquedad indeclinable, grito de ¡sálvenme ya!

—Con tus ojos dime cómo te sientes. Ciérralos una vez si la respuesta es "Sí" y dos veces si la respuesta es "No", ¿de acuerdo?

Cierra una vez los párpados.

—¿Tienes miedo?

Karla cierra una vez.

—¿Te sientes con fuerza?

Karla cierra sus ojos una vez.

—¿Te duele?

Karla cierra dos veces.

—¿Te sientes bien?

Lo hace una vez.

—Oquei. Te vamos a meter.

Entonces entra hasta donde ella estaba en el mundo: su mundo cercano, chiquito, sensible. Su mundo suyo. Todo lo que era su vida, junto a esa granada de fragmentación calibre .40. Su esposo, su hermana, sus padres. Todos lloran. Le dan palabras de aliento pero ella lo sabe bien: están despidiéndose. Todos se desmoronan y esparcen en miles de partículas. Se derriten. Caen a golpes de gotas en el vitropiso, sus ropas. Se extinguen, se van. Y ella los ve en retirada. Pero Karla, que los sufre, decide permanecer entera: "Yo no me voy." Los mira, les dice, gritan sus ojos, sus párpados parlanchines, su lengua atrapada, esa saliva cobriza, su cabello que esa mañana peinaba, su boca que horas antes pronunció un "Qué bonita amanecí hoy." "No me voy, nos vemos al rato." Lo dice su silencio y esa mirada. Y se la llevan. Y empiezan a desalojar todo: urgencias, las áreas contiguas, el quirófano, otros cuartos alrededor, el personal.

Un médico que le generó mucha confianza se le acerca y le dice que están listos. Le repite que todo va a salir bien. Karla se siente magnífica, con mucha confianza. Y se deja llevar.

En el quirófano ve a unos cuatro médicos. A los lados, al fondo, varios soldados.

Asalto

Ella no había tenido problemas de violencia en su vida. Rodeada de labores del campo y limitaciones económicas, no hizo más que esforzarse en su casa y luego salir a trabajar. Lo hizo limpiando casas y cuidando niños, cuando su padre dejó de enviarles dinero o lo hacía muy a lo largo, y trabajaba fuera del estado. Estudió también en el Colegio Nacional de Fomento Educativo (Conafe) y se convirtió en instructora y luego le dieron una beca para estudiar cultora de belleza, aunque no le gustaba. Y tuvo un año más de beca, así que optó por estudiar Trabajo Social.

A ella le gustaba ayudar a la gente. Pensó en los maltratos que sufrían los jornaleros agrícolas en los campos de hortalizas ubicados alrededor de Villa Juárez y en buena parte de los valles de Sinaloa. Los cerca de 250 mil trabajadores venían de Oaxaca, Guerrero, Chiapas y otros estados, a obtener bajos salarios a cambio de jornadas extenuantes entre los surcos. Alguien le dijo que como trabajadora social podía hacer algo por ellos, y le entró. La beca sólo le alcanzó por un año de esta carrera que entonces era semiprofesional.

En uno de esos regresos a Villa Juárez, sufrieron un asalto. Dos jóvenes, uno de ellos armado con una pistola, les pidieron dinero, teléfonos y joyas. No contaban con un policía de la Ministerial del Estado que iba de pasajero y les hizo frente, sacó su arma y se inició la trifulca. El camión se detuvo, la gente empezó a salir por las ventanillas y asaltantes y policía tramados. Hubo dos o tres disparos. Afortunadamente unos agentes de la Federal pasaron por el lugar e intervinieron. Así lograron detener a los delincuentes. Para Karla, que fue la última en salir del camión, fue un alivio. Y el policía aquel, un héroe.

Era una joven estudiante, en medio de una balacera, en una región marcada por el narco. Una sobreviviente y ahora una guerrera.

Y cuando desperté

Karla está amarrada: de su cara y brazos y pecho penden hilos que conducen electricidad, bombean. Tubos y mangueras. Monitores y sonidos. Pit pit. Estaba demasiado inflada y desfigurada. Odió los espejos y la traqueotomía: "Ese era mi sufrimiento, tosía y tosía por cualquier cosa. Mucho. Vaya que era molesta esa tos."

Estaba de regreso sin haberse ido nunca.

En la intervención quirúrgica participaron los médicos José Alonso Betancourt, Cristina Soto y Felipe Ortiz, y el enfermero Rodrigo Arredondo. Conocen los riesgos, asumen su responsabilidad. Hablan por teléfono con sus familias, les dicen que se van a enfrentar a la operación más difícil de sus vidas como profesionistas. Se despiden sin decir adiós. Pasaron alrededor de hora y media, después de casi nueve horas de espera. Abriendo por completo esa parte de la cara, de par en par, diseccionando. Hasta liberar por completo la granada, desactivarla y sacarla. Para eso contaron con la asesoría de los militares especialistas en explosivos.

Duró alrededor de diecinueve días hospitalizada y durante los primeros tres los familiares pagaron los medicamentos. Todavía deben alrededor de quince mil pesos de medicinas por este periodo. Ella se acoge a la Ley de Protección a Testigos y Víctimas del Delito y la procuraduría local corre con los gastos a partir de ese día.

"La única palabra que se me ocurre para describir todo lo que ha ocurrido es agradecimiento a la actuación de todos aquellos que hoy me permiten seguir disfrutando de mi esposo, de mis hijos y de mi familia. Aún no era el momento de morir. Eso lo tengo claro. Varios héroes y heroínas estuvieron a mi lado para hacérmelo saber", dice, en una de sus primeras declaraciones ante los medios informativos.

Le da las gracias al señor que en esa camioneta la llevó al hospital, a los de Protección Civil, los militares, las autoridades del nosocomio y a los médicos. Su hijo no quiere verla porque tiene "el coco" en ese cachete. Un pedazo de piel de su pierna asoma por encima de la protuberancia. Suma tres intervenciones quirúrgicas, una de ellas realizada por especialistas que viajaron de la ciudad de México.

Karla no debe trabajar ni exponerse al sol. Tampoco permitir que la herida se le caliente o se ponga morada, porque es signo de infección. El doctor Luis Alberto Soto, que ya no la atiende en el Hospital General sino en una clínica privada, la ve en consultas, cada vez que se requiere, sin costo alguno. Difícilmente revertirán los daños provocados por ese incendio en su cara, la operación, el trauma en su piel, los dientes fracturados, lesiones en lengua, encías y paladar. Habla casi a la perfección, es raro que coma algo duro, aunque para ella ahora casi todo es normal. Pero a Karla no la va a detener nada, ni siquiera una granada.

La decepción

Se pregunta qué hacer, durante la entrevista. A quién acudir, reclamar, demandar.

—¿Quién usa estas armas? —pregunta al reportero.
—Él ejército o los narcos.

Karla quiere que alguien pague. No habla del dinero que prometieron enviarle las autoridades para pagar los recibos que debe por consumo de agua y luz. Nunca llegó, por eso consiguió prestados otros tres mil pesos y está a punto de saldar esas cuentas. Habla de su vida, la de sus hijos y el futuro, su educación y salud.

—¿A quién hay que demandar? —dice, digna, con la mirada al frente, levantando su cara. Habla de la persona que disparó ese artefacto, un lanzagranadas, y que le dejó el proyectil en su cara. Habla de justicia. Y no sólo para ella. El gobernador Mario López Valdez, conocido como Malova, le ofreció becas para sus hijos.

Que iban a llamar a la escuela secundaria, en la que están dos de los tres que tiene, para que no les cobraran. Tampoco eso pasó.

Es su vida toda, la que está en juego. Y en esa ella incluye a los suyos. La miseria en que viven, la pobreza a la vuelta de la esquina, el narco y la violencia pegados a sus paredes en Villa Juárez. "Justicia para mí y para todos", dice.

"Estoy triste, decepcionada. Mientras tienen a los medios de comunicación encima pueden prometer la luna y las estrellas. Ni lo ponga, oiga, me enfado de estar batallando." Y llora. Sus lágrimas caen, con una redondez perfecta y cristalina, en la mesa de ese comedor que compró en una tienda de muebles usados, junto con una alacena.

Una cama y el juguetero se lo regaló una joven señora de Culiacán, que le llamó cuando vio su historia en los periódicos. "Venga por ellos", le dijo. En el periódico *Noroeste* hicieron una colecta y convocaron a los lectores a cooperar. Le enviaron de 500, 700 y hasta mil pesos, en varias ocasiones. Francis, una señora bien parecida y de buen vestir, la llamó a su celular. Lo hizo como si la conociera de muchos años. "Karla, dónde estás", le preguntó. Ella, sorprendida, respondió con temor. De tanto insistir le informó que estaba en el centro de la ciudad, en Culiacán, hasta donde su mamá las había llevado para comprarle ropa a sus hijos.

Ángel Flores y Rubí, junto al mercado Garmendia. "No te muevas, voy para allá." Llegó, la saludó con cariño, le dio sus datos para lo que se ofreciera. Y cuando se despidió le puso mil pesos en su mano extendida. Karla los aceptó. Era cerca de la Navidad de 2011 y no tenían nada, "Pa los juguetes de los niños, algo de ropa", pensó.

La llevaron a programas de Televisa y TvAzteca. Le ofrecieron apoyo. El mismo resultado que el obtenido con las promesas del gobierno: nada.

Una granada, ¿gustas?

A Karla le duele la herida. Se le calienta. Le duele y mucho. Pero más le duele su vida truncada. Y todavía más, sus hijos. El más pequeño se acerca y le dice que quiere galletas. Abre un paquete de Emperador y las esparce en un plato, pero él sólo toma una. Regresa más tarde y trae un hilillo de moco transparente. Ella lo toca, tiene calentura. Él pide que lo lleven al doctor y ella promete hacerlo.

Casa de un cuarto grande, que apenas dos años antes eran de techo de lámina negra. Dos recámaras y esa sala, comedor y cocina que son uno solo. Estufa de cuatro hornillas, desechable. Un sillón parchado y roto, cubierto con una sábana con estampados azules que nadie reconoce. Fue Juan Ernesto Millán Pietch, secretario de Desarrollo Social, quien hizo que le colocaran techo de concreto y le mandó una carreta para que vendiera hotdogs, pero surtirlo le cuesta unos 800 pesos y en ocasiones no vende ni para comprar los jitomates que tuvo que partir para instalar el puesto cerca de su casa.

Quiere terminar la preparatoria y su carrera de trabajadora social, para ayudar a los jornaleros agrícolas, y que sus hijos no dejen de estudiar porque "ya ve cómo está Villa Juárez con el narco y la violencia". Tiene miedo de esas tentaciones, por eso no los suelta, los aconseja y apoya.

"Tengo que andar tras ellos. Para mí lo más importante es que estudien, que terminen una carrera. Pero todo se les hace fácil. Ojalá me salgan buenos y nunca anden en eso del narcotráfico. Están duras las acechanzas y Villa Juárez ya no es como antes. Ya no es tranquilo."

A su esposo pronto se le va a acabar el trabajo en el campo y la recolección del maíz que olvida la trilladora entre los surcos no da para mucho.

Pero ella indeclinable bajo esa mezclilla que sigue permitiendo que asome lo que es y lo que tiene. Su silueta, curvas y sombras: "Mi vida sigue. No me va a detener una granada ni las promesas incumplidas del gobierno. Nada me va a detener."

—¿Qué es lo que quieres? —le pregunta el reportero.

—Justicia. Justicia completa, total. No sólo por la herida. Eso sería buena onda.

Reconoce que se pone triste y melancólica. Se deprime. Pero no a diario. Y repite: "La vida sigue, no acaba aquí." Y pasa a las bromas, las que le hacen los amigos, la familia, sus hijos.

Le preguntan qué se siente tragar una granada. Ella se ríe entera a pesar de su pómulo desfigurado y la hinchazón y los parches, las costuras y cicatrices. Un amigo le dice: "Ay, Karla. No se te ocurrió comerte un pepino, un tomate, un chile, todavía… pero, ¿una granada? Te pasas."

Su hijo Santos Javier tiene doce años. Días después del percance se encontró en la calle una granada de juguete. Se la llevó a su madre: "Mira amá, lo que te traje." Igual que un familiar le llevó la granada, la fruta, y le dijo que era su postre, para que dejara de alimentarse de las otras, las que explotan.

Ella ríe. Y llora y vuelve a llorar. Pero al final, invariablemente, voltea a la calle. La luz de la Vasconcelos, de las paredes del plantel preescolar Vasconcelos frente a su casa, de paredes azules, entra a su rostro y a esa mirada. Hace que desaparezcan cicatrices, ampollas, costuras, dolores y esa sensación de pómulo hirviente. Entonces lo que hierve es su vida, sus sueños e hijos.

"¿Granada? ¿A mí? Nada, no me va a hacer nada."

15 de abril de 2013

Hay armas que circulan en México fabricadas en Alemania, Austria, Bélgica, China, Alemania, Italia, Japón, Rumania, España y Estados Unidos. Los precios fluctúan entre 800 y dos mil dólares, dependiendo de modelo, marca, tiempo de uso, etcétera.

Las autoridades mexicanas no han proporcionado una estimación del número de armas ilegales en el país. Los datos disponibles se refieren a las armas incautadas en allanamientos, registros o batallas con o entre criminales. En poco más de dos años, de finales de 2006 a principios de 2009, las autoridades mexicanas capturaron 38 404 armas, de las cuales 23 308 eran rifles, especialmente fusiles de asalto, 3009 granadas y cartuchos, y millones de cartuchos de munición (PGR 2009). El gobierno de EUA ha admitido que es imposible saber con exactitud cuántas armas se introducen de contrabando en México anualmente. De acuerdo con la ATF, 87 por ciento de las armas incautadas en México, entre 2004 y 2008, que podrían ser rastreadas se compraron en Estados Unidos. El Departamento de Seguridad Nacional (DHS) no acepta este número y la forma en que la Oficina de Contabilidad del Gobierno de EUA (GAO) presentó los datos en su informe de junio de 2009, sobre los esfuerzos de Estados Unidos para combatir el tráfico de armas a México. El DHA afirma que de las aproximadamente 30 000 armas incautadas en México, sólo 4000 pudieron ser rastreadas y 87 por ciento de éstas, o 3 480, provenían de Estados Unidos.

Luis Astorga
Escritor, doctor en sociología y catedrático de la UNAM. Coordinador de la cátedra UNESCO
Autor de los libros *Drogas sin fronteras* y *El siglo de las drogas*. "Transformaciones económicas y sociales relacionadas con el problema internacional de las drogas."
Social Science Research Network, en marzo de 2010.

Pensar balas

Manuel no sabe nada, sólo que está vivo. Lo celebra, sonríe y expresa "No me tocaba" tan vacío y tan lleno: lejos de esa bala que peinó su masa encefálica dos días antes y navegó por el barrio de sus ideas y la bóveda craneal, y pasó de largo, cual cometa de fuego y plomo de una fatalidad que no llegó.

Ahí estaba él, sentado sobre el asiento del conductor de su taxi. Un orificio en la parte media superior de su frente, justo en la base del pelo y un hilillo de sangre que no cesaba. Goteo. Así, como el clic que producen las manecillas de un terco reloj de pared. Hilillo rojo y gotas, por la ruta de una de las cejas, el pómulo, la mandíbula y el cuello.

Marzo de 1990, salida norte de Culiacán. Los moteles que están en el sector ven salir de madrugada a los amantes y él no sabe, no se da cuenta, que algo entra en su cabeza. Sólo escucha que alguien le habla, voltea a su derecha. Una detonación. Ahí, entre la maleza, los caminos caprichosos del escaso monte, a pocos metros de la carretera 15 México-Nogales.

Él está ahí. La cinta amarilla no se estrena aún en la capital sinaloense, pero no hace falta. Amanece a lo lejos pero la luz del sol no baña todavía este rincón del mundo, donde son las cinco de la mañana. Los agentes de la Dirección de Seguridad Pública Municipal (DSPM) están alrededor del taxi, uno tipo Tsuru, blanco, con una línea color rojo pintada en los costados y la parte trasera de la carrocería. Llamaron a los peritos del área de criminalística, de la Procuraduría General de Justicia del Estado, cuando se dieron cuenta de que en el lugar había un hombre con un balazo en la cabeza, sentado, casi tendido, en el asiento del conductor. Tenía sangre en cara, cabeza y cuello; se escuchó la voz del comandante por la radio de intercomunicación de la corporación. De la central de la policía hablaron por teléfono a la guardia de la PGJE y de ahí avisaron al Ministerio Público y a los de criminalística. "Van en camino", respondieron.

Una hora y media después llegaron. El perito que iba al mando de la cuadrilla dio una mirada cinematográfica a la escena: total. El monte, los moteles, el taxi, los polis, la víctima, el incipiente amanecer y un aire concupiscente, quizá provocado por tanto meneo carnal hotelero, que anuncia la Semana Santa y el mar que está cerca, a poco más de 40 kilómetros.

El médico dice en voz alta "Lesión de bala en la parte frontal de la cabeza." Lo mueve un poco, no sin cierto cuidado, y cuenta: orificio de salida en región occipital, región media. Calibre .9 milímetros. Era un orificio perfecto, redondo y macabro. Un centímetro de diámetro. Parecía posar para la foto. Vio y vio y vio. Rodeó con la mirada a la víctima, se incorporó de nuevo y le dio vueltas al automóvil, como si le estuviera coqueteando. Ojos cerrados, la sangre no dejaba de escurrir, aunque estaba seca en algunos tramos de ese recorrido cuesta abajo, el goteo la mantenía fresca, tibia y viva. Pálido.

Y siguió hablando, para que alguien más tomara nota. No hacía falta, él mismo sacó un bolígrafo que traía enganchado a la bolsa superior de su camisa y una libreta que cargaba en una pequeña mochila de la que siempre se hacía acompañar. Escurre sangre, ojos cerrados, pálido, recogido hacia atrás. El disparo se lo hicieron desde fuera del automóvil, del lado del conductor. No hay orificio en los cristales delantero e izquierdo del Nissan, porque este último había sido bajado. Recorrió por quinta vez la escena. La mirada no miente pero no alcanza a entender. Palpó, rondó y volvió a palpar. Se levantó y dijo, de nuevo en voz alta: "La bala está incrustada en la parte derecha trasera del vehículo, en la carrocería. ¿Trayectoria? De adelante hacia atrás, de arriba hacia abajo pero casi perpendicular."

"Está frío, doc", dijo un policía. "Sí, pero no está rígido. Esto acaba de pasar." El comandante de los agentes se acercó al perito y le respondió que no, que el suceso tenía por lo menos

CAPÍTULO III. COMER, PENSAR, LLORAR BALAS:
LA PÓLVORA COMO BUFFET

unas dos horas de transcurrido porque ellos lo encontraron alrededor de las cinco de la mañana y tenían poco de haber recibido el reporte de un disparo de arma de fuego en la zona y de una persona con sangre en la cabeza, dentro de un taxi.

"No está rígido, comandante. Al contrario, está tibio", reviró el criminalista. Sabía de sobra que esa temperatura, esa suerte de flacidez corporal, no correspondía a la hora en que supuestamente había recibido el balazo en la frente ese hombre. "No es la posición ni la 'actitud' de un cadáver, si es que estábamos hablando de un cadáver", dijo ese mismo perito, años después.

Nos dimos cuenta, agregó, que al abrir la puerta y maniobrar el cuerpo para llevarlo a la camilla, que ya habíamos puesto junto al tsurito, que ese no era un 'muerto' típico, porque a pesar de haber pasado mucho tiempo de sufrir esa lesión, la sangre le seguía escurriendo y "ese fue un buen dato para la historia".

Cuando le quitan el cinturón de seguridad del asiento, siguen sin percibir la temperatura propia de una persona en esas condiciones. Ven un ligero chisguete de sangre cuando lo mueven: un latido, el bombeo de ese corazón entumecido, en invierno corporal torácico o quizá adormilado, que parecía querer decir, gritar, a chorros de sangre "No me lleven, estoy vivo."

Los médicos le tomaron el pulso. Abrieron sus ojos. Lo revisaron con morbo más que con esperanza de buenas noticias. No hay señales. En ese momento, alrededor de las ocho, llegaron los empleados de una empresa funeraria a la que le tocaba esa nueva víctima del crimen, tan propia, tan escondida y pública, tan normal y cotidiana, en la vida culichi.

Con maniobras de estibador de mercado, los empleados se acercaron al cadáver, lo movieron del asiento y lo subieron a una camilla. Le pusieron los brazos a los costados, los pies derechos. Uno de los trabajadores tomó el extremo del cinturón con que amarran los cadáveres a la altura del pecho y lo abrazó fuerte con esa cinta. Jaló y jaló para que quedara bien apretado. Fue entonces cuando lo escucharon más claro: un quejido.

160   CON UNA GRANADA EN LA BOCA

El forense estaba cerca y se dio cuenta. "Más indicios", pensó. Lo revisaron de nuevo, esta vez con más cuidado. El perito subió su mirada a la cara. Notó que los labios de aquel hombre cambiaban de color: de ese rosa mortecino con que lo había visto cuando llegó, un par de horas antes, a morado. Ese quejido había sido más que un pujido, mucho más que un chisguete, un latido, un alimentado hililo de espeso líquido rojo.

"Tal vez, es lo más seguro, el cinturón le estimuló el tórax, como un masaje." Empezó a colorear los labios, a cambiar de color. Era como si se estuviera asfixiando. Más curioso todavía porque no dejaban de tratarlo como un cadáver, como una persona que había muerto por disparo de arma de fuego. Por una bala que le había atravesado la cabeza. "Casi nada, ¿no?", manifestó.

Funerarios y personal de criminalística de la procuraduría local le abrieron la boca. Ese fue el detonador: la víctima movió la lengua, como un músculo insurrecto que pelea contra el adormilamiento, que no quiere despedirse. Quería respirar, jalar aire. El doctor no esperó más, tenía suficiente para cambiar la rutina funesta de esa mañana de marzo. Y ordenó con voz alta, de espanto: "Aflójale el cinturón, lo vas a asfixiar... está vivo."

Los policías se miraron. Los de la funeraria dieron dos pasos atrás y voltearon a ver al médico. El comandante reaccionó mejor. "Llamen a la Cruz Roja", ordenó el forense. "No, no. Nosotros lo llevamos", señaló el comandante. Hizo señas para que acercaran la patrulla. "Lo vamos a poner en la caja de la camioneta." Pero el criminalista determinó: "Nada de eso, que venga la Cruz Roja." Y en menos tiempo que de costumbre, estaba ahí una ambulancia de la institución de auxilio, cuyos paramédicos se llevaron al herido que estaba muerto.

Mientras hacían los trabajos periciales que marcaban esas indagatorias, agentes e investigadores encontraron primero una identificación. "Se llamaba Manuel. Se llama. Tiene ISSSTE, avisa para que lo lleven al hospital Manuel Cárdenas de la Vega, ubicado por la calzada Heroico Colegio Militar."

Ruta de plomo

Personal médico del hospital no lo podía creer. Como un apasionado científico que posa sus ojos sobre el microscopio y descubre, fascinado, nuevas travesuras de células y tejidos, lo ven y lo ven y lo ven. Y lo no creen. La radiografía tomada entonces a la cabeza del herido de bala muestra el orificio perfecto de entrada y el de salida. Y también la ruta de la muerte que llegó, besó, peinó. Y se fue. La muerte que siendo no fue.

La placa de rayos equis muestra un sendero de puntos negros. Intermitente. Cometa sombrío que fue dejando una estela de plomo entre los dos hemisferios de la masa encefálica de don Manuel, que entonces tenía alrededor de 40 años. Ningún tejido traspasado. Ninguno vital. Fractura de cráneo. Mucha expresión, dos palabras. Tres si se agrega bala, proyectil. Cinco si se sabe que era calibre .9 milímetros. Muchas más, que duelen y pesan, que se caen cuando uno las pronuncia: muerte, asesinato, ejecución, homicidio.

Y así fue. El pedazo minúsculo de plomo dijo adiós y dejó sembrada de negro su trayectoria en esa ruta estrenada en la cabeza del taxista: siembra de plomo en la masa encefálica. Materia gris, ahora pinta. Materia negra y gris.

Ya despierto, alrededor de una semana después, los médicos iban y venían, lo veían y revisaban y volvían a revisar. Es que no puede ser. Cuchicheaban. Las enfermeras alimentaban la curiosidad. Ahí estaba un hombre que había recibido una bala en la cabeza. La bala entró justo en la frente y salió por la parte de atrás de la cabeza. Y el hombre está vivo. Increíble. Revisaban el expediente. Le tomaban el pulso y miraban el comportamiento del aparaterío y los cables y los pit y las gráficas electrónicas en los monitores y las mangueras. Nada. No hay daño.

—¿Cómo se siente? —le preguntó el criminalista que lo había atendido cuando estaba recostado sobre el asiento, en el taxi, y lo daban por muerto.

El taxista lo vio, arrugó las cejas. Lo desconoció. El perito se presentó y le explicó que él lo había visto ese día, que pensaban que estaba muerto. El hombre sonrió y le dio las gracias. Estoy bien. Le preguntó de nuevo. Tenía que llevar un reporte más acabado sobre el milagro.

"La verdad recordaba muy poco. Que había llevado a dos hombres, que le habían pedido un servicio y que éstos se habían bajado. Creo que uno de ellos se fue hacia su lado de conductor y lo llamó, como si le fuera a pagar. Y entonces le disparó. Pero él no se dio cuenta. Sólo escuchó una detonación y se desmayó."

Manuel estuvo ocho días hospitalizado. Lo vieron neurólogos, internistas y otros médicos especialistas del ISSSTE. Todos concluyeron que al final, una vez que la herida cerró, no hubo daños ni secuelas que afectaran su memoria, movilidad y capacidades de la víctima.

Manuel no tenía miedo. Estaban más asustados médicos y enfermeras que él. La autoridad, atónita. Su caso era de esos de libro, de revista especializada, de documental que debía exponerse en un congreso internacional. Pero nadie lo vio así, ni él. Se levantó de la cama para ponerse la ropa, con la ayuda de familiares. Y se despidió, después de dar las gracias, con un simple: "No fue nada, no me tocaba. Y ya."

24 de marzo de 2013

La alcantarilla

Arturo dormía a pesar del ruido que producía el paso de los vehículos por la alcantarilla frente a su casa. Dormía quizá por eso: arrullado, entretenido, confiado, acostumbrado a ese ruido de siempre, ese arrullo rítmico de tras tras, ese acompañamiento musical de cada noche y madrugada.

Su recámara estaba en un segundo piso y daba a la calle. Tenía ese ventanal que casi abarcaba toda la pared, con cortinas blancas que no traspasaban la luz porque eran dobles y una lámpara tímida que aluzaba sólo un rincón de la recámara. Él rentaba ahí, en ese rincón de la ciudad de Guadalajara, porque era céntrico y porque le gustaba la vista y era barato.

La Perla Tapatía, como le llaman a esta ciudad, capital del estado de Jalisco, había sumado 16 homicidios el 15 de marzo de 2013. El año pasado, 2012, en apenas 10 meses, sumaron cerca de 1000 asesinatos. Mucho, muchísimo, para una ciudad cuya tranquilidad se vio rota, con un estruendo que destrozó esa paz citadina, por las pugnas entre cárteles de los narcos: de haber sido una zona utilizada como santuario por algunos capos, sobre todo del cártel de Sinaloa, ahora era un infierno con cielo de plomo y asfalto rojo.

La muerte de Ignacio Coronel, conocido como Nacho Coronel, jefe de la plaza y operador del cártel de Sinaloa en la región, en julio de 2010, durante un enfrentamiento con el Ejército Mexicano, desmoronó el control que tenía en la zona. Ahora, de acuerdo con versiones de capos enviados por esta organización criminal para recuperar la ciudad y el mercado de la droga, está en manos de todos y de nadie: "Todos contra todos, es tierra de nadie. La gente que hemos tenido acá, los parientes de Nacho Coronel, todo se nos vino abajo. Los mataron, los detuvieron, y los otros, los más recientes, se nos han volteado. Y ahí están todos los cárteles y organizaciones nuevas, disputándose la plaza", contó uno de los operadores de Joaquín Guzmán Loera, "El Chapo", líder del cártel de Sinaloa.

En el diario *Milenio,* una nota publicada en noviembre de 2012, cita que "los homicidios en el estado van en aumento, pues en el transcurso de diez meses, mil 300 personas han perdido la vida en diferentes hechos relacionados con la violencia, 104 más asesinatos de los registrados en el mismo periodo de 2011".

La información se basa en datos del Instituto Jalisciense de Ciencias Forenses y comprende del 1 de enero al 30 de septiembre de ese año: "En el estado se han realizado 1 195 autopsias por homicidio, mientras que este medio de comunicación documentó 105 crímenes durante octubre, lo que da en total 1 300 asesinatos; sin embargo, la cifra podría elevarse, ya que el organismo publica la información oficial los días diez de cada mes."

En tiempo de calor, Arturo abría las ventanas y entraba un aire fresco que parecía haber aguardado durante la noche para ingresar a bañar y renovar todos los intersticios del cuarto; y entonces las cortinas bailaban y el viento inundaba todo como si fuera un viento de mar. Y él disfrutaba despertar así, saludando al sol y a ese aire risueño.

Una madrugada de verano lo alertó un ruido inusual. La alcantarilla estaba ahí, con esa tapadera dislocada que lo acompañaba y serenaba mientras dormía. Movió las sábanas. Se acomodó el chor que usaba como piyama y se puso una camiseta para que no le hiciera daño el sereno.

Abajo había un vehículo estacionado y otro que le había cerrado el paso. Un hombre bajó del que había quedado adelante. Traía una pistola en la mano. Con una serenidad impresionante y cuatro pasos como de película en cámara lenta, avanzó hacia el conductor del otro automóvil, levantó el arma y le disparó. Pum pum pum.

Miró a su víctima de más cerca, inclinándose un poco. Apuntó de nuevo pero ya no disparó. Regresó sobre sus pasos, lentamente. En esa escena criminal sus pies habían dejado una estela escarchada. Se metió y puso sus manos al volante. Se alejó de ahí sin prisas. Ninguna patrulla, peatón ni vehículo. Minutos después aquello era un pandemónium.

Arturo ya no pudo dormir. El sueño lo abandonó: el viento le pareció enfermo y maloliente; él se sintió triste y solo, las cortinas no bailaban, renegaban de todo y esa luz emigró a hiriente y malhumorada. Se sentó en el filo de la cama. Se paró. Fue al baño. Salió de ahí rebobinando su cabeza: el arma, los escupitajos de fuego, el asesino como esquimal.

Esa mañana, antes de salir a trabajar, decidió cambiarse de departamento. Extrañaría todo, pero se sentiría a salvo y trataría de borrar esa escena del crimen. Malos olores y humores y esa madrugada echada a perder no volverían más. Encontró uno no muy lejos de ahí, con ventana a la calle pero no tan grande.

Sin la alcantarilla molacha ni ese ruido, empezó a padecer insomnio. Y cada noche, a deshoras, se asomaba despierto y lagañoso: veía al hombre aquel, la pistola encendida y esa mirada de congelador. Aquel ruido ya no lo arrullaba y su recuerdo se había convertido en una pesadilla.

11 de enero de 2013

Una vida para Leslie

—Yo quería ser como Galilea.

Leslie está sentada en su silla de ruedas. Saluda con la mano izquierda porque todavía no mueve bien la derecha. Habla despacio, pero claro y seguro. Fue peor, mucho peor: un tiempo no despertaba, en otro no hablaba ni comía ni reconocía a su madre; y en otro anterior estaba tirada y bañada en sangre en un terreno baldío y en el desamparo. Todo desde esa noche en que recibió un balazo en la cabeza.

Su cabeza bien peinada. Muchos broches para tan poco cabello y corto. Lo tenía largo y quebrado, hermoso. Dice su madre. A la joven le gustaba así, largo. Detrás, debajo de esos broches y esas capas de pelo hay dos orificios, uno en cada lado. Y en total, tres operaciones.

Esa bala disparada por un soldado adscrito a la Novena Zona Militar entró por el lado izquierdo y se alojó en el derecho, y el impacto fue demoledor, telúrico, con réplicas y multiplicador: alcanzó a su padre que ahora la mira angustiado, a su madre desempleada y repartida entre los quehaceres de la casa y las atenciones especiales que requiere la joven; sus hermanas, la sala y el comedor amontonadas, los papeles en las gavetas, la flaca alacena y el apretado patio. Todo cabe en una ojiva, cuyo alcance es inmedible y fatal. Todo, incluso las bocanadas de aire y la esperanza.

—Debió haber sido muy duro, ¿no?
—Pero estaba viva.

Es la madre, Sofía Marbella Niebla Rendón, de 45 años. Tiene voz de mando y suena como taladro en persecución. Ella celebra la vida, no importa que su hija apenas pueda moverse por sí sola y tenga que llevarle el desayuno a la escuela cada sábado y conducirla al baño; ni que haya perdido su empleo y tenga que dedicar a diario día y medio para estar con ella y atenderla.

Una bolsa de mariguana

El 13 de febrero de 2011, Leslie Abigail salió a pasear con sus amigos. Fueron primero a comer y luego a cenar. Iba con su hermana, el novio y una hermana de éste, y más tarde se encontraron con una amiga. Al final fueron a dar una vuelta por el parque Ernesto Millán Escalante, antes conocido como Parque Culiacán 87. Iban alrededor de nueve personas en dos vehículos, un Sentra y una camioneta Lobo doble cabina y a casi dos cuadras de su casa, se desvaneció.

Ese momento quedó como un hoyo negro en la memoria de Leslie. Todos saben lo que pasó excepto ella: "Ya íbamos llegando a la casa pero no me acuerdo en qué momento pasó todo, en qué momento me desmayé, si veníamos recio o despacio. No me acuerdo."

La razón de su desvanecimiento y pérdida de memoria fue la bala que le pegó en el lado izquierdo de su cabeza. A pocos metros de ellos, una patrulla del Ejército Mexicano realizaba un operativo y de acuerdo con las versiones de los soldados y de la misma Secretaría de la Defensa Nacional (Sedena), éstos perseguían a los tripulantes de una camioneta blanca y la confundieron con la unidad motriz en que iban Leslie y sus amigos, a quienes dispararon.

Por fortuna, el proyectil se impactó primero en el marco de la puerta y luego fracturó el cráneo de la joven. Varios de sus amigos quedaron lesionados, pero sin la gravedad de Leslie. Las esquirlas pegaron en los brazos de por lo menos dos de los jóvenes.

Avisado del percance, su padre, Felipe Escobedo Torres, de 46 años, acude a la zona en busca de Leslie. En el lugar hay un campo deshabitado. Ahí se ejercitan de mañana y tarde los vecinos. No había nadie y decidió buscar a la joven en la Cruz Roja y otros hospitales, donde nadie le supo dar razón. Volvió al lugar y encontró a varios elementos del ejército, a quienes explicó que buscaba a su hija y dio sus señas. Uno de ellos, cortante y evasivo, le dijo: "Vaya al ISSSTE." El padre pidió más datos sobre la salud de la víctima y aquel volvió a usar las mismas tres palabras.

Otro de los militares le mostró una bolsa azul con mariguana y un arma de fuego "de esas grandes", y le lanzó un "Mire lo que traían", "y yo le contesté que eso no era de ellos. Que ni mi hija ni de los demás muchachos andaban en eso. Me fui a emergencias del ISSSTE y ahí estaba ella, con todos los aparatos. Sangraba. Me explicaron que la iban a operar y que estaban esperando a un médico especialista, 'que ya iba a llegar'".

Cuando el especialista llegó, le explicó que la operación era delicada, igual que la condición de la joven. "Hay riesgos", le insistió, "por la herida que tiene en la cabeza". Cuatro horas después le avisaron que había salido con vida, pero seguía grave: en coma.

La confusión

Por estos hechos, el Ministerio Público Militar, de la Novena Zona, con sede en Culiacán, abrió la averiguación previa 9ZM/15/11/2011, por el delito de lesiones culposas, en contra del soldado de infantería Rodrigo Serafín de Jesús "ejercitando acción penal en contra del soldado, la cual se consignó al Juzgado Militar adscrito a la III Región Militar en Mazatlán, Sinaloa, radicándose la causa penal 215/2011, el 4 de marzo de 2011, y se le dictó auto de formal prisión (por ese delito)"; así lo señala el documento enviado por la Comisión Nacional de Derechos Humanos (CNDH), del expediente CNDH/2//2011/1648/Q, enviado a la familia de la lesionada, el 15 de marzo de 2012.

Otras versiones indican que hay otro elemento de la milicia que también fue sancionado por estos hechos.

El general Moisés Melo García, comandante de la Novena Zona Militar, recibió a los padres de Leslie. Llegaron hasta él a través de un coronel de apellido Álvarez. El jefe militar, de acuerdo con las versiones de Felipe Escobedo, reconoció que se habían equivocado: "Él dijo que no hubiera querido que esto pasara. Recuerdo que comentó 'Uno los manda a trabajar, no a eso... fue una confusión', así lo señaló. Que venían siguiendo a una camioneta parecida y se confundieron. Y como dijo el general, no deben andar disparando así nomás", manifestó el padre.

Muchos testigos en el área. La gente salió de sus casas y se quedó a ver aquella escena. Acorralados, los militares no pudieron sembrar la droga y el arma que les habían adjudicado a los jóvenes. Las declaraciones de los muchachos que iban con la lesionada desbarataron esas versiones iniciales de los militares y sus testimonios coincidieron y así quedaron plasmadas en la averiguación.

Peregrinar

Pocos días después de la operación, el director del Hospital Manuel Cárdenas de la Vega, del ISSSTEe, les informó que como no era derechohabiente, ya no podían atenderla. "La etapa de emergencia ya se rebasó y ahora deben buscar otro hospital", les dijo. Varios militares vestidos de civil estuvieron yendo a ver la evolución de Leslie y su padre interceptó a uno de ellos para que lo llevaran hasta el general Melo García.

Cuando éste supo que querían sacarlos del ISSSTE, intercedió. Para entonces la joven tenía una bacteria en la sangre, la cual detectaron a tiempo. Fue así que decidieron trasladarla inicialmente al Hospital Militar de Mazatlán, ubicado a 200 kilómetros al sur de Culiacán, y de ahí rápidamente a Guadalajara, en la capital de Jalisco, a otro nosocomio castrense. Los llevaron en una ambulancia del Ejército Mexicano, con médico y enfermeras, y escoltados por patrullas militares.

En el hospital de Guadalajara estuvo cuatro meses. Estaba inflamada, tenía mucha calentura y un coágulo que debía extinguirse con el tratamiento médico. El doctor Ibarra, como lo recuerda la madre de Leslie, obtuvo buenos resultados con el tratamiento, aunque seguía como paciente delicada y estable.

Leslie empezó a recuperarse, pero no comía ni hablaba. Mantenía una mirada fija, ida. Su rostro no se expresaba. No reconocía ni a sus padres. Para la madre, Marbella Niebla, aquello fue muy duro, pero lo habría sido más la muerte. Armada de paciencia y terquedad, se mantuvo ahí, con su hija, empujando, esperando.

"La verdad la atendieron muy bien, todos. No la dejaban en paz en cuanto a atenciones. Le empezaron a dar terapia y también comenzó a comer gelatina. Después, como a los cuatro meses, nos mandaron a México para que empezara terapia física durante la mañana y la tarde, más intensamente, porque así lo necesitaba", recordó Marbella.

El monitoreo, agregó, incluía tomografías y otras revisiones que iban marcando la recuperación gradual de la lesionada. Igual le daban agua de sabores, que frutas, la bebida Gatorade si lo pedía y comía mucho pollo, hasta que se enfadó y empezaron a preguntarle qué se le antojaba. "Hamburguesa", respondió. Y una que otra vez tacos de carne asada. El colmo fue que hasta llegaron a servirle salchipapas, una comida que más bien parece botana, pero que ni los padres ni Leslie recuerdan cómo la preparaban.

Aquel 14 de julio le quitaron la esquirla y le pusieron una malla como parche. El médico, de apellido Meneses, bromeó porque cumplirían dos objetivos en una sola intervención quirúrgica: estamos de oferta, al dos por uno, dijo. Tardaron alrededor de ocho horas en la sala.

La esquirla, lo supieron después, había entrado por el lado izquierdo y fue retirada por el derecho. Eso explica que la parte derecha de su cuerpo, sobre todo brazo y pierna, requieran más terapia pues estaban prácticamente inmovilizados. Un pedazo del hueso craneal fue retirado. Y aunque los especialistas afirman que no debe haber dolor, a Leslie Abigail le dan punzadas eventualmente: tal vez al tratar de pensar, pues la ideas que antes se producían con facilidad ahora hacen fila, una fila que se mueve con más lentitud, para salir, convertirse en palabras o mutar a hechos.

Paciente vitalicia

Leslie Abigail Escobedo Niebla es derechohabiente vitalicia, así fue catalogada por la Sedena. La Dirección General de Sanidad, cuyo titular es el general Ángel Sergio Olivares Morales, lo hizo saber a la familia a través de un oficio enviado el 2 de enero de 2012, por instrucciones de la máxima autoridad militar en el país.

"Por acuerdo del C. General secretario de la Defensa Nacional y en relación con el documento citado en antecedentes, se informa a usted que las instalaciones del Servicio de Sanidad de este Instituto Armado proporcionarán atención médica, psicológica y de rehabilitación en forma vitalicia a su hija, la menor Leslie Abigail Escobedo Niebla, considerándose como 'paciente civil insolvente total'."

La carta fue enviada al padre de la joven, del Campo Militar Número 1, oficio SMA-ML-0168.

Pero no es la única atención recibida por la paciente y su familia. La cercanía entre unos y otros ha permitido soluciones rápidas a los problemas que han aquejado a los Escobedo. En Culiacán, uno de los jefes militares que más ha estado pendiente de la evolución de la lesionada le preguntó qué quería de regalo, ante la cercanía de su cumpleaños. "Un teléfono celular", contestó. El general Melo García preguntó también. La respuesta fue que deseaba tener un cuarto y se lo construyeron. Es, quizá, el espacio privado más grande que tiene la casa familiar ubicada en el fraccionamiento Antonio Nakayama, al sur de la ciudad. Le pusieron piso y recubrieron paredes con cemento, solo faltó la ventana y esa corrió a cuenta de la familia.

Hubo además una indemnización de alrededor de 200 000 pesos, gestiones para que el gobierno estatal le diera trabajo al padre, y que la terapia física y psicológica para la joven se mantenga el resto de su vida. Y hasta la esposa del general Melo, de nombre Alicia, mantiene constante comunicación con Leslie, lo que ha permitido destrabar algunos asuntos relacionados con su recuperación.

Todos los beneficios obtenidos por la joven y su familia fueron incluidos en el acuerdo suscrito entre la Sedena, los Escobedo y la Comisión Nacional de Derechos Humanos, que intercedió luego de que su homóloga, la Comisión Estatal en Sinaloa (CEDH), recibió la queja de parte del padre de la víctima, inmediatamente después de la agresión a balazos.

El izquierdo, otra vez

Felipe, el padre de Leslie, es pensionado: un virus que nadie ataca porque parecen desconocerlo, afectó primero su ojo y luego el oído, ambos del lado izquierdo. No ve bien y ahora, con lo del oído, escucha de manera deficiente. Por eso lo pensionaron. Era chofer del servicio de transporte urbano y una de las últimas rutas en las que laboró fue la Lomita-Cañadas, pero ahora sólo lo hace de modo ocasional, cuando se le requiere.

Tiene una paga de tres mil pesos quincenales en el gobierno del estado. Es una ayuda por el problema que tiene su hija y que requiere que ambos, él y su esposa, se dediquen a ella. Este recurso, que es insuficiente, le fue retirado y buscó a los mandos militares para que lo ayudaran. Metieron la mano y el dinero llegó de nuevo a su bolsillo, pero le preocupa que un día de nuevo éste sea suspendido y no tenga a quién recurrir.

No es propiamente un trabajo. Es la forma en que las autoridades estatales se unen al apoyo que requiere esta familia. Su responsabilidad ahí es también de chofer y si lo llaman acudirá a cumplir, pero no lo han hecho. La fragilidad de este recurso alimenta la zozobra. Y esa bala que estuvo en la cabeza de Leslie sigue viajando caprichosamente, intentando desmantelar la vida de los Escobedo, removerla, hacerla trastabillar. Y de alguna manera lo logra. La esperanza se tambalea. Las salas de espera no apuntalan la fe.

Esa incertidumbre lo mantiene en una situación en la que parece estar ansioso, en medio de vaivenes anímicos. No le importa que la enfermedad que padece y que ni él mismo sabe explicar, avance, como se lo anunciaron y afecte otros órganos con el paso del tiempo: lo que lo mantiene en vigilia es el cansancio, que el dinero no alcance y que lo que sí los alcance sea el desánimo y la desesperación que en ocasiones atrapa a Leslie y amenaza propagarse. La esquirla también es un contagio.

Peleonera

Leslie tuvo que dejar la preparatoria Sandino. Tantas operaciones, viajes y terapia no le permitieron mantener el año y ahora, en lugar de estar en primer grado de la licenciatura, como las amigas de su generación, está en tercero de prepa, pero en la Central, en el curso sabatino, un plantel de la Universidad Autónoma de Sinaloa. Ahí la alcanza su madre, cada semana, con su desayuno. Alguna compañera ayuda a sacarla del aula o llevarla al baño. Las que están más cerca y le tienen confianza, se quejan: que no para de hablar. "Póngale un bozal", le piden a la madre. Marbella dice que su hija es noble y ha sido buena como amiga y hermana, pero su vida ha cambiado inevitablemente desde el percance.

"Es peleonera y chismosa", las secunda ella. Su hija, que tenía un promedio de alrededor de 9, ahora es de 8.5. Quiere estudiar trabajo social, luego de arrepentirse de cursar comunicación social. Algunos amigos le advirtieron que en la Universidad de Occidente, institución del gobierno del estado donde estudiaría comunicación, los catedráticos son muy interesados y sólo les preocupa quedar bien con quienes tienen dinero. Y ella, además de tener dificultades para moverse, usa silla de ruedas, y no cuenta con recursos económicos suficientes. "Así no me van a pelar, a hacer caso", dice. La resignación asoma. Tiene tonos en esa voz que parece quebrada, que también se tambalea.

"Los sábados me dicen en la escuela que habla mucho y qué bueno. Yo estoy con ella cada sábado a las diez de la mañana para llevarle el desayuno, porque es la hora del receso. Alguna amiga camina con ella, le ayuda. Siempre ha sido así, amiguera, platicona. No la pude detener de niña, menos ahora que está grande mi hija", manifestó.

Marbella es delgada, de 45 años. Mira y parece escanear con esos ojos. Interrumpe la plática y sube la voz cuando sabe que tiene que hacerlo. Es la misma seguridad de Leslie: es incendiaria, como gasolina. Dejó de trabajar en la casa de una pariente, donde realizaba labores domésticas, para atender a su hija. Y eso significa que bajaron los ingresos. Otro familiar les regaló una camioneta de modelo reciente, pero casi no la usan porque no hay para gasolina.

Ella cumple su papel con magistral jefatura. Es lo que llamamos "la mamá de los pollitos". Bajo esa sonrisa dulce y envolvente, maternal y generosa, hay una guerrera, una luchadora incansable que no pide esquina, sino siembra e inyecta dosis de voluntad y optimismo, como un aguacero pertinaz: como un taladro.

Todo

—¿Qué te quitó esto, Leslie?

—Todo. Ser independiente: nunca había dependido de una persona para moverme, hacer mis cosas, sólo cuando estaba pequeña.

La madre tercia. Dice que ahora hay que llevarle agua, ayudarle a subir y bajar escaleras, del automóvil, ir al baño. Hay que llevarla. Siempre.

Dice que además ahora llora. Lo hace más que antes. Esconde su rostro dulce en un rostro duro, en palabras que salen disparadas sin pensar. Quizá un disfraz. Leslie es dura, pero además quiere parecerlo. Y lo logra: "Sí, lloro. Pero más o menos. Antes no recuerdo haber llorado, tal vez de coraje, por un berrinche. Pero ahora me he vuelto más llorona."

—¿Por qué lo dices?

—Porque me regañan por todo. Porque me veo. Veo cómo estoy.

Leslie guarda silencio pero es un silencio nutritivo que está lleno de grafías, llanto, gritos, palabras que no brotan porque ahí dentro ahora los movimientos son lentos. Pero terminan saliendo, disparados, como una diosa que expulsa rayos y centellas.

"Yo pensé que tenía todo. Amigos, un novio, todo. Pero ahora veo que son contados. Sí tengo amigos y ese año que no fui a la escuela pasaron muchas cosas y yo estaba consciente, lo estoy, de que ya nada es igual. Vienen, les dejan mucha tarea, ya están en la profesional. Se acercan mis amigas, llaman por teléfono o mandan mensaje. Les digo 'Pues ahí cuando puedan venir.'"

A veces no

—¿Te sientes con fuerza?

—A veces no. Como que a veces me siento cansada. Cuando voy a terapia hago lo que me dicen y siempre me estoy riendo. Pero como que... pierdo las esperanzas. Es que ya van dos años de esto y sí veo resultados, pero no como quisiera.

Su doctora, especialista en terapia y rehabilitación física, la atiende tres veces a la semana en el Centro de Rehabilitación y Educación Especial (CREE), del gobierno del estado. Le ha asegurado que va bien en su proceso de recuperación y puede volver a caminar en unos meses, pero debe trabajar más y ser constante. Ella y todos en esa casa quieren más días de terapia y no los veinte o treinta minutos a que a veces se limitan las sesiones en el CREE. Ya han hablado con algunas autoridades y el personal, pero no han obtenido resultados. Más gimnasio, más tiempo en la alberca y más terapia ocupacional.

A finales de 2012, el gobierno de Sinaloa, junto con el Sistema para el Desarrollo Integral de la Familia (DIF), realizaron una colecta estatal para obtener recursos y equipar este centro de rehabilitación, ubicado en una zona de oficinas y hospitales, en la capital sinaloense. En total, lograron recaudar los diez millones de pesos que las autoridades se propusieron.

Pero Leslie no ve nada de esto en el tratamiento que recibe en el CREE. Para ella "Ni un arrocito nuevo" han adquirido con estos recursos. Se refiere a una de las terapias que realiza, con granos de arroz, para sentir textura, tamaño, grosor del grano. Y maniobrar, como grúa, de un lado a otro. Cargar, sentir, palpar. Perder sus dedos entre tanto arroz minúsculo que a Leslie ya parece enfadarla.

Ella lo sabe pero no lo dice. Va al psicólogo cada mes, al Hospital Militar de Mazatlán. Y todos en esa casa lo saben, lo sienten. Los padres se animan y pronuncian: todos en esa casa "Necesitamos terapia psicológica, desde la más chiquita hasta el más grande, porque como que se fue quedando eso como un pendiente, como que se descuidó y no lo atendimos. Ni ellos", dice la madre.

Sale en la entrevista, en la sala de esa pequeña vivienda. Otea el temor, pero no se instala. En un mensaje enviado por Facebook a Leslie, de una persona desconocida que ellos ubican como el militar preso o uno de sus parientes, o quizá el otro soldado que también fue castigado por ese ataque a balazos:

"Espero que estés muy bien, pues gracias a ti estoy encerrado. Cuídate porque la próxima vez no voy a fallar."

Enteraron de esto al general Melo García y éste descartó que fuera el aprehendido, porque permanece encerrado. Prometió investigar, porque tal vez lo hizo alguien más.

La casa está en un vasto sector ubicado en el sur de la ciudad. Grande, lleno de centros comerciales, bulevares anchos, calles y avenidas de gran afluencia que conectan con el aeropuerto, la carretera 15 México, las salidas a las playas, pero no con el centro de Culiacán, hasta donde llegan en media hora con un poco de suerte. Es una ciudad dentro de otra. El sector es conocido como Barrancos, pero la colonia donde Leslie vive es la Nakayama. Tiene la categoría de fraccionamiento, pero esto no se ve en los enjutos frentes de las viviendas ni en la calle Graciano Sánchez, no pavimentada. La otra, de la esquina, sí. A pocos metros una secundaria técnica recién construida.

Felipe cree que su condición de pensionado puede ayudarlo a pagar la vivienda que habitan, pero han dejado de abonar por falta de dinero. Aquí lo que hay en los bolsillos es para Leslie, los traslados, la terapia. La comida, el aire y el agua, tiene la misma categoría en importancia que esa joven luchadora que no sabe que lo es.

Pero Felipe no puede y se desespera. El notario público que le recomendó un amigo le cobra dos mil 500 pesos para hacer el trámite de las escrituras y destrabarlo todo. Sin embargo, no tiene ni para abonar. Y eso lo mantiene mirando para todos lados, sobándose las piernas, sentado, quieto, en ese sillón: pero con un torbellino que lo carcome por dentro.

Tiene fotos en las que está con el pelo largo. Lo tenía "planchado" pero a Marbella no le gusta porque maltrataba su pelo, que ya de por sí era bonito. Leslie lo prefería porque está de moda y hay que arreglarse para el novio, la escuela, la fiesta, ir al cine o a las nieves. Natural se le ve hermoso: quebrado, largo, risueño y brillante, así era el pelo de Leslie.

Ahora lo tiene amarrado en varias capas con muchos broches. Quiere tapar los orificios sellados por los cirujanos. Que no se vean ni se noten, que no se vaya ella, lo que fue y lo que es, su fortaleza, sus ideas, los sueños. No puede. Todo en ella es insurrecto. Todo en ella es peleonero. Su rostro pequeño, su cabello corto, sus ojos que se le rebelan y esa voz que emerge sin que ella le dé permiso a la lengua.

"Yo quería ser conductora de televisión. O al menos trabajar en alguna estación de radio. Yo quería ser como Galilea (Montijo). Ahora no sé."

7 de abril de 2013

La única manera de escapar a este dilema (confrontar o tolerar el narcotráfico) es "salirse de la caja" y plantear la legalización de las drogas, lo cual sólo ocurrirá si Estados Unidos acepta apoyar tal opción. Y para que esto ocurra, los costos de la política de confrontación deben presentarse en territorio estadounidense, como ocurrió en los años treinta cuando, ante la violencia incontrolable de una mafia que había crecido al amparo de la prohibición del alcohol, el gobierno decide legalizar la producción y el consumo de este tipo de bebidas. Mientras eso ocurre, si es posible, es evidente que el gobierno mexicano tendrá que elegir entre lo malo y lo peor: combatir al narco o tolerarlo.

Jorge Chabat
Profesor-investigador de la División de Estudios
Internacionales del Centro de Investigación y
Docencia Económicas.
Los grandes problemas de México. Seguridad nacional y seguridad interior. Coodinadores: Arturo Alvarado y Mónica Serrano, El Colegio de México.

Buenos y malos

Iba con su esposa y ya era tarde. Tenía que dejarla en la escuela, por la calle Josefa Ortiz de Domínguez, en la Ciudad Universitaria de Culiacán, donde trabajaba, y el minutero, que se había disfrazado de enemigo, se acercaba con una velocidad atípica al número 12. "Chingadamadre, no vamos a llegar a tiempo", expresó, con el rostro arrugado y apretando de más el volante de su Chévrolet.

Viven en la capital de Sinaloa: capital mundial del narco, dicen algunos. Cuna del narcotráfico, dijo Vicente Fox Quesada, cuando era presidente de la República, durante una gira por esta ciudad, el 16 de marzo de 2000. En esa ocasión inauguró, junto con el gobernador Juan Millán Lizárraga, el edificio de la Procuraduría General de Justicia del Estado, en céntricos terrenos de la zona conocida como Tres Ríos.

Y ellos, marido y mujer, iban por el angosto bulevar donde apenas caben dos automóviles y uno de ellos está ocupado por los estacionados. Y el que iba adelante, conduciendo una camioneta blanca, avanzaba a paso de tractor. Por eso se vio obligado a usar el claxon. Dos golpes y uno sostenido.

De la camioneta, que de tan alta y ancha parecía una trilladora lujosa, bajó un hombre joven, de mirada extraviada y ademanes cansinos. Traía una pistola cromada en la derecha, que fue subiendo mientras avanzaba hacia ellos:

"El hombre me dijo 'Qué trais hijo de la chingada. Quieres que te mate.' Tropezó con sus propias palabras, como drogado, y yo sólo alcancé a explicar, a manera de disculpa, que tenía prisa, que no era nada personal", recordó.

Aquel pujó, dio la media vuelta y se metió al auto. Siguió manejando lento y dio vuelta donde ellos.

Tomaron otra calle ancha y él iba a aprovechar para rebasarlo. Dudó cuando vio una patrulla estacionada, apenas pasando el semáforo. "En ese momento yo pensé 'Lo voy a denunciar', pero se lo dije a mi esposa, la miré que estaba estresada, y decidí dejarla así. Ella le apretó el antebrazo y le dijo 'No lo hagas, es capaz de matarnos.' Y decidí no hacerlo: el hombre aquel estaba estacionado metros adelante, vigilándonos."

Su rostro de amanecido, esas ojeras como ventanas oscuras, el cutis graso por el síndrome de abstinencia y los grumitos tímidos de un pasón bajo la nariz y entre los vellos del bigote. Le marcó la mirada y se le clavó en la nuca. La imagen iba y venía, siempre vigilante.

Pensó. "Tengo amigos buenos y amigos malos." Y acudió a los segundos: "Tú dame las placas de la camioneta. Yo hago lo demás: lo que quieras, un susto, un simple levantón, toques eléctricos en los huevos. Lo que tú decidas, eso será." La verdad, estuve tentado de decirle que sí. Al final decidí que mejor me esperara, que la iba a pensar.

Consiguió que su mujer se fuera de raid con una compañera, unos días. El resto la llevó ella. Diario acudió, religiosamente, a buscar, husmear, vigilar. Persiguió a varios hombres parecidos, en vehículos similares, por rutas cercanas. Tomó placas de unos que no eran y hasta fotos de los que le parecieron sospechosos.

Su amigo le llamó para preguntarle si ya tenía los datos del agresor. Le contestó que no y arreció la búsqueda los días siguientes. En una de esas mañanas casi choca. En otra ocasión se peleó con un automovilista que le pitó porque andaba bobeando. Y en una más fue infraccionado por pasarse un alto.

El mismo resultado. Volvió enojado y furibundo al séptimo día. Ya no sintió coraje ni frustración. Agotado y con los hombros rendidos, desistió. En su sofá preferido, con una Tecate ligth sudando en sus manos y el plato de cacahuetes salados esperándolo, dijo "Mejor no".

"Ahí, sentado frente a la tele, ya más calmado. Empecé a preguntarme qué andaba haciendo yo, buscando matones para que asesinaran al hombre aquel", manifestó.

Le habló a su amigo al día siguiente. "Ya no, compa. Mejor así la dejamos". Le explicó que él era un maestro, le preocupaban los niños y los jóvenes, las drogas, la violencia. Que si se hubiera dejado llevar por lo emputado que andaba, ese muchacho de la pistola estaría torturado y muerto.

"Y le eché un trago largo a la cerveza. Y me puse mejor a ver la tele."

19 de diciembre de 2011

Desde sus primeros discursos en diciembre de 2006 y principios de 2007, [Felipe] Calderón dividió al país entre buenos y malos. Los buenos estaban en su lucha contra el narco, los malos estaban contra él o eran, como dijo su exsecretario de Gobernación, "tontos útiles".

La trinchera de Calderón se inundó de sangre. Los asesinatos de la guerra que emprendió fueron la principal noticia sobre México en el extranjero durante 2007 y 2008. En el camino, el régimen calderonista olvidó las propuestas, los trabajos para beneficio del país, las políticas públicas consistentes con cualquier ideal de nación, incluidos los ideales de las derechas. La sangre llegó al cuello de la nación cuando en diciembre de 2008 la revista *Forbes* dijo en un artículo de portada que México era un "Estado fallido". Territorio, gobierno y población fracasada. Punto. Ya para 2010 hasta la iglesia católica reclamaba que en México hubiese tanta desesperanza.

Froylán Enciso
"La matanza que nunca fue" en *País de muertos. Crónicas contra la impunidad*, Editorial Debate.

Al cliente lo que pida

La pareja de jóvenes salía del panteón Jardines del Humaya, luego de haber asistido al velorio del familiar de un amigo. Dejaron la camioneta afuera, "No vaya a ser que esté muy lleno y luego no podamos salir", dijo ella. Y se disponían a alcanzar la puerta del cementerio, entre tumbas vestidas de lujosos mausoleos y palacios. Es el panteón de los narcos.

Avanzaban por los pasillos, entre tumbas suntuosas y vericuetos anudados entre tanto mármol y granito. Ambos coincidieron en que muchas de esas edificaciones, con terminados de lujo en herrería y planta propia para generar energía eléctrica, costaban más que la casa en que la joven pareja vivía.

Era sábado de abril. Año 2012: los operativos del ejército todavía arreciaban en las calles, con gigantescos y espectaculares operativos tipo retenes en grandes avenidas y acciones conjuntas, como las de las Bases Operativas Mixtas (BOMU), en diferentes puntos de Culiacán. Puntos para la extorsión y los abusos, las humillaciones de servidores públicos escondidos en pasamontañas y en patrullas militares y de civiles con matrículas cubiertas con cinta negra.

Muchas familias en el panteón. La densidad del temor se respira entre los asistentes. No son narcos, pero eso no importa a la hora de tener a un soldado o a un agente de la Policía Ministerial enfrente, con sus fusiles G-3 o sus AR-15. Tampoco cuando se tiene a un comando de sicarios al acecho, luego de los reportes de halcones, que aquí se conocen como punteros.

Algunos de los asistentes a esas exequias no ven de frente, prefieren hacerlo de reojo. Terror en ese entrecejo fruncido. Ellos, novios con varios meses de relación, prefieren apurar sus pasos para llegar cuanto antes a la vieja camioneta estacionada al otro lado de la entrada principal del panteón.

"Vámonos, no vaya a ser que pase algo", dijo él, nervioso. Ella asintió, sin soltarle la mano.

En eso ven que un convoy de patrullas del Ejército Mexicano se acerca. Ella le dice "Apúrate." Le recordó que en medio de los operativos los militares han matado personas que no tienen nada qué ver con el narcotráfico, en retenes o porque "los guachos andan bien mariguanos".

Él sonrió. Quiso disimular sus nervios, cuando los militares se les acercaron. Ya habían avanzado algunos metros y estaban a punto de abordar la cabina de la camioneta, cuando se le atravesó uno de los vehículos del ejército: "Oríllate morro", le dijo uno que parecía dirigir la operación.

Así lo hizo. Les pidieron que se bajaran. Él conservó la sonrisa que le había provocado la conversación, con alguna dosis de nervios, y uno de los uniformados se le quedó viendo: le pegó con el puño cerrado en las costillas y le preguntó, en forma de reclamo, de qué se estaba riendo.

El joven, agachado y dolorido, como pudo preguntó por qué lo había golpeado.

El militar, burlón, le sobaba y le decía que se callara. La joven lo vio y le sostuvo la mirada. El militar fingió no darse cuenta. Siguió esculcando el vehículo, junto con otros uniformados. Todos con capucha. Uno de ellos se acercó cuando ella estaba junto a su novio, para ver cómo estaba, y burlón, le dijo, de cerquita: "Al cliente lo que pida". Y se retiró.

Los soldados revisaron entre asientos, abrieron la guantera, se asomaron al piso de la cabina, a la cajuela. Nada. Le pidieron la tarjeta de circulación. Le preguntaron a qué se dedicaba. Insistieron en revisar la caja, las llantas. Sin novedad.

Ella anotó sin que se dieran cuenta las matrículas de los vehículos militares. Eran las 0849362 y 0849352, ambas adscritas a la Novena Zona Militar, ubicada a no más de tres kilómetros del panteón, donde los operativos del ejército y de las policías son constantes; aunque no se sabe si tienen como objetivo despejar el camino a los narcotraficantes, cuando éstos tienen funerales, o para extorsionar a quienes acuden a acompañar a los deudos, tengan o no relación con el crimen organizado.

Los dejaron ir sin más. Ella, con la rabia en la garganta, se preguntó en voz alta por qué nada más detienen a los pelados, "a la gente jodida, los pobres, ¿por qué andan así de perros con uno, y no se meten con los grandes?"

17 de abril de 2010

Recuperarte: el resane de las heridas

Iván ha preferido esperar al maestro del taller de títeres trepado en el brazo de un árbol.

Ahí, en esa loma de su colonia, han hecho casi de todo. Trepar un árbol, expropiar la calle y rescatar del vandalismo la caseta de policía. Pintar de colores nombres en una pared, hacer de la celda una biblioteca, aprender jardinería vertical, kung fu y lucha libre; y del grafiti una expresión de esperanza y memoria, plasmar versos en la barda y tocar algún instrumento musical. Eso y más hace la organización Recuper-Arte, Intervención Urbana.

Son cerca de las once de la mañana del domingo 7 de abril. A la cima de la calle Clavel, en la colonia 10 de Mayo apenas han llegado dos niños. Cada domingo acuden a los talleres y cursos de Recuper-Arte.

Esta es la tercera caseta de policía que un grupo de jóvenes insurrectos y activistas recupera para los habitantes de una colonia en los municipios de Culiacán y Navolato: un espacio de represión pasó de ser símbolo de malvivencia y abandono, a escuela, centro de reunión, nido para construir y ejercitar alas.

En esta ocasión el taller es de títeres y lo imparte el artista Alex López. Ya se le hizo tarde. Será el cambio de horario, dicen algunos de los organizadores, también sorprendidos por las manecillas. Trepado en un árbol está Iván, de trece años, a quien le tocó participar en el taller de lucha libre y le gustó Míster Iguana, un contendiente que en esa ocasión perdió. Él también espera, ansioso, los domingos en lo que fue caseta de policía; ahora luce propia y colorida, digna, imaginativa, con sus nombres en la fachada y el rostro de La Yeye, aquella socorrista de la Cruz Roja de Culiacán asesinada cuando realizaba sus servicios.

Esa mañana del domingo 28 de febrero de 2010, varios sicarios perseguían a un hombre, cuando éste optó por introducirse en las instalaciones de la Cruz Roja, ubicadas por el bulevar Gabriel

Leyva Solano, en el primer cuadro de la ciudad. La persecución devino ataque a balazos. La joven socorrista estaba en la central de comunicaciones y se asomó para ver qué pasaba. Una bala le atravesó el rostro y no se levantó más. Su nombre: Genoveva Rogers.

Intervenciones urbanas

Recuper-Arte nació a finales del año pasado, en esta ciudad capital, pero su primera acción fue el 24 de enero. Está conformado por jóvenes, en su mayoría, y uno que otro colado treintón. Muchos fueron parte del movimiento #YoSoy132, que en los comicios presidenciales de 2012 se opusieron a la candidatura del priísta Enrique Peña Nieto; pero también hay ciclistas, ambientalistas, artistas plásticos, músicos, lectores, teatreros y titiriteros, indignados, niños y vecinos de las colonias y comunidades en las que tienen ahora presencia.

Cuando empezaron se propusieron rescatar una caseta de policía cada mes. Hasta ahora lo han logrado en la comunidad de Villa Juárez, zona habitada preponderantemente por jornaleros agrícolas y rodeada de empacadoras hortícolas, en el municipio de Navolato, y en Aguaruto, población que ya fue tragada por el chapopote citadino culichi.

Temen que avance más rápido la venta o renta de estos espacios, emprendidas por el Ayuntamiento de Culiacán y particulares, al convertir las casetas abandonadas en tiendas de ropa o expendios, como pasó en la colonia Loma de Rodriguera.

Las intervenciones urbanas consisten en limpiar el inmueble, con la ayuda de autoridades y vecinos. Y luego expropiarlo: hacer de éste un espacio digno para las actividades lúdicas, las artes, las manos aladas de los niños que acuden a talleres como el de títeres y pintura, y que los participantes desarrollen habilidades y luego incorporen a sus padres. En suma, hacer vida comunitaria a través de la cultura y el deporte.

Rezza Pahavlevy Teherán Rodríguez es empresario de bienes raíces y acaba de incorporarse. Trae la cajuela de ese Buick color arena llena de libros que donará a la biblioteca del lugar. Es literatura infantil, historia, libros de deportes y arte. Se enteró de estas actividades por las redes sociales y decidió contribuir "para que los niños tengan otras opciones que la música de narcos, los narcocorridos y vean otras expresiones artísticas y de participación por el bien de la comunidad".

Dante Benítez, uno de los cerca de 70 activistas que participan en Recuper-Arte, explicó que la organización es horizontal y las discusiones sobre las tareas y propuestas se realizan después de cada intervención y por el feis; aunque se han acercado representantes de partidos políticos y del Instituto Sinaloense de Cultura (ISIC), no han aceptado ayuda de ellos porque saben que éstos acostumbran cobrar los favores.

Con recursos propios, aportaciones de vecinos e incluso empresarios, como el que cada semana les regala pintura, han llevado a cabo diversos espectáculos, cursos y talleres. Entre las aportaciones hay muebles, libros y juguetes, y uno de los propósitos es contar con una biblioteca en cada espacio rescatado.

"En este espacio la gente aporta, los padres son incorporados por los niños y los niños se conocen a sí mismos y entre ellos y aprenden. Ven algo y saben que tienen posibilidades y crecen, y así nosotros hacemos vida comunitaria. Es importante el mensaje político, porque hemos estado en diferentes movimientos sociales, pero a la gente hay que involucrarla con cultura y arte, y que la comunidad tenga conciencia de lo común, de la importancia de la vida colectiva, y busquen el bien de todos", dijo Nerty Montiel.

Ella es fundadora de Recuper-Arte y egresada de la Facultad de Estudios Internacionales de la Universidad Autónoma de Sinaloa (UAS). Nerty destacó que se han llevado sorpresas porque los niños se van descubriendo y "ellos y nosotros salimos de los talleres vitaminados".

Lamentó que los niños de Villa Juárez, muchos de ellos integrantes de familias de jornaleros agrícolas, sean tímidos e inseguros, y tarden más en reaccionar ante los espectáculos y talleres, pero poco a poco han evolucionado. Esta región del municipio de Navolato es una de las que más trabajadores migrantes recibe cada año, algunos se quedan a vivir y otros regresan a Chiapas, Guerrero, Oaxaca y otros estados del sur y sureste del país.

En total, cada año Sinaloa recibe alrededor de 250 mil jornaleros agrícolas procedentes de esas entidades. Cálculos de organismos civiles, como la Comisión de Defensa de los Derechos Humanos, estiman que la población infantil que se incorpora a las tareas de siembra, cultivo y empaque de hortalizas como tomate, pepino y chiles, asciende a cerca de diez por ciento de los 250 mil. Nadie los ha desmentido.

Las balas pasan cerca

Iván asegura que su colonia es tranquila. Las calles están pavimentadas, entre terrenos accidentados y escandalosos desniveles. Sus avenidas parecen arroyos de tierra y maleza: baldíos habitados por la desesperanza y el abandono. La lluvia de agua y de indolencia se ha llevado todo y ha erosionado el suelo agreste, de un polvo impertinente y filoso.

Eran dos cuando daban las once y media, y treinta minutos después hay una treintena de niños en el taller de títeres, al que varios llegaron tarde. De broma les advierten que tienen que comer engrudo. Es la sanción.

Dos calles abajo, por la avenida 21 de Marzo, está una vivienda que es monumento al olvido y la destrucción: escenario de una de las primeras manifestaciones de la fractura del cártel de Sinaloa, en 2008, cuando fue atacada a balazos. Sus paredes tienen el acné de las perforaciones, heridas de una guerra que ese día se redujo a una vivienda, que fue muestra de opulencia, en una zona marginada. En su fachada y cocheras todavía hay hollín y tatuajes de fuego y humo: ahí estallaron dos coches bomba.

Ese año, Sinaloa alcanzó una cifra récord de homicidios, con alrededor de 2200. La cifra fue muy parecida en 2009 y apenas se redujo en 2010. Van poco más de tres meses de 2013 y ya suman cerca de 330 asesinatos a balazos en la entidad.

Sueños de ladrillo

En los muros están los nombres de los niños. Ellos mismos los pintaron y dibujaron en fachada y patio. No pudieron con el techo quemado, que requiere más trabajo, pero sí con las celdas, donde ya estrenarán una biblioteca y tienen un rústico mueble que hace las veces de juguetero. Todavía es sombrío este espacio, ganado a empujones de travesuras de juego y arte, pintura y notas musicales.

En un muro escribieron: "Porque te tengo y no/ porque te pienso/ porque la noche está de ojos abiertos/ porque la noche pasa/ y digo amor", de Mario Benedetti. En otro rincón puede leerse: "Quien quiera ser águila, que vuele, y el que quiera ser gusano que se arrastre, pero que no proteste cuando lo pisen." Las grafías, los dibujos, cada trazo, constituyen formas de espantar a la muerte y a la resignación. Aplazar el infierno.

En el centro del local hay una puerta acostada sobre dos tambos de 200 litros que sirve como mesa, y en esa superficie hay brochas, botes de pintura, recortes de periódicos, bolas de unicel y varios pares de diminutas manos aleteando y creando, queriendo volar.

Entre ellos están Iván y Audrey, de siete años. Él confiesa que estaría viendo la tele o frente a la compu, de no ser por los talleres. Y prefiere, junto con los demás, acudir cada domingo.

"Es divertido, conoces cosas que no hacíamos antes. Y si no viniera, estaría pegado a la tele o jugando en la computadora", dice, encaramado en un árbol que parece mudar de hojas y colores, con follaje que baila inquieto con el aire, y parece juguetear y sonreír, como él.

8 de abril de 2013

Heridas en el chapopote

Diciembre rojo. Campanas rojas, teñidas de sangre. Rojo diciembre, rojos los días, roja la ciudad, el estado, ese 2008. Fin de año negro: casi 40 ejecuciones en apenas cuatro días del último mes.

Frente al hartazgo de los empresarios, que a través de un desplegado publicado en los principales diarios de Sinaloa y dirigido al presidente de la República y al mandatario de Sinaloa, Felipe Calderón Hinojosa y Jesús Aguilar Padilla, advierten sobre la ingobernabilidad, y critican que la autoridad estatal y federal calle, eluda, simule... se rinda.

"La espiral de violencia es un signo de ingobernabilidad que conduce a la anarquía, por eso exigimos acciones decididas y eficaces [...] no queremos más anuncios, discursos ni acciones de efectos mediáticos, los empresarios estamos hartos, exigimos un Sinaloa en paz."

Así reza el comunicado, publicado en diarios locales el 4 de diciembre, firmado por el Centro Empresarial de Sinaloa y las representaciones de la Confederación Patronal de la República Mexicana (Coparmex) en las principales ciudades de la entidad.

Era el cuarto día de diciembre. Y tan sólo en el primero, cuando las manecillas del reloj apenas contaban que el mes llevaba seis horas de vida, siete personas habían sido ultimadas a balazos en el estado; seis de ellas en Culiacán, la capital, y una en el municipio de Navolato, ubicado a cerca de 30 kilómetros de esta ciudad.

Campanas rojas, teñidas de rojo sangre. Vidas que se apagan, efímeras, como las luces que adornan los árboles de Navidad y las fachadas de las viviendas culichis que se visten de fiestas de fin de año. Pero nada qué festejar. La fiesta pasó a ser sepelio, exequias: un funeral gigante para una ciudad herida de muerte, que no muere, pero que permanece silente, colmada de epitafios y cruces en sus banquetas, calles y camellones. Luto interminable, que agrieta el chapopote y no da lugar a la fiesta, a otra fiesta que no sea la de los cañones de los fusiles automáticos.

Seis horas, siete muertos

Madrugada del 1 de diciembre. Casino Win, ubicado junto al centro comercial Forum, el de más afluencia en la ciudad, en terrenos del Tres Ríos. Un grupo de sicarios disparó a corta distancia contra tres personas cuando salían del establecimiento. En la refriega dos personas, entre ellas una joven que esperaba a sus padres en el interior de un automóvil, resultaron lesionadas.

Los hoy occisos iban en una camioneta Chévrolet S-10 dorada, placas TW-92045, de Sinaloa.

Otro joven fue ultimado a tiros cuando salía de un supermercado, en la colonia Gustavo Díaz Ordaz; una más en Riberas de Tamazula, y otra en la colonia 22 de Diciembre, al sur de la ciudad.

Durante la mañana, cerca de las ocho, en la colonia Guadalupe y a sólo dos cuadras de la Casa de Gobierno, residencia oficial del entonces mandatario Jesús Aguilar Padilla, un comando ultimó a balazos a Ignacio León Pérez, chofer de Enrique Mendívil Flores, presidente de la Unión Ganadera Regional de Sinaloa. Mendívil, quien fuera operador del cártel de Sinaloa en el rubro financiero, fue cazado a tiros de armas que atravesaron su camioneta blindada. Tiros certeros que apenas hirieron a su chofer, pero no lo pusieron en peligro.

El homicidio fue el 14 de junio de 2010, a las catorce horas, por la avenida Obregón, frente al parque Ernesto Millán Escalante. Versiones extraoficiales indican que los homicidas usaron granadas para abrir boquetes en la camioneta Suburban del aún líder ganadero. Mendívil era también operador político de Aguilar Padilla y había sido regidor del Partido Revolucionario Institucional en Culiacán. El semanario *Ríodoce* publicó un año antes que Mendívil Flores, conocido como "El Gallo Mendívil", estaba en los expedientes secretos elaborados por la Dirección de Gobierno —una suerte de policía política estatal—, y se le relacionó con el narcotráfico, igual que a otros destacados políticos locales.

Entre los puntos vulnerables que le destacan, de acuerdo con esa publicación, está que "se le vincule con grupos de narcotraficantes de la sindicatura de Eldorado [...]. Como regidor controla la Secretaria de Seguridad Pública municipal y el departamento de Inspección y Vigilancia del ayuntamiento".

Duro y a la cabeza

Los sicarios apuntan. Y apuntan arriba. Casi al mismo tiempo que eran ejecutados a tiros de fusil AK-47, conocidos como "cuernos de chivo", atentaban en contra de Olegario Gambino Terrazas, director de la Policía Municipal de Navolato.

Y cerca, muy cerca. Zona de ejecuciones: bulevar Zapata, Manuel Clouthier, México 68. Y toda la ciudad, con todo y el sitio impuesto por efectivos militares, los convoyes de agentes de la Policía Federal, y las llamadas Bases Operativas Mixtas Urbanas (BOMU), Culiacán es declarado zona oficial de ejecuciones. Zona libre: para narcos y sus sicarios.

Por la México 68, tres de los cadáveres quedaron en el interior de un automóvil Tsuru, rojo, sin placas, y uno más a pocos metros.

El jefe de la Policía Municipal fue herido de bala y trasladado inmediatamente a un hospital privado, donde convalece y está fuera de peligro. Y apenas poco más de quince días antes, cinco policías —tres de la Agencia Federal de Investigaciones y dos estatales—, fueron perseguidos y luego rafagueados desde otro vehículo en movimiento, en la colonia Lomas del Bulevar. Semanas antes, en noviembre, un grupo de sicarios atacó a balazos al alcalde de Navolato, Fernando García, quien quedó ileso. El atentado tuvo un saldo de tres muertos, dos de ellos regidores; una semana antes, el oficial mayor de este ayuntamiento fue ultimado a tiros.

Trece en San Ignacio

Caminos de terracería. De madrugada danza la muerte. Escupen plomo los fusiles. A la izquierda de la carretera México 15, a unos 600 metros, camino a San Miguel, Municipio de San Ignacio. Puros santos. Pura muerte. La sangre estila. Queda en la yerba. Junto a los casquillos. Pegados a la cerca, los alambres de púas, la terracería.

Trece cuerpos están boca abajo. Impactos de bala y boquetes en espalda y cabeza. Cuerpos de hombres de entre veinte y treita años. Jóvenes todos, rostros pálidos. Rostros sin rostro, sin vida. Duros, duros. Pegados. Besando la tierra muerta.

La Procuraduría General de Justicia identificó a los trece jóvenes ultimados a balazos en las inmediaciones de la comunidad de San Miguel, en el municipio de San Ignacio, durante la mañana de este jueves, a quienes ubicó como trabajadores y propietarios de un empaque hortícola, ubicado en el municipio de Mocorito.

Martín Robles Armenta, entonces director de Averiguaciones Previas y hoy subprocurador General de Justicia del Estado, informó que siete de las víctimas tienen parentesco, y todas con domicilios en los municipios de Mocorito y Salvador Alvarado; a todos ellos, agregó, se les vio en Concordia, al sur del puerto de Mazatlán, antes de ser encontrados sin vida.

Otras versiones señalaron que en este lugar de San Ignacio, donde recientemente han ocurrido ejecuciones, fueron "levantados" por desconocidos.

"En la etapa preliminar hemos podido recabar declaraciones en el sentido de que un día previo al de ayer, estas personas llegaron en vehículos distintos a la cabecera municipal de Concordia, donde ahí estuvieron, procedentes de sus lugares de origen por motivos laborales, de acuerdo con testimonios; las víctimas eran presumiblemente agricultores, ganaderos", dijo Robles.

Versiones extraoficiales relacionaron este múltiple homicidio con el asesinato de cuatro personas, el 21 de septiembre pasado, en la comunidad La joya de los López, en Mocorito, a cerca de 120 kilómetros al norte de Culiacán; uno de los occisos, señalan, era operador del cártel de Sinaloa en esta región, ubicada muy cerca de la zona serrana de la entidad.

Las víctimas fueron identificadas como César Adán Montañés Campos, de 29 años, Jesús Arredondo Campos, de 38 años, Jesús Leonel Arredondo Román, de 19 años, Jesús Mauricio Cuevas Arredondo, de 24 años, Cruz Domingo Cuevas Arredondo, de 22 años, Jorge López Martínez, de 19 años, Víctor Alexis Urías Arredondo, de 20 años, José Fernando Espinoza Nidome, de 35 años, José López Navarrete, de 36 años, José Ascensión Jabalera Chávez, de 30 años, Luis Ernesto Báez Bojórquez, de 20 años, Horacio Domínguez Duarte, de 22 años, y Hugo Francisco Valdez Durán, de 38 años.

La procuraduría local dio vista de este caso a la Procuraduría General de la República (PGR), por el tipo de armas que se usaron: fusiles de alto poder, sobre todo AK-47.

En San Ignacio nadie sabe nada. Están azorados por los trece ejecutados, pero también ríen, trabajan, conversan. Facilidad para mojarse con saliva la punta del dedo índice y pasar la página. Es la comidilla. Y no tanto. Ese año, el 2008, terminó con cerca de 2 300 personas muertas a tiros: mutiladas, decapitadas, levantadas, con huellas de tortura. Año del crack en el cártel de Sinaloa: los Beltrán Leyva contra Joaquín Guzmán Loera. Adiós a parentescos, padrinazgos, fiestas colectivas, negocio único y de todos. La guerra en casa. La vida trozada. Ese año, fue uno de los más violentos y con la más alta incidencia de homicidios, si no el que más, en la historia de esta entidad.

Una mujer, madre de familia, conversa con un pariente por teléfono. Se le oye alegre. Preguntan por familiares. Se regresan los saludos. Y le dice, antes de despedirse, que aquí, en San Ignacio, todo está bien. Todo bien, todo bien. Adiós. Clic.

Diciembre de 2008

Prefiero ser cabrona

"¿Sentirme herida? No."

Vanesa estaba estudiando licenciatura en contabilidad pero la abandonó porque no le alcanzaba el dinero. Es alta, hermosa y de talle ondulante, trae una .45 en el bolso: en medio de papeles, cosméticos y accesorios, la escuadra está más a la mano que el bilé.

Nomás por capricho, conserva una Smith and Wesson. Por puro gusto.

Ella sólo cumple órdenes pero no mata inocentes. Para Vanesa, cuando le dicen ve por él, no hace más que estudiar, revisar movimientos y actuar. Limpia, sin testigos ni los llamados daños colaterales. Muere, dice, quien tiene que morir. El que robó toneladas de perico –como llaman a la cocaína–, el que no pagó o se quedó con el dinero, el que traicionó o delató. Muere quien lo merece.

Y mantiene su máxima: no niños.

—¿Tanta muerte te tiene herida?

Vanesa dice que no trae en su conciencia a todos aquellos que ha ejecutado ni la despiertan durante la madrugada las súplicas o llantos o las miradas de los que tuvo que mirar a los ojos. Va despacio, a tientas. Tiene plomo en lengua, labios, pestañas, cavidades oculares, manos y pies y pasos. Sus milimétricas cavidades dan positivo en la prueba de rodizonato de sodio: y con creces, en ese andar, ese espectacular donaire de pintar de nuevo el viento y de saberse segura y atractiva, pero también peligrosa. No dudará, lo sabe, a la hora del índice en la oquedad del arma en la que va el gatillo. Tiene plomo en el alma, en ese palpitar de mujer con sueños que tardan en llegar. Y también corazón.

"Nunca me come mi conciencia, ¿para qué? Por algo pasan las cosas y si me les aparezco fue porque andaban de cabrones o abusando de su poder. No soy Dios ni nada por el estilo y no lo intento ser, pero a mí me dan órdenes y las cumplo", manifestó.

Piernas cruzadas. Su pie derecho baila forrado en esos zapatos no tan altos y por lo tanto más que cómodos. Ahora trae prendas rojas. Le gustan los colores fuertes, como su vida. En otra ocasión serán negras, pero no su alma. Es como una mujer que mata y mata, pero sin placer y sólo porque es su trabajo, y a pesar del río mundanal y las arenas movedizas, parece resignada a la salvación, sabiéndose en un infierno.

Le duele no haber terminado su carrera, pero piensa, está segura, que un día volverá y se instalará en la butaca del salón como una joven más, dispuesta a estudiar y terminar la licenciatura. No quiere ser modelo porque no la bajarían de puta. No lo tolera. Tampoco que la ubiquen como una pendeja.

"Ojalá fuera puta, acostarme con alguien y sacarle beneficios como cualquier otra puta del gobierno, pero no, prefiero ser cabrona a que me digan pendeja." Está en ese sillón que con ella ahí parece un pedazo de cielo. No acepta grabadora y por supuesto no hay insistencia. Mucho menos foto. Accede, sí, a una entrevista y es ella la que pone las condiciones y no son pocas, pero posibles de cumplir.

Sólo puede decirse que es del norte y que vive cerca de la frontera. De varias fronteras: la de la vida y la muerte, ese ir y venir con el cañón humeante y el cuerpo frío, apacibles aguas superficiales que contienen maremotos en sus intersticios, en ese submundo de corrientes insumisas y bravías y sin palabra de honor. De la frontera norte del país. Y de todas las lindes filosas, destellantes y puntiagudas.

Va y viene y no trae las alas salpicadas ni sus pies por los lodos movedizos de la perdición. Se sabe de este lado y le duelen los prostitutos del gatillo que arrasan con todo, incluso niños y embarazadas, con tal de experimentar la necrófila sensación de disponer de la vida de otro y salir de ahí más fortalecido: vampiros y mequetrefes de la galopante perdición.

"No me duelen los muertos que dejo. No. No son ni míos, son, como se dice, del sistema, gente que se tiene que morir, que si tienen madre, esposas o hijos, sí los tienen, pero o son ellos o son otros más los que ellos matarían. Nunca he matado a un inocente", aseguró.

—¿Sientes que de alguna manera alivia tus males terminar con estas personas?

—No y no. No se alivia nada tronando a alguien: le añades limón a la herida, y mis asuntos no los mezclo con ellos. Una cosa son mis sentimientos, los que sean, y otra que la carpeta que me dieron tuviera el nombre de un cabrón que se clavó varias toneladas de perico. Al menos yo no estoy tan enferma.

"Aquí no hay placeres, no los hay. Pregúntale a un carnicero si tiene placer al cortar la carne cruda que ni se va a comer. Placer es ir a un restaurante y que te la den ya asada, en su jugo. Aquí hay dolor que se hace fuerza, pero no es dolor tuyo. Es el dolor de esos que despachas afuera por andar de mamones y que piensan que ya la libraron, ese es el único dolor, del que se va porque sabe que va a dejar familia aquí y a lo mejor no sabían lo que hacía la lacra del hijo o hija que tenían."

Afirmó que no pertenece a ninguna organización delictiva. No soy de nadie ni hay exclusividad. Nadie la trata como si fuera su propiedad. Ella es libre y se considera toda una profesional en lo que hace.

Vanesa tiene piel bonita pero pide que no se escriba nada sobre su color. Ahí, asegura, no van a encontrar cicatrices. En ninguna parte de su cuerpo. Las suyas, esas heridas que lleva, están dentro y tienen qué ver con su familia y amigos, aquellos que murieron en condiciones absurdas, por descuido, traición o confusión. Le duelen por dentro pero no se ve ese dolor en sus palabras ni en esa mirada. Hay otra Vanesa escondida, que se guarda las tristezas y cancela las lágrimas, para sus momentos de soledad: abandono y vulnerabilidad, escafandra y caparazón, prohibición con blindaje nivel cinco de sus tatuajes invisibles, esos que no sangran pero de los que brotan lágrimas.

Piensa en sus hermanos, su madre, la butaca que la espera en la facultad, la niña que fue, el novio que no tuvo, la amiga que no está y los hijos que podría tener. Nostalgia y añoranza del mañana. Ayer y futuro en esa licuadora que es su vida.

—¿Qué es lo que más te duele, lo que más te ha provocado dolor?

—No sé, quizá saber de un cabrón que se burló de mí, me fue infiel y que andaba de matón y sin tocarse el corazón le entraba a matar niños y conmigo era un angelito, un hombre tierno. Pero me dolió su engaño, su abuso con gente que no puede defenderse. Eso me duele más, la injusticia. También me duele que no pueda, que no haya podido hasta ahora, terminar mi carrera. Y ser yo, así de simple. Eso es lo que más me duele… además de las traiciones.

Vanesa siente que se le revoluciona el pecho pero la lengua se mantiene en pausa. Confiesa que tiene amigos muertos, algunos de ellos a balazos. Pero no puede llorarles porque así se los prometió. Dolor que ocultar, duele.

"A veces que no estoy cerca de mis amigas y compas que no son muchas o de mi familia, me duele. Yo me fui por mi cuenta para evitar problemas, no por mala hija o amiga. Me dijeron que a lo mejor quería borrar mi pasado, pero ni al caso. No me arrepiento hasta ahorita. De nada", señaló.

Hace una pausa. No le gustan las preguntas y menos que éstas sean tan personales. Por eso odio a los periodistas, dice. Y se ponen rocosos sus pómulos, aunque no logran competir con su belleza. Sus senos en su lugar. Buena nalga y acinturada. No hay cirugías. No se descubre mucho pero le interesa andar a la moda. Casi no se maquilla: no lo necesita.

El primer jale

"Mi primer jale fue contra un caco. No sé cuál tiene más importancia, si fue él o fue el que me dijeron que torciera. Pero el mismo día me despache a los dos y yo digo que no lo asimilé y por eso superé rápido las cosas.

Ya me habían regalado una pistola y el morro me tiraba el rollo todas las mañanas. Medio carita, estaba siempre estacionado y yo lo saludaba pero no sabía que era el caco que andaba saqueando las casas en las mañanas. Lo vi ese día estacionado en su Cherokee y siempre que salía a la escuela me decía 'Qué onda bonita, te llevo a la escuela' y la verdad sólo sonreía. Para qué te miento, sí estaba guapo y lo miraba cómo me comía con la mirada. Estaba siempre en la mañana, como a las seis y media, estacionado y ya que la mayoría de la plebada, de las familias, nos íbamos al trabajo o a la escuela, entonces ocurrían los robos. Se metían a las casas y las saqueaban.

Vanesa dice que se desbordó de coraje cuando se enteró que el ratero se había metido a la casa de una señora muy apreciada por ella y su familia, que la había cuidado a ella y sus hermanos cuando los padres no estaban. Entonces, la señora, ya mayor, era como de la familia.

"De puro milagro me regresé a la casa porque había olvidado la usb donde traía la tarea que ese día debía presentar en la escuela. Y fue allí cuando lo caché que se había metido a la casa de doña Juana y mi reacción fue coraje y las manos me temblaban. Sentí como la cara se me puso caliente, y no sabía qué hacer, si llamar a la policía o qué.

Miré que salió sin pena y mi primera preocupación fue doña Juana, dónde andaba, si estaba dormida, si estaba en su casa. Agarré una caja de zapatos donde tenia un celular y la Colt, y salí y me fui muy normal con la usb y la caja de zapatos. El morro estaba allí en su camioneta y me sonrió de nuevo y le sonreí, y para su buena suerte se ofreció a llevarme a la escuela, y me iba coqueteando y yo iba también tirándole el rollo y me dijo que por qué no nos íbamos a dar la vuelta fuera de la ciudad, le dije que sí. Entramos a un motel y se estacionó."

El joven era atractivo y le gustaba a Vanesa. Pero ella traía muchas emociones juntas y revueltas en panza y cabeza. Justo cuando iban a entrar al motel ella le pidió que mejor se regresaran, que tenía que imprimir unos documentos que debía entregar en la escuela y que se verían después. Se le ocurrió entonces pedirle que le permitiera manejar la Cherokee.

"Y me dice, claro que sí mija... y fue allí cuando se la dejé ir. Cuando se voltea a desabrochar el cinturón de seguridad y quiere abrir la puerta, le disparé en la espalda dos veces. No sé si fueron las balas pero me quede sorda en ese rato, y después reaccioné y le llamé a un amigo y le dije lo que había hecho y me regañó. Me dijo que me había adelantado, que no anduviera con pendejadas y llegó por mí, me abrazó, eso lo recuerdo, y me preguntó cómo estaba."

A Vanesa le viene bien contar los momentos en que alguien cercano le da muestras de cariño. "Eso lo recuerdo y bien", repite, cuando se refiere al abrazo que le dio ese amigo y cómplice suyo, que antes de pedir explicaciones, hace que ella se guarezca en sus brazos.

Le preguntó por qué lo había hecho y ella respondió: por ratero y abusón.

"Se rió y me dijo que aprendía rápido, pero que no me quisiera brincar de nivel aún. Me llevó al centro de la ciudad y se llevó la camioneta con todo y cadáver a las afueras. Allá la dejó con el morro dentro.

Esa fue la primera vez. No me enorgullece pero así fue. La segunda ya me llevaron con alguien a que me conociera y me ofreció una cangurera con dólares y le pidió a los guaruras que me llevaran de compras y después a decirme a quién querían quebrar."

Vanesa se acomoda en ese sillón, en el que se instaló a sus anchas. Ahora está de descanso, tiene semanas así. Son las vacaciones que ella misma se da después de algún jale. No dice cuándo ni dónde ni contra quién. Está en espera, también, de que le den nuevas órdenes. En algún momento le harán llegar una "carpeta" con el nombre, foto, datos: próxima ejecución. Cruza las piernas. Está en sus aposentos, esparcida, en la comodidad. Una paz inquebrantable asoma como un destello: nave fugaz que cruza de extremo a extremo esos ojos de filo peligroso y seductor. No debe nada, dice.

"Todo el que quebré se lo merecía ¿Qué más? ¿Qué más quieres saber? "

Puja. Cree, está segura, que no se le preguntará más. Eso quiere y así lo hace notar y no con disimulo. Hay mucho todavía por cuestionar, pero no cuando alguien como ella, con las herramientas de trabajo en ese bolso LV (Louis Vuitton).

12 de mayo de 2013

CAPÍTULO IV
EL LUTO HUÉRFANO

El guapo

Vivió muchos años con él hasta que decidió dejarlo. Allá, en Torreón, estado de Coahuila, el hombre era plural con las mujeres: a todas las aceptaba, con todas quería y a todas les decía que sí. Ella entonces dijo no. Se llevó sus cosas, su hijo, unas cuantas monedas y partió a miles de kilómetros. Y ahora lo tenía ahí, tendido.

Recordó que había hablado muchas veces con él, por teléfono. Hablaban de la familia, de los asuntos que todavía tenían pendientes, pero nunca de volver. Él seguía en las mismas y ella buscando la manera de sobrevivir y mantener a los hijos en la escuela, con comida y casa rentada, mientras conseguía una propia.

Después, las conversaciones eran sobre sus hermanos, los de él, las preocupaciones de la madre, el trabajo y esos viajes postergados de ver al morro, como los sueños vigentes que se arrugan y envejecen pero que nunca llegan. A ver si la semana que entra voy a verlos, María. Si no, el mes que viene. O el año entrante.

Él era carrero, como llaman en esa región fronteriza del país a los que se dedican a comprar automóviles en Estados Unidos y venderlos. Ella misma había ayudado en estas tareas y la hacía de chofer, con tal de pasar más tiempo con él y cuidar que los negocios no se fueran por las fosas nasales que funcionaban como hambrientas aspiradoras a la hora de tener enfrente algo de coca.

Ilusiones oxidadas en los oídos de ese muchacho que ya no era un niño. Mi apá no va a venir, sé que me va a quedar mal: nunca va a cambiar. Quimeras canceladas en el pecho de ella, navegando en el mar muerto de un amor que se fue, que no está, que quedó atrás. Y aún así, se hablaban para saber uno del otro y que, al menos por el celular, los hijos y el padre se saludaran.

"Yo le dije, por ahí del 15 de marzo, unos cuántos días antes de Semana Santa, que hablara con su padre. Era su único hijo varón. Tenía otras hijas, con otras mujeres. Pero el mío era el único macho. Le dije: 'Habla con tu padre y pídele perdón. Pídanse perdón'", señaló María, frente al ejército de sillas y mesas de ese restaurante. Ella deberá acomodarlas antes de cerrar, pues le toca cubrir el último turno.

En Torreón, desde que empezó 2013, estaban matando a los que trabajaban con el cártel contrario. Y a sus familias. Él le contó que habían ido por un familiar muy cercano, porque trabajaba para los otros. Los de la clica vencedora no querían dejar rastros consanguíneos, herencias genéticas ni odios alojados en las nuevas generaciones. A chingar a su madre todos.

Y se agarraron matando a los padres, hermanos e hijos. Algo sintió ella, como que se agrietó ese corazón enmohecido, cuando sonó el clic que anunció el fin de esa llamada. El papá había conversado con el joven, ya de 19 años, aquel día de marzo. Le propuso que fuera a visitarlo a Coahuila: "Ve, hijo. Dile que lo amas mucho, mucho, mucho." No dijo nada: apretó los labios, cerró los ojos y volvió a cancelar emociones y recuerdos.

Se enteró luego. Él iba con la novia en turno. Los interceptaron a tres cuadras de la casa. Los sicarios los subieron a una camioneta. Dos días desaparecidos y ella con el Jesús crucificado en ese rosario de madera, apretado entre el dedo gordo y el índice.

Ya sabían que no lo encontrarían vivo. Ni a ella. Ella desgarrada, con un balazo en la cabeza. Él a pocos metros, entre el monte, con golpes por todos lados, cortadas en piernas y brazos y la cara desfigurada y sin una de las orejas. Dicen que los balazos no lo mataron, sino algo duro que tapizó su rostro y quitó de su lugar la nariz y cerró entre sangre e hinchazón los ojos.

En la nota publicada por el diario *Exprés,* que circula en esa región, el 28 de marzo de 2013, el encabezado anunció un doble homicidio. Ambos, hombre y mujer, tenían el tiro de gracia y fueron encontrados a unos 300 metros de la comandancia de la Policía Federal.

"Una pareja conformada de un hombre y una mujer fue asesinada a balazos durante la tarde de este miércoles, sobre el periférico Raúl López Sánchez, a espaldas de la colonia El Roble, a 300 metros de la Comandancia de la Policía Federal… estaban boca abajo y con el tiro de gracia en la cabeza", rezaba la nota.

El agente del Ministerio Público especializado en homicidios dolosos acudió al lugar para realizar las primeras indagatorias. El reporte inicial indicó que el hombre tenía entre cuarenta y cuarenta y cinco años, de complexión regular, moreno y estaba descalzo. La dama tenía alrededor de 25 años y también era morena, "complexión regular, cabello largo y negro, asimismo traía puesta una blusa de tirantes de color guinda, pantalón de mezclilla azul y huaraches rosas".

Supieron que era él. Por eso le avisaron. Ella no iba a ir, eran muchos kilómetros y no podía ausentarse de su trabajo. Su hijo le anunció que iría, entonces ella supo que debía acompañarlo para que se despidiera de su padre en medio de los funerales.

El joven jalaba aire con los brazos y secaba sus ríos internos: torrenciales emanaciones de sal líquida. "Levántate", le gritaba "Levántate", le volvía a gritar. Y le insistía: "levántate, papá, no te quedes ahí". Y abrazaba la fría madera.

"Yo también me despedí. Lo único que le dije fue que no quería verlo así y que hubiera querido que nos perdonáramos, porque ambos nos hicimos mucho daño. Le pedí perdón porque así lo sentí. Pero la verdad ya no había amor", recordó María.

Ella viajó para estar en los funerales. Junto al ataúd sellado. Una compañera de trabajo supo de su muerte. Ella le platicó lo de los golpes, el balazo, los narcos y su estúpida venganza, la oreja volada y la nariz jalada hacia la izquierda. Su amiga la escuchó mientras veía la foto de él en vida. Volteó a verla y, de nuevo, lo vio a él en esa imagen.

"Estaba bien bueno tu marido, ¿por qué lo dejaste?"

12 de abril de 2013

Dos veces huérfano

—¿Te gustaría que nuestro hijo creciera sin papá, como tú?

Yordi agacha la cabeza. Tenía cuatro años cuando unos hombres armados entraron a su casa y mataron a su padre. Él no vio pero algunos de sus hermanos y su madre sí. Sara, su novia, quien tiene varios meses de embarazada, le reclama porque se va de antro, se emborracha. Teme que en una de ésas su malhumor haga que se pelee. Teme lo peor. Como si presintiera que algo malo se acerca y él, sin saberlo, apura sus pasos hacia lo funesto.

—La neta, no. No me gustaría. Está feo crecer así, sin papá. Querer platicar con él, desahogarme, y no tenerlo —respondió.

Entonces ofreció cambiar, dejar de emborracharse los fines de semana y convivir más con ella y ese embrión que ya saltaba en ese juvenil vientre. Sara se sobó la panza frente a él y lo invitó a hacer lo mismo. Sabía que su padre, un mecánico querendón, había jugado con él cuando era niño y que lo llevaba para todos lados. Pero sus recuerdos se hicieron gelatinosos y agrios: como en un pantano, su padre vagaba ya sin él y él se acordaba y se ponía furioso y acre, cancelaba todo en su boca y se enclaustraba, y el recuerdo aquel era como una rabia de silueta borrosa, de sombra de hielo, y en proceso de evaporación.

Le tenía coraje. Como si lo culpara de que él no tuviera padre, de sus silencios oscuros y el extravío que en ocasiones lo atrapaba, amarrado, fundido en sí mismo, ausentándolo por largos momentos: mirada abajo, cabeza gacha, la mente en una revolución sin sentido y en la que no carburaba más que episodios dolorosos en los que no había nada ni nadie. Páramos construidos de materia gris y nostalgia de figuras sin boca y sin sonrisas, brazos sin manos, ojos sin lóbulo ocular. Ausencia de todos y de asideros.

"Me va a servir para desahogarme. No he hablado con nadie de esto, ni con mis padres. Apenas le dije a mi amá que me iba a entrevistar un periodista que quiere contar lo que pasó entre nosotros, y se le llenaron los ojos de lágrimas. Y asintió. Yo también, por eso estoy aquí", señaló.

Quiere morder ese insomnio, antes de que ese pasado abra sus mandíbulas y la muerda a ella. La muerda más de lo que ya. No tiene intenciones de ocultar nada y menos a su hijo. Es la condición para que esos poros se abran, esa garganta vomite los ayeres del dolor y esa zona torácica se vacíe de latidos tantas veces negados y ocultos bajo la llave del no querer sufrir ni ver ni ejercitar la memoria. No perderá kilos con esos aerobics de nostalgia, pero sí tendrá menos peso su alma nueva, de combatiente azteca, ligera y limpia, que se apresta a luchar.

Sara trae un insomnio de tres días desde que supo que podría contar su historia, la de quien fue su pareja y el hijo de ambos. Le recomendaron no hablar por el dolor guardado y los riesgos de que una historia de asesinato y dolor la ponga en riesgo, quede en un papel de algún periódico o libro y luego se arrepienta por ella y los que están a su alrededor. A sus 21 años tiene una voz serena, puesta en el centro exacto de su vida y ese entorno de dificultades que ha sabido enfrentar. Ya no es la bachiller enamorada y en apuros por divertirse, atar sus dedos a los de él, traspasar a través de los momentos compartidos la vida nocturna, el juego y la diversión. Ella trascendió su uniforme escolar y su sonrisa de media naranja para encontrar amor y luego fecundar el óvulo y después avanzar apurada al firmamento, aunque éste, obcecado como suele ser, se alejara.

Conoció a Yordi en el autódromo de Culiacán, durante una fiesta. Él, de 23 años, de sombras insondables en los ojos y una voz tímida que dice "Mírame, aquí estoy." Ese episodio del homicidio de su padre le pesa como una losa y le alimenta las sombras.

"Eso le afectó. Siempre te afecta crecer sin papá, ¿no? No hay quien resista eso. Y aunque su papá fue bueno con él y lo llevaba para todos lados, lo paseaba, él respondía siempre 'Mi apá fue bien mamón.' Lo hacía con coraje y tristeza a la vez. Tampoco hablaba mucho de él", confesó ella.

Él, como ella, no acudieron al psicólogo para enfrentar sus penas. A ella le recomendaron eso sus padres. También refugiarse en la iglesia y tener asideros en medio de sus tormentas de ausencias. Pero ella ha preferido hacer clic a la cerradura, darle vuelta a la llave no para abrir sino para sacarla y guardarla. Bien guardada. Ahora no, ahora se abre y uno puede asomarse en el pecho de una joven que ve el firmamento, donde se incendian el mar, el cielo, y paren nubes rojizas, azules suaves, naranjas vivas, morados en pena. Lo ve y no parpadea. Lo ve y le dice "Aquí estoy." Y agrega un "Ya voy", decidida y empecinada. "Quiero vivir. Y quiero hacerlo con mi hijo."

Yordi le sacó plática. A ella no le pareció guapo, pero sí divertido. Un buen muchacho. A los pocos días la invitó a salir y muy poco después ya lo tenía en su casa. Se resistió a entrar al menos a la cochera, a pesar de las insistencias de ella. Los padres la regañaban porque se quedaban en la banqueta, parados, recargados en el barandal o las paredes de la fachada, conversando en largas jornadas nocturnas. Pero él se negaba, le daba pena. Y se justificaba: "Mi madre me enseñó a no andar en las casas de los vecinos, no molestar a nadie ni pedir nada." No quería andar de encajoso. Tímido y serio y cerrado, pero aceptó dar unos cuantos pasos meses después y a duras penas, a golpes de insistencia y quejas del padre hacia ella, en el sentido de que no quería que estuvieran en la calle si tenían casa y cochera y podían sacar sillas e instalarse en ese espacio de la casa.

Lo miraban con desconfianza. Tenía ese aspecto de gente de rancho, de "medio buchón", que se refiere a gente de la sierra, cercana a los narcos o que se dedica al narcotráfico. Matón, vendedor de droga al menudeo, consumidor. Pero él no era nada de eso, aunque su aspecto no le ayudaba en lo más mínimo.

"Me gustaba su físico, aunque no era así, guapo. Pero me inspiraba mucha confianza, platicábamos mucho y me contó cosas muy importantes, como que él las tenía bien guardadas y también yo le inspiré confianza… en pocos días me contó su vida", recordó Sara.

Tenía días visitándola y fue sorpresivo cuando se lo dijo. Le preguntó si quería ser su novia. Era demasiado rápido para ella, pero logró reponerse cuando él se lo planteó. Ella guardó silencio un momento, él acotó para expresarle que la pensara, que la iba a esperar. Dijo que iba a la tienda, a la vuelta, o quizá a la farmacia que estaba cerca, para comprarle dulces o lo que quisiera. Ella asintió y pidió chucherías. Cuando regresó no cejó.

—Me gusta mucho platicar contigo, ¿quieres ser mi novia?
—¿Es en serio?
—Claro, en serio. Piénsalo, después me dices.

Sara pensó en que ese joven era bueno, aunque quizá algo triste y callado. Mala onda no es, se respondió para sí como buscando convencerse. Cuando él regresó le soltó de nuevo.

—¿Ya lo pensaste?

Ella respondió que sí. Pero no desaprovechó para poner algunas condiciones. La más importante fue que tenía que visitarla y entrar a la cochera, sólo así conversarían. Y él aceptó.

Yordi cargaba una vida en pedazos. Unos trozos entre sus ojos, cuando llovía casi invisiblemente e insonoro. Una muerte a tiros lo rompieron por dentro y todo en su casa. Su madre se partía entre limpiar casas ajenas, en una tienda de una cadena de supermercados y en una gasolinera. Su padre seguía yacido en su recuerdo y envuelto en manchas rojas que crecían y crecían y aparecían en pisos pero también en paredes, sillón, comedor, estufa y techo. Su frente manchada. Su mirada marchita. Sus hermanos ausentes, uno en Estados Unidos, trabajando, y otro en Culiacán. Sus primos "andaban mal", lo que significa que estaban metidos en el narcotráfico, aunque se desconoce si en calidad de matones o distribuidores de drogas o cultivadores de mariguana. Pero estaban dentro. Y él no sólo se resistía, sino que había decidido no juntarse con ellos.

Ellos, solía decir, no son mis familiares. No tengo primos ni tíos, aunque de vez en cuando los nombre. Sólo mis hermanos y mi mamá. Ellos son mi familia. Era todo lo que tenía.

"Era celoso y machista, eso no me gustaba. Siempre quería tener la razón, imponerse sobre mí y eso como que no. No era de ir a lugares, de salir a pasear, al cine. Siento que poco a poco, con la convivencia, con mi forma de ser y lo que a mí me enseñaron mis padres, en mi casa, lo fui haciendo sociable. Porque, como te digo, no quería ni ir al cine. Para él salir era ir a los tacos de la vuelta… pero luego fue cambiando, lo fui cambiando, y entonces sí quería, sí aceptaba. Bastaba que yo le dijera 'vamos a…' y él aceptaba."

Su ambiente era ese: drogas, narcos, armas. Y él se negaba. Sus amigos eran adictos a la cocaína y cuando consumían frente a él los regañaba y aconsejaba. Llegó a decirles que se fueran a otro lado o que mientras siguieran en eso no lo buscaran. Se arrepentían y volvían. Le agradecían que los aconsejara y volvían al ruedo: a salir a dar la vuelta, a los antros y pistear.

Era muy trabajador. Se dedicaba a instalar, reparar y darle servicio a los portones eléctricos. Laboraba con un señor que era adicto al alcohol. Y él realizaba los servicios y cuando tenía mucho trabajo no pensaba en la cerveza o en las salidas. Terminaba como su alma: destrozado, partido, con dolores. Y se echaba a dormir.

Ella preocupada. Aunque no era muy regular en sus periodos, dos meses sin menstruación la tenían cavilando: él, ella, lo que tenían los dos… ¿tres? Ambos acordaron hacerse la prueba de embarazo, que él adquirió en la farmacia. Positiva. Ella le subió dos rayitas a su preocupación. Él contento. Se puso feliz y su boca por fin flo-

CAPÍTULO IV. EL LUTO HUÉRFANO

reció al dibujar una sonrisa. Músculos faciales ejercitados. Endorfinas. Rostro luminoso. Cachetes chapeteados.

Ella pensó en lo que dirían sus padres y en sus estudios de segundo año de preparatoria, en el Colegio de Bachilleres (Cobaes) número 26, ubicado en un céntrico sector de la ciudad. Él le sugirió que les contara a sus padres antes de que éstos se percataran de los cambios en el cuerpo de ella. Ella se negó. Él insistió y propuso que él les diría. Ella volvió a negarse. Hay que esperar.

Unos parientes invitaron a los familiares a un viaje. No todos pudieron ir, porque no podían dejar trabajos ni escuela. Sólo aceptaron acudir Sara, su hermana menor y su padre. Sara recordó que siempre que viajaban en automóvil le daba por vomitar y marearse. Ésa sería su coartada.

De Mazatlán a Nayarit. Playas, sol, carreteras y diversión. Y empezaron los mareos y vómitos. Su padre le anunció que le compraría pastillas para evitarlos y así lo hizo. Ella fingió tomárselas. Por supuesto, los achaques siguieron. Combinó sus malestares con mensajes de texto a Yordi a través de su celular. Él preguntaba, insistente, si ya le había dicho a sus padres y ella que no. En eso se le acabó el saldo. Lo único que se le ocurrió a ella fue pedirle el teléfono a su papá, confiada en que los iba a borrar y que además él no los abriría, no sólo porque es discreto, sino porque desconoce cómo usar el aparato.

"¿Ya se te nota la panza?", preguntó él.

Varios días pasaron hasta que su padre la despertó. Ella en su recámara, todavía con sueño, esa mañana. Levántate, le dice. Tenemos que platicar. Entra la mamá después y tras ella él. Se sientan en la cama y se miran. Ella sabía lo que venía pero esperó a que ellos iniciaran la conversación.

¿Por qué no nos habías dicho nada? Preguntó la mamá. Y se puso a llorar. Sara en silencio, mirándolos apenas. El papá serio. Trató de consolar a su esposa con un "Ya no llores", y agregó que había que aceptar lo que estaba pasando y que iban a apoyar

216   CON UNA GRANADA EN LA BOCA

a su hija en todo lo que fuera. Tenemos que salir adelante, manifestó. Sara los escuchó, siguió seria y agregó a su estado anímico algo de vergüenza por no haber tenido el valor de decirles antes de que se dieran cuenta, pues el padre, por accidente, había dado con los mensajes enviados entre su hija y Yordi durante el viaje a las playas de la región.

Vamos al médico, ordenó el padre. Tomaron ropa y las llaves de la camioneta. Acudieron al área de ginecología, del Hospital Civil de Culiacán, muy cerca de dónde vivían. Le hicieron una prueba más de embarazo, con lo que todos confirmaron –y la joven reconfirmó– que efectivamente estaba preñada. Y les informaron: es niño. El padre, de alrededor de 40 años, sonrió, pero se esforzó en no hacer de la noticia una fiesta en su rostro.

Cuando Yordi supo de las novedades, se apuró a encarar a los padres. Les dijo que podían vivir juntos y también ofreció casarse con Sara. Los padres advirtieron que no tenían que hacerlo, pues el embarazo entre dos adolescentes no tenía que convertirse necesariamente en matrimonio. Les sugirieron esperarse, que cada uno viviera por su cuenta, en su respectiva casa, y trabajar todos por la salud de Sara, su nutrición y tranquilidad, y por el bebé que venía.

"Mejor cada quien por su lado y cuando nazca el bebé ya veremos", sentenció la madre de Sara.

No lo voy a abrazar

El bebé nació en 2009, un 28 de diciembre, Día de los Inocentes. Entre las cinco y las seis de la tarde. La puesta de sol, el astro que regalaba incendios entre el cielo y el mar y la tierra en el horizonte de la capital sinaloense ese fin de año, dejaba mapas rojos y anaranjados, azules y grises y blancos, en el firmamento.

Fue en el Hospital de la Mujer. Él le había dicho que no quería agarrar al bebé cuando naciera, que mejor se iba a esperar: temía que se le quebrara en brazos, como ese ser interior suyo, herido, mutilado, silente y lleno de puertas bajo llaves y candados. Como si quisiera evitar con eso sembrar en ese nuevo ser una suerte de maldición que él padecía o parecía sufrir. No contaminarlo, no salpicarlo del sinfín de soledades y tristezas que lo colmaban todo en su vida. No resquebrajarlo, sino encenderlo para siempre, con su ausencia. Por eso no acudió a verla, a pesar de que supo de los primeros dolores de parto, cuando la encamaron y cuando ese niño asomó y se encandiló de tanta luz exterior.

Fue hasta el día siguiente. En contra de las condenas autoimpuestas, lo vio y lo saludó por su nombre. Lo tomó en brazos y platicó como si aquella criatura de apenas un día de nacida le entendiera. Gestos de adormilamiento, dedos como alambres carnosos, rosas y frágiles. Muecas en la cara. Ojos extraviados. Se estiró y él siguió hablándole, mientras lo sostenía entre los brazos.

"Iba blanco, blanco. Todo sucio, lleno de polvo. Blanco, como si se hubiera bañado de cal. Venía del trabajo y ni se bañó, así como andaba, instalando un portón no sé dónde, así fue a vernos al hospital. Yo le dije 'Primero báñate' pero él no me escuchó. Tomó a nuestro bebé y le empezó a hablar. Yo pensé 'Mira éste, no que no lo quería abrazar', pero estaba contento, emocionado. Y hasta nos tomó una foto… él, que no sabía hacer cariños, que no estaba acostumbrado a que se los hicieran. Estaba ahí, contento y emocionado", recordó Sara.

Voy a cambiar

Sara sentía coraje: no cambiaba, seguía yendo a pistear con sus amigos los viernes a los antros de la ciudad. Ella le preguntó una y otra vez, insistentemente, qué pretendía si tenía una responsabilidad con ella y como papá, después de haber nacido su hijo.

"Yo le dije que no tenía caso estar así. Me amargué por verlo salir cada fin de semana, de vago, y yo con el niño, cuidándolo. Fue cuando le anuncié que me iba con mi mamá y que él se quedara en casa de sus padres, donde vivíamos en ese momento, porque parecía que él no quería asumir responsabilidades", señaló.

Él no lo aceptó. Luego de una breve discusión prometió cambiar. Pero bastaron un par de viernes para que de nuevo pisara los antros y se embriagara. Sara recuerda que lo amaba entonces, como ahora, pero que había acumulado coraje por las promesas incumplidas, aunque en general, a pesar de eso, se llevaban bien como pareja.

"Sabía que tarde o temprano le pasaría algo así, por su carácter, porque era muy agresivo, y por cualquier cosa podía pelear." Ella habla sin haber frecuentado mucho estos centros de diversión, llamados antros, pero ha leído en los periódicos los casos de jóvenes muertos a balazos dentro y fuera de esos lugares, ya sea por discusiones o ajuste de cuentas.

Viernes tenía que ser

Era 28 de octubre de 2011. Ese bebé ya tenía un año y seis meses. Saltó de la cama a las cinco de la mañana pues tenía la encomienda de instalar un portón, y había dedicado días a adquirir material para terminar la obra. Era viernes. Consiguió que sus suegros le prestaran la camioneta y, a media mañana, estaba regresando para desayunar.

Salió media hora después para continuar con sus labores, no sin antes pedirle a Sara que cocinara lonches para él y los jóvenes que estaban trabajando en la obra. Ella decidió preparar varios burritos de carne machaca. Para la cena, hizo tacos dorados. Él llegó y ella le ofreció tres tacos. Se sentó en la mesa y con una rapidez insólita se levantó sin llevarse nada a la boca porque, según dijo, tenía que llevar a uno de sus ayudantes y entregar la camioneta. Iba cansado y sucio. Regresó minutos después y pidió que no le dieran cena, que iba a bañarse para echarse a dormir.

Sara subió y lo encontró acostado, pero a lo ancho de la cama. El bebé estaba ahí, tendido también y dormido. Ella ofreció mover al niño para que él se acomodara mejor pero éste no contestó. Se quedó serio, tendido, mirando a ningún lado, sin hablar. Ella bajó para acomodar algunas cosas y limpiar un poco antes de subirse a dormir, cuando escuchó pasos en el piso de arriba. Subió y lo vio saliendo del baño, cambiándose de ropa y perfumándose para salir.

"Le pregunté: '¿Vas a salir?' No sentí coraje, la verdad. Pero para mí era el colmo y se lo quería decir. Recuerdo que a pesar de mi insistencia no contestó. Abajo, en la sala y muy cerca de la puerta que da a la calle, estaba sentada su madre y afuera, para que no me diera cuenta, estaba un muchacho esperándolo... subió hasta donde yo estaba, me dio un beso y dijo: 'Al rato vengo, gorda.'."

Sara bajó y su suegra le preguntó si le había dicho a dónde iba, y respondió que no. Subió a acostarse y ver *Telehit*. El bebé a un lado, plácidamente dormido. Ella apagó y prendió el televisor varias veces, no conseguía dormir. La preocupación la carcomía: él afuera, en la calle, emborrachándose con sus amigos, expuesto al peligro de la vida nocturna en una ciudad que muchos consideran una de las más peligrosas del país. Cerca de la medianoche, al fin se durmió.

Alrededor de las tres y media de la madrugada escuchó gritos. Su suegra lloraba. Ella abrió los ojos y sintió no haber dormido nada. Sabía que algo malo pasaba. Se quedó recostada. Afuera, en los pasillos, la calle, el otro dormitorio, la señora gritaba "¡Ay, mi hijo!" y Sara se quedó ahí, mirando el techo de la recámara, junto al bebé, quien despertó por el barullo.

"Yo sabía que algo malo sucedió. Primero pensé que se trataba de Yordi, pero nunca pensé que se tratara de su muerte. Salgo, voy al cuarto de mi suegra y ella sigue gritando. Pregunté qué pasó y nadie contestó... alguien me dijo que al ratito me informaría mi cuñado. Pero cuando la señora gritó '¡Me mataron a mi hijo!', entonces supe que era él. Que había muerto."

Entonces sí, el bebé se puso a llorar. Estaba muy inquieto, llore y llore. Pero Sara, sabiendo la desgracia, no podía derramar lágrimas y se quedó quieta, como en estado de *shock*. El joven que había salido con él horas antes de su casa empezó a gritar desde fuera: "¡Hijos de su puta madre, con cinco minutos que lo dejé solo le pasó eso!"

Ella corrió a verlo. Traía la camioneta en que habían salido esa noche a divertirse y presumió que en ella venía su Yordi muerto. Quiso verlo pero no la dejaron. Y empezó a insultar al joven aquel. Le llamó a gritos pendejo y le reclamó que lo hubiera llevado hasta su casa, en lugar de trasladarlo a un hospital para que fuera atendido por médicos.

Al fin decidieron llevar el cadáver al nosocomio, donde confirmaron que Yordi, de 23 años, había muerto debido a las heridas de bala.

El diario *Noroeste,* en Culiacán, publicó el 30 de octubre:

"Un joven del fraccionamiento Santa Elena perdió la vida cuando recibía atención médica en el Hospital Civil, a donde fue llevado luego de que un grupo de hombres, con quienes supuestamente discutió en un antro de la Isla Musala (y) le dispararon a quemarropa a las afueras del centro de diversión. Datos proporcionados por agentes policiacos que atendieron el llamado de auxilio hecho por personal del nosocomio indican que el ataque se registró aproximadamente a las 3:50 horas, a las afueras de una discoteca ubicada por la avenida Cancún, en la zona comercial de la Isla Musala. Al parecer la víctima se encontraba comiendo en una carreta de hotdogs hasta donde llegaron varios sujetos quienes sin mediar palabra sacaron un arma de fuego con la que disparararon en al menos siete ocasiones. Luego de cometer el mortal atentado, los delincuentes se retiraron de la zona donde curiosos auxiliaban al baleado, quien fue trasladado a las instalaciones del Hospital Civil en un vehículo particular, donde minutos después dejó de existir debido a las múltiples lesiones de proyectil de arma de fuego que presentó en su cuerpo. Testigos del hecho indicaron a policías que presuntamente el afectado sostuvo una riña con sus agresores dentro del centro de diversión, mismos que se salieron del lugar y esperaron que el joven saliera para atacarlo a balazos."

Pero otras versiones señalaron que el homicidio había sido dentro del centro nocturno, luego de una discusión en el área de los baños. Ahí mismo, frente a otros desconocidos, lo ultimaron a tiros. Además, confirmaron que el joven ya había muerto cuando fue llevado al hospital.

Luego del homicidio, informaron funcionarios de la Procuraduría General de Justicia del Estado, hubo otros asesinatos aparentemente relacionados con éste. Pero la versión no fue confirmada oficialmente ni forma parte de las indagatorias, escasas, por cierto, que realizó el personal de la agencia del Ministerio Público especializada en homicidios dolosos.

En total, indican versiones cercanas a las indagatorias, participaron en este asesinato tres homicidas. De ellos no se supo más. Al menos en las páginas de los periódicos ni en las nimias investigaciones realizadas.

No es cierto

Sara no salía del todo del estado de *shock*. Ya en casa de sus padres, hasta donde la habían llevado luego de que la casa de los padres de Yordi parecía cárcel, funeraria y hospital al mismo tiempo, por tantos gritos y reclamos, confusiones y lamentos increpantes. Lloraba en silencio, sin aceptar plenamente lo que sucedía a su alrededor, ni siquiera cuando su cuñado le llamó por teléfono para que le diera un cambio de ropa para vestir el cadáver y prepararlo para las exequias.

En la funeraria lo veía y volvía a verlo. No es él. Su hijo abría los brazos, apuntando hacia el cielo, para que lo subieran y poder ver a su padre. No sabía qué pasaba a su alrededor, pues apenas tenía un año con cuatro meses. Y si hacía esos movimientos con manos y brazos y no le hacían caso, jalaba a quienes estaban a su alrededor, a los abuelos, la joven viuda o a quien identificara, para que lo llevaran hasta el ataúd para pronunciar ese bisílabo que marcó tantas ausencias y tan multiplicadas: "Papá."

Parecía querer traspasar el cristal, abrir la pequeña ventana y abrazar a ese que no abría los ojos ni se movía ni contestaba sus llamadas. "Papá, papá." Lo apuntaba con el dedo índice.

Ahora le enseñan fotos y lo llama. Le lleva globos a su tumba, en un panteón de la localidad y en marzo de 2012 preguntó por primera vez dónde estaba su padre, ese que le gritaba cuando llegaba y lo abrazaba y apenas alcanzó a jugar unos cuántos meses con él: borroso, casi deleble en su memoria, pero presente y congelado en esas fotografías del álbum que alcanzó su madre a llenar durante esos cerca de dos años de relación amorosa.

"En esa ocasión me preguntó que dónde estaba su papá, dónde vive y dónde tiene su casita; entonces entre mi mamá y yo le dijimos que estaba en el cielo y que su casita era el cementerio, en ese lugar donde le habíamos ido a llevar globos. Fue algo normal, así, como si nada, no se puso triste", recordó Sara.

Poco tiempo después preguntó cómo habían matado a su papá. Ellos no se explicaron de dónde había sacado eso. Rápido cambiaron de tema. Tu papá está en el cielo, insistieron. Pero si algo ha molestado e incomodado a Sara es que su hijo llamé papá a quien es su abuelo. Ella insiste, lo corrige. Su padre interviene y le recomienda que lo deje. Al final logró que lo llame abuelo, en lugar de padre. De todos modos, recordarlo, mencionarlo, a ella le produce coraje, frustración y desaliento.

Tanto era el sabor acre en su mirada, en ese pecho que no suelta las amarras y esa realidad como loza que todavía no terminaba de caer en su cabeza y sus adentros, que pensó que Yordi le iba a llamar al celular para avisar que enseguida iría a comer, que preparara algo de alimento para llevar a la obra. Que todo aquel pandemónium era pesadilla, mentira, un zarpazo de la no realidad: mal rato, mal viaje, mal sueño.

Al rato me va a llamar. Me va a decir "Es mentira que he muerto. No es cierto. Gorda, prepárame unos burritos, ya voy para allá." Pero nunca llegó.

Todo pasa

Alguien le recomendó a Sara que lea el libro *Todo pasa y esto también pasará*. Le han dicho que es para vivencias como la suya, que ante la muerte ella tiene que desahogarse, vivir el duelo. Y despedirse. Lo empieza a leer pero no pasa de una página. Le da coraje, le duele. Lo intenta una y otra vez. No llora. Esas lágrimas no se paren, son invisibles e internas.

"Empiezo a ver lo que pasó, lo que está pasando. No puedo. Me gana el coraje. Lo cierro."

Su padre le advierte que está trasladando ese coraje al niño, en su trato, pero ella quiere enseñarle, disciplinarlo sin ser dura y sin consentirlo. Ahora tiene dos años y todo habla. Sazón, de lenguaje fluido, imponente y asombrosamente inteligente. Dicen que tiene gestos de su padre, los más duros. Lo mismo que su carácter. Es muy sano, rara vez se enferma. Tampoco es llorón.

En ocasiones les gana la nostalgia y se desahogan frente a él. Pero el niño se pone serio y les dice que no lloren. Y hasta los regaña. Sara cuenta que uno de sus cuñados, más de dos años después, llamó a su madre desde el extranjero. Lloraba y las palabras se le amontonaban con saliva, mocos y lágrimas. Sonidos guturales. Torbellino y tornado en esa garganta, entre su lengua, boca, labios y paladar. Cuando por fin pudo hilar y dijo que no se había dado cuenta que su Yordi, su hermano menor, había muerto. Lo dijo como si fuera un anuncio. Sus palabras salieron como roca volcánica, porosa y al mismo tiempo pesada. Los vocablos hicieron mella, orificios, en ese accidentado diálogo. Los suelos de ambos lados de la línea telefónica se estremecieron. Cimbra del dolor por las ausencias. Terremoto y desolación.

A ella le pasó igual. Yordi ha muerto. Lo mataron. Pronuncia quedo. No quiere ir a terapia. Conserva el coraje, el resentimiento. Tanto que le dijo que dejara los viernes de antros y el alcohol y la vida nocturna. Porque ella lo sabía o al menos lo presentía, porque él era de pocas pulgas y rápido se subía al ring de los pleitos. Porque esa infancia de muerte de su padre, de parientes narcos o pistoleros, y de amigos drogadictos, lo habían marcado con la cruz de la muerte y los orificios de la guadaña en forma de proyectil disparado por un fusil automático. Ella lo sabía y se lo dijo. Y no pudo convencerlo ni detenerlo. Culpa, rencor, sabor acre en su boca. Ojos secos que no cantan, con un llanto que se cristaliza y no emerge. Un llanto silente, de dos, tres lágrimas. Un llanto interno.

Y por eso el insomnio y los borbotones que su boca y esos ojos no sacan. Sabe que debe desahogarse, soltar amarras, abrirse toda y exponerse a la lluvia de esa ausencia. De su Yordi muerto.

Ella quiere seguir estudiando y está a punto de concluir la preparatoria. Ha conseguido un nuevo trabajo y pretende seguir en las aulas. Quizá cosmetología, para poner uñas postizas, pintar el pelo, hacer peinados, lo que le permitiría contar con más ingresos, aunque le gustaría estudiar la licenciatura en nutrición, en la Universidad Autónoma de Sinaloa.

Sabe del Culiacán violento, que suma cerca de 400 homicidios dolosos en apenas cuatro meses de 2013. De la cocaína a la mano, los punteros o halcones en las esquinas, la amenaza del narco y de los malos dentro y fuera del gobierno, que son los que mandan. Sabe que no hay gobierno. Sabe, y le duele, porque no hay opciones. Estamos rodeados, parece decir su mirada de otoño: a sus 23 años tiene un hijo maravilloso y una viudez como fardo.

"Me hubiera gustado que creciera con papá y mamá. Pero sé que de todos modos la vida es difícil, se hubiera criado en condiciones muy difíciles. Quizá tendría otras influencias, no las que tuvo Yordi. Otras, mejores. Que se divierta sanamente. Que viva sin violencia… no me gustaría que agarre vicios de grande."

—¿Qué futuro quieres para tu hijo, en medio de tanta violencia?
—El mejor.

1 de mayo de 2013

Órdenes del jefe

—¿Cómo te llamas? —es la voz de un hombre. Habla fuerte y seco. Habla como si golpeara con la voz. Cada sílaba y sonido. Martillazos óticos.

—Yesenia Armenta Graciano.

—¿A qué te dedicas?

—Ama de casa.

—Y tu esposo, ¿cómo se llama?, ¿sabes por qué estás aquí?

—No.

—Te haces pendeja. ¿Cómo se llama tu marido?

—Jesús Alfredo Cuen Ojeda.

—¿Y él, dónde está? –pregunta y sube el tono.

—Está muerto.

—¡Lo mandaste matar, hija de la chingada! –el hombre le pega con la mano extendida en la cabeza.

Él es un agente de la Policía Ministerial del Estado.

Ella es la viuda de Alfredo Cuen Ojeda, muerto a tiros el 2 de julio de 2012 cuando se disponía a abordar su automóvil, estacionado en Paseo Niños Héroes, también conocido como "malecón viejo", en un céntrico sector de Culiacán. La culpan de haberlo mandado matar.

Alfredo fue director de Deportes de la Universidad Autónoma de Sinaloa (UAS) y es hermano de Héctor Melesio: exrector de esta institución educativa y exalcalde de Culiacán. Poderoso e influyente. Su más reciente logro fue conformar el Partido Sinaloense (PAS), alimentado sobre todo con jóvenes estudiantes y maestros de la casa de estudios.

Héctor Melesio quiere ser diputado local o federal, o senador. Ya aspiró y fue precandidato a gobernador. Seguro lo intentará de nuevo: ser gobernador. Ser todo.

Amenazas de muerte y de abuso sexual de familiares cercanos, ahogamiento, golpes, desnudar y hacer sentir al detenido que está en lo alto de un puente y que si no confiesa lo van a dejar caer: son algunas de las "técnicas" de tortura de los agentes de la Policía Ministerial del Estado para obligar a los aprehendidos a que se declaren culpables.

Los organismos defensores de los derechos humanos difieren sobre si la tortura va o no a la alza, pero coinciden que es en casos de alto impacto, cuando la víctima es un personaje importante de la comunidad o de alguno de sus familiares, cuando este delito cometido por servidores públicos se dispara con el mismo o mayor escándalo que el crimen que los agentes dicen investigar y pretenden esclarecer.

Datos de la Comisión Estatal de Derechos Humanos (CEDH) indican que 2008 fue el año con más casos de tortura en Sinaloa, al sumar veintiún quejas, de las cuales se emitieron seis recomendaciones. La cifra bajó a diecisiete quejas en 2009 y cinco recomendaciones, catorce quejas en 2010 y una recomendación. En 2011 fueron diez quejas y una recomendación, y trece en 2012, con tres recomendaciones.

En total, en estos años fueron setenta y cinco las quejas interpuestas por ciudadanos en contra de diferentes corporaciones policiacas, de las cuales se emitieron dieciséis recomendaciones. En lo que va de 2013 se tiene una recomendación —referente al caso de Yesenia Armenta Graciano, acusada del homicidio de Alfredo Cuen Ojeda, y de los trece expedientes que quedaron en el 2012, cuatro fueron concluidos y nueve están en trámite.

Juan José Ríos Estavillo, presidente de la CEDH, aseguró que de aproximadamente mil quejas, el año pasado sólo se realizaron tres recomendaciones, de trece casos donde consideraron que había indicios para presumir que se había cometido tortura.

"No es elevada la incidencia, al contrario, ha venido bajando. Ya no es una constante en los procesos de investigación de la gran mayoría de los delitos, ahora sólo en hechos muy significativos, asuntos muy particulares. Pero es grave, eso es real. Es grave porque en el léxico de los derechos humanos hay hechos violatorios que son graves, tanto que la Organización de las Naciones Unidas (ONU) conminó a suscribir un acuerdo internacional conocido como Protocolo de Estambul", sostuvo.

Este protocolo, agregó, representa la unificación de criterios de las áreas médica, psicológica y jurídica, y en el caso de México sólo la Comisión Nacional de Derechos Humanos (CNDH) puede practicarlo, como pasó con Yesenia Armenta.

Además del caso de la viuda de Cuen, que motivó la recomendación del 25 de febrero pasado, la defensa de Juan Carlos Cristerna Fitch –único detenido en el caso de la catedrática de la Universidad Autónoma de Sinaloa, Perla Lizet Vega Medina, asesinada a cuchilladas en el interior de su casa, en mayo de 2012–, alega que éste fue torturado por los agentes ministeriales en sus dos capturas, cuando lo mantuvieron cautivo en calidad de "presentado" y luego como aprehendido, acusado formalmente del homicidio.

En noviembre de 2012, de acuerdo con una nota publicada por *La Jornada,* el presidente de la Comisión Nacional de los Derechos Humanos (CNDH), Raúl Plascencia Villanueva, dijo que la característica del gobierno de Felipe Calderón –que concluyó en diciembre de ese año y se caracterizó por impulsar la "guerra" contra el narcotráfico– fue el incremento en la violación de las garantías individuales, ya que los casos de tortura crecieron 500 por ciento y aumentaron de forma exponencial las desapariciones forzadas y las detenciones arbitrarias.

En un informe rendido ante senadores, dice la nota de los reporteros Andrea Becerril y Víctor Ballinas, del diario *La Jornada,* el ombudsman señaló que del 1 de enero de 2005 al 31 de julio de 2012, la CNDH recibió 5 568 quejas en las que se imputó a la autoridad el incumplimiento de algunas de las formalidades para la emisión de órdenes de cateo o durante la ejecución de éstas, así como para las visitas domiciliarias.

Informó que se investigan 2126 casos de desapariciones forzadas y se tiene registro de 24 091 personas reportadas como extraviadas o no localizables. En los últimos cinco años –precisó– se emitieron doce recomendaciones por estos hechos.

Otra práctica recurrente que realizan los diversos cuerpos de seguridad pública son las detenciones arbitrarias, resaltó Plascencia Villanueva: de 2005 a la fecha, la CNDH recibió más de nueve mil quejas por este rubro, lo que significa un incrementó de 121 por ciento en dicho periodo, lo cual nos da una idea clara de la dimensión del problema.

Eslabones de terror

I

—¿Por qué te declaraste culpable? –le preguntó un abogado a un joven detenido.

—Ya no aguanté, licenciado.

El detenido estaba en manos de agentes de la Policía Ministerial en el municipio de Navolato. Lo tenían en una zona deshabitada. Ahora sí, le advirtieron, te vamos a quemar. Rociaron gasolina alrededor de él. Tenía los ojos vendados y varios guamazos en abdomen y espalda. Le prendieron fuego a la maleza. Él se puso histérico, pero no reconoció el delito que le imputaban.

El abogado, quien pidió mantener en reserva su identidad, recordó que su defendido le relató el clímax: los agentes hablaron entre ellos, reclamándole que no confesara. Entonces uno le ordenó a otro que trajera a la niña, dijo que también la quemarían. El detenido preguntó a qué niña, y le respondieron que su hija, que la traían en la cajuela, amordazada y con la cara tapada.

"No. No, por favor. Díganme dónde firmo", fue su respuesta. Y se puso a llorar.

Eso fue hace alrededor de dos años. Y sigue preso por el delito de homicidio en el penal de Culiacán.

II

En 2012, un joven había sido detenido varias veces por robo. Ocho detenciones, sumaba. En esa, la octava y última, los agentes del Grupo Élite descubrieron que tenía una orden de aprehensión. Lo llevaron a la zona conocida como La bajada del río, en Navolato. Lo metieron a una casa abandonada, lo desnudaron, acostaron y amarraron, y le pusieron la chicharra en los genitales.

"El bato no aguantó –contó un familiar– y sí, es malandrín, andaba de vago y todo, pero para que le hagan eso, pues ya es otra cosa. Cuando le pusieron la chicharra en los huevos les pidió que mejor lo mataran."

Este caso fue durante los primeros dos meses del año pasado. Pero la gente no quiere hablar. Saben que los policías tienen toda la información, que pueden volver y que así como abusaron y los golpearon y torturaron, no hay castigo. Así, igual, pueden volver.

III

A un detenido en la ciudad de Los Mochis, municipio de Ahome –ubicado a cerca de 200 kilómetros al norte de Culiacán–, lo acusaron de secuestro. Lo golpearon cuanto quisieron, a capricho y gusto de los uniformados. Al final le mostraron fotos de su esposa e hijos. Le dieron datos de su domicilio e información personal. Y le anunciaron: "Vamos a ir por tu esposa, para violarla."

En otros casos, los agentes amenazan con matar, levantar, quemar a los detenidos y a sus familias. Los colocan en el filo de cualquier superficie: una mesa, un escalón. Cualquier desnivel es bueno. Le dicen que están en lo alto de un puente o un edificio, que lo van a aventar para que parezca un accidente, si no se hace responsable de los delitos que le imputan.

Otros recursos son colocarles una bolsa en la cabeza y asfixiarlos, o bien un trapo mojado en la cara y empiezan a verter agua para que el detenido se ahogue.

Complicidad

Para Leonel Aguirre Meza, presidente del organismo no gubernamental Comisión de Defensa de los Derechos Humanos (CDD-HS), no es casualidad que todos los detenidos en casos de alto impacto —en los que hay línea de las autoridades, desde el gobernador hasta el procurador o el jefe de la policía, de esclarecerlos—, aleguen que fueron sometidos a tortura.

"No todos los investigadores torturan, claro. Pero sí te puedo decir que cuando ésta se da hay complicidad del Ministerio Público, del defensor de oficio y de los jefes de la policía. Siempre encontrarás que las confesiones van firmadas por el defensor de oficio, que por cierto nunca defiende al inculpado", comentó.

Recientemente, agregó, los ministeriales han incurrido en prefabricación de culpables: informan que la persona a la que fueron a buscar para cumplir una orden de presentación girada por el Ministerio Público, se retiró voluntariamente y sin problema alguno, después de declarar ante el fiscal, "pero lo cierto es que los mantienen incomunicados, en casas de seguridad, y los presentan hasta que los torturan y confiesan".

En apenas tres meses de 2013, este organismo ciudadano lleva al menos seis casos de tortura en contra de las corporaciones de seguridad y doce el año pasado "y ésos son de los que sabemos, los que nos llegan, y nadie, nadie, ninguna autoridad investigó al respecto".

De arriba

"La tortura viene de arriba, no del policía", afirmó un agente investigador, adscrito a uno de los grupos especiales de la Policía Ministerial.

Asegura que ya no es tan escandaloso y que ahora se cuidan los golpes. Para él, la efectividad, la siembra y cosecha del terror en el detenido, está en el impacto psicológico que le causa estar desnudo ante ellos, vendado, amarrado, acostado, a merced de sus captores.

Afirmó que todos los grupos especiales encapuchan a sus detenidos. Todos lo hacen. El método incluye amarrarlos con cinta adhesiva color café, mejor conocida como "cinta canela", y después viene lo fuerte: el taladro en el cerebro que producen las referencias a la familia y otros recursos.

Le permiten que vea un poco, abriéndole parcialmente la capucha o vendas, para que vea fotos: son sus hijos, sus hermanos y hermanas, la esposa. Le anuncian que los van a matar. Pueden ahogarlos con agua, pero "lo fuerte es que los amenaces con to-carle a la esposa, los hijos, cuando les cortas el cartucho del arma al oído. Ellos entonces tiemblan. Ahí está lo cabrón".

El agente reconoció que la viuda de Alfredo Cuen, acusa-da de su homicidio, fue desnudada, aunque él no participó en ese caso. Para los organismos de derechos humanos, de acuerdo in-cluso con criterios marcados a nivel internacional, el hecho de que las desnuden implica agresión sexual. No importa que no haya contacto físico. Y con eso basta para ser considerado tortura.

"También llaman por teléfono y les ponen a alguien del otro lado de la línea que coincida con la voz del hijo o la hija, de la esposa. Obviamente esto está bien preparado, se conocen pre-viamente edades, otros datos, para que parezca real."

Para él, los detenidos confiesan con una rapidez impre-sionante con estos métodos. Pero uno de los que más efectividad tiene es hacerlos sentir que están en lo alto de un puente y que los van a dejar caer. "Va a parecer un accidente, les decimos. Y eso hace que en caliente hablen."

Bienvenida al infierno

En un reportaje publicado por Gabriela Soto, en el periódico *Río-doce*, Yesenia Graciano habla de sus tormentas. Y las tormentas aparecen en sus ojos, en esa piel maltratada. Todo en ella es gris y triste. Parece haber regresado de un campo de concentración nazi, de la Segunda Guerra Mundial:

"La pesadilla más recurrente es que a mi hija, Ana Luisa, le duele mucho la cabeza, y que cuando la llevo al doctor, le hacen una cortada, como que la van a operar, y le brota demasiada agua de la cabeza", sostuvo.

La mujer de 36 años de edad cuenta las secuelas derivadas de aquel inmenso dolor que recorrió su cuerpo cuando fue detenida y torturada por agentes investigadores de la Procuraduría General de Justicia del Estado, según concluyen los dictámenes emitidos por la Comisión Estatal de los Derechos Humanos en Sinaloa (CEDH) y el Colectivo Contra la Tortura y la Impunidad, AC (CCTI), que aplicaron el Protocolo de Estambul a la detenida, en el penal de Culiacán, ante las denuncias de tortura sufrida durante su aprehensión y posterior reclusión.

Recordó aquellos golpes propiciados por unas manos extendidas que azotaron ambos lados de su cabeza y afectaron la capacidad auditiva del lado izquierdo. También los puñetazos recibidos en su pecho, abdomen, glúteos, espalda. La asfixia por momentos o el exceso de agua en su rostro, que le provocó perder el conocimiento quién sabe cuántas veces.

Desde hace ocho meses, Yesenia no concilia el sueño, sus pesadillas siempre son violentas. Teme a los hombres armados, desde aquel 11 de julio de 2012 cuando fue sometida al yugo de la "justicia institucional", que indujo a la firma de su confesión acusatoria como autora intelectual del asesinato de su esposo, exdirector de Deportes de la Universidad Autónoma de Sinaloa, Alfredo Cuen Ojeda.

Juan José Ríos Estavillo, presidente de la CEDH, manifestó que un asunto es el proceso penal que siguen jueces, con la participación de la Procuraduría General de Justicia del Estado y la defensa del inculpado, para determinar si es o no inocente, y otra es si se incurrió o no en tortura.

Dijo que el juez penal que lleva el caso de Yesenia Armenta no ha considerado la recomendación que por tortura giró la

CEDH a la PGJE y que no fue aceptada por ésta. Pero sí el Juzgado Tercero de Distrito, que pidió información al organismo sobre esta recomendación, ya que aparentemente la defensa está promoviendo un amparo.

"La autoridad en materia de si hay o no tortura, que es nuestra comisión, ya dijo que sí hubo tortura. Y si el juez valora esto es su decisión para el proceso. Pero desde mi punto de vista, la reforma constitucional del Artículo 1°, del año 2011, lo obliga", señaló.

La reforma indica que todas las autoridades tienen la obligación de promover, respetar, proteger y garantizar los derechos humanos.

Respecto a la respuesta de la procuraduría local, el ombudsman afirmó que la función de la CEDH es conminarlos a que acepten la recomendación emitida en este caso, pero independientemente de esto "si acepta no es patente de corso para decir que con esto el detenido o detenida sale de prisión".

Aseguró que las autoridades no deben preocuparse por la imagen que tienen ante la ciudadanía, sino por las personas y sus derechos, "y eso es lo que todos debemos preservar, porque víctimas y detenidos tienen los mismos derechos, están en igualdad de circunstancias".

Lamentó que los agentes ministeriales usen la orden de localización y presentación, emitida por el Ministerio Público, como orden de aprehensión, lo que es violatorio de los derechos humanos.

"Lamentablemente esto se practica en Sinaloa, se ha venido utilizando así, y no lo contempla la ley", sostuvo. Informó que el agraviado tiene de plazo hasta el 27 de marzo próximo para inconformarse ante la CNDH por la respuesta asumida por la procuraduría local en el caso de la tortura practicada en contra de Yesenia Armenta.

Dijo que si una autoridad no acepta una recomendación y esto no se impugna, la comisión estatal puede remitir el caso al

Congreso del Estado para que tome el expediente, tal como lo señala el Artículo 102, apartado 6, de la Constitución federal.

Vericuetos legales

Marco Antonio Higuera Gómez, titular de la procuraduría estatal, presentó a Armenta Graciano como autora intelectual del asesinato de Cuen Ojeda, con ayuda de su hermana, Noelia, una agente de la Dirección de Tránsito en Guasave —hoy prófuga—, quien fue la encargada de contratar a Andrés Humberto Medina Armenta, quien pertenece a la célula criminal de los hermanos Beltrán Leyva. Y fue él, dijo la autoridad, quien disparó contra el hoy occiso.

Según la versión oficial, también participaron Luis Enrique Hernández Maldonado, Silvano Araujo Medina y Miguel Ángel Estrada, presos en el penal de Culiacán. En su declaración posterior ante el quinto juez de distrito se declararon inocentes y denunciaron de ser torturados durante su detención.

Higuera Gómez desechó la recomendación emitida por la CEDH contra la fiscalía por maltrato, y asegura que se respetaron los derechos humanos de la ofendida. En tanto, el magistrado del Supremo Tribunal de Justicia del Estado, Enrique Inzunza Cázarez, afirma que una confesión obtenida con amenazas y golpes no es válida para imputar un delito a una persona.

Y aunque las cicatrices de los golpes físicos desaparecieron hace cuatro meses, la depresión y el dolor permanecen como un jardín infernal en su interior. Yesenia poco a poco intenta recuperar su tranquilidad. Para evitar despertar aterrada cada noche por alguna pesadilla, toma medicamento controlado: Fluoxetina y Tafil.

Recordar duele

En el primer módulo de la sección femenil de este centro penitenciario, ella cuenta y vuelve a contar. Se escarba en sus heridas.

Vuelve a llorar y vuelve también a sangrar. Así lo dicen sus lágrimas. Llanto sobre llanto, herida sobre herida. Y a escarbar y seguir escarbando dentro, profundo y doloroso recuento.

La mujer es de piel morena, silueta delgada y menuda. Entre pausas hondas, divaga. Habla despacio. Tiene miedo. Terror, más bien. Esas son las secuelas de la tortura, determina el análisis clínico psicológico del resultado del Protocolo de Estambul, realizado por el CCTI.

El 11 de julio de 2012, alrededor de las siete y cuarto de la mañana, en el entronque que dirige al Aeropuerto Internacional de Culiacán por el bulevar Emiliano Zapata, un automóvil cierra el paso al que conduce ella, un Accord 2011, Honda. Del vehículo, descienden dos hombres. Uno camina hacia ella y el segundo se traslada al lado del copiloto, donde se encuentra su hermana María Ofelia.

El hombre vestido de civil le ordena descender del automóvil. Acusa que el Accord tiene reporte de robo, por lo que debe acompañarlo para aclarar la imputación. Ella responde que es un error, que el auto tiene dueña y es ella, que los papeles se encuentran en orden y que los puede mostrar. Pero los argumentos no son suficientes. Nuevamente, el hombre, quien trae un arma fajada al pantalón, le ordena bajar.

De inmediato, otros dos vehículos, al parecer tipo Tsuru, de la marca Nissan, se colocan detrás de su automóvil. El camino está completamente cerrado. No tiene opción. Toma su bolso, desciende y sube al carro delantero. El segundo hombre obliga a su hermana a acompañarlos.

Su cuñada, Patricia Cuen Ojeda, hermana del occiso, así como del alcalde de Culiacán con licencia y actual presidente del Partido Sinaloense, Héctor Melesio, se sube al Tsuru estacionado atrás. Esa vez fue la última que se vieron.

El conductor regresa hacia la ciudad por el mismo bulevar. Un retén del Grupo Élite, de la Secretaría de Seguridad Pública (SSP) estatal, asegura la ofendida, detuvo el vehículo. El hombre que viaja a su lado muestra una identificación. Y continúan su camino.

Su hermana, María Ofelia, interroga a los hombres: ¿hacia dónde las llevan? ¿Dónde se encuentra Patricia? Es la misma respuesta para ambas preguntas: "Todo va a estar bien. Son sólo preguntas sobre el robo del carro." Enseguida, el silencio se disipa por voces emitidas en claves a través de un radio.

En una calle cercana a las instalaciones del periódico *El Debate*, el automóvil detiene otra vez la marcha, delante de otro auto estacionado. Desciende un hombre gordo y con barba, vestido de civil también, y cuestiona: "¿Quién es la mujer que conducía el Accord?" Yesenia responde afirmando. Le ordena que baje del automóvil y la sube al asiento trasero de otro. De su lado izquierdo y en el piso del vehículo hay "muchas armas, muchas armas" de diferentes calibres, cortas y largas. Le ordena que se recueste sobre ellas y le coloca una maleta encima. Otro hombre le sujeta las manos hacia su espalda y le coloca unas esposas en sus muñecas delgadas. También ajusta una venda alrededor de sus ojos.

El automóvil avanza algunas calles, ingresa a un edificio, quizá a una bodega o un estacionamiento. Yesenia no logra descifrarlo. Ahí, en ese cuarto oscuro, empieza su pesadilla. La misma que disipa su sueño y atormenta su tranquilidad cada noche, sin tregua desde ese día.

El conductor la baja del automóvil y le indica que se mantenga de pie mientras llega alguien más y empieza el interrogatorio.

—¿Cómo te llamas? —cuestiona una voz masculina, en tono fuerte, contó la ofendida a los médicos, según documenta la relatoría del CCTI.

—Yesenia Armenta Graciano.

—¿A qué te dedicas?

—Ama de casa.

—Y tu esposo, ¿cómo se llama?, ¿sabes por qué estás aquí?

—No.

—Te haces pendeja. ¿Cómo se llama tu marido?

—Jesús Alfredo Cuen Ojeda.

—¿Y él, dónde está? —pregunta y sube su tono de voz.

—Está muerto.

—¡Lo mandaste matar, hija de la chingada! —acusa mientras le lanza un golpe con la mano extendida a la cabeza.

Y los golpes continúan. Las manos de varios hombres le azotan la cabeza y otras más lanzan objetos a su espalda. Uno de ellos le pregunta por Lily, una cliente de la lavandería a quien al parecer los agentes investigadores intentan involucrar en el asesinato. Yesenia niega conocerla. Entonces arrecian las amenazas.

"Ahí viene el Apá. Al Apá le gusta mucho cortar orejas, cortar dedos, cortar manos. Está afilando el cuchillo el Apá", amenaza la misma persona, según detalla la víctima en el mismo documento.

Después cubren su cabeza con una bolsa de plástico, la sujetan desde la parte trasera para reducir la filtración de oxigeno a su cuerpo. Su cuerpo se sofoca, intenta luchar para recuperar una bocanada más de aire vital que le permita sobrevivir, pero no lo logra. Sus piernas se resquebrajan y se desmaya. Antes de ocasionarle la asfixia, sus victimarios le quitan la bolsa, un poco de oxígeno ingresa a su cuerpo y despierta a su terrible realidad. Los agentes repiten el martirio cinco veces.

Ante la negativa de Yesenia por reconocer a Lily, nuevamente cubren su cabeza con la bolsa, la ajustan casi hasta asfixiarla. Mientras que otra persona golpea su abdomen.

"¿Sabes qué?, ya me emputaste. Voy hablar con el jefe para ver si te cortamos la cabeza. No quieres decir nada, pinche vieja lacrosa", amenaza uno.

Las agresiones cesan por un momento. Después, regresa la persona y le pide el dinero recibido del seguro de vida de su esposo fallecido. Ante el rechazo, el hombre lanza un golpe con un objeto pesado hacia su ojo izquierdo.

Los investigadores deciden trasladarla a otro lugar. Yesenia sube a una camioneta tipo Suburban. El trayecto es largo. Se detienen y la cambian a otro vehículo. Al subir, una voz grave da la bienvenida: "Ya te entregaron los ministeriales con nosotros hija de la chingada. Aquí ya es otra cosa." Ella piensa que son sicarios. Y retoman el camino.

Llegan a otro edificio. Baja del automóvil. Un hombre le quita las esposas, le ordena desnudarse y se las colocan de nuevo.

Sobre el suelo hay una cobija tejida a cuadros, roja. Le indica que se recueste, la enrollan. Un hombre se sienta sobre su cadera y alguien más le detiene los pies. Entonces, otra vez, los golpes salvajes se reparten a diestra y siniestra, en su pecho, abdomen y piernas. Uno de ellos le dice: "¡Qué tal, hija de la chingada! ¿Por qué aparecen tantas viejas muertas encobijadas?", detalla el documento del CCTI.

Entonces, alguien más la toma del cabello hasta sentarla. "Vengo manejando más de dos horas desde Badiraguato. Y mi Apá ya me dijo que te cortara la cabeza y también la de tus plebes, así que ahorita vas a hablar."

Y las agresiones se intensifican. Untan un poco de polvo debajo de su nariz. Y sorpresivamente echan agua abundante sobre su cara. Yesenia pierde la conciencia. Para despertarla de su letargo, sus agresores empiezan a golpearla. Su cuerpo reacciona y vomita agua y eructa. En tanto, sus victimarios preguntan asuntos personales de su familia e insisten sobre Lily. Los hombres continúan vertiendo agua sobre su rostro hasta que ella pierde el conocimiento una, dos, tres, o quizás cuatro veces.

Retoma de nuevo el relato la mujer y describe que después, uno de los agresores desajusta un poco la venda para descubrir sus ojos irritados. Le muestran varias fotografías y le preguntan a quién conoce. En una de ellas identifica a su hermana Noelia, quien es agente de Tránsito en Guasave y actualmente prófuga, pues las autoridades policiacas la acusan de contratar a los sicarios que asesinaron a Alfredo Cuen Ojeda.

Entonces, un hombre la instruye: "Vas a decir, hija de la chingada, que tú mandaste matar a tu esposo. Que tú pagaste 85 000 pesos, que te pusiste de acuerdo con tu hermana Noelia, y que ella contrató a los asesinos; que tú le diste el dinero en la Central (de Autobuses)", asegura Yesenia durante su relato.

Luego, le quitan la cobija. Y sin ser suficiente, sujetan sus pies y la cuelgan de cabeza hacia el piso. Y de nuevo, los golpes brutales a su cuerpo. Uno tras otro, sin cesar.

Entonces, Yesenia escucha el ruido que emite una motosierra o un taladro eléctrico al encender, seguida de una voz amenazante: "Ya estuvo bueno. Vas a hablar o seguimos con tus plebes y tu hermana." Cede ante sus agresores y grita que sí, que firmará los documentos que quieran. Ella ignora que estamparía hasta huella dactilar en la confesión acusatoria que la mantiene hoy encerrada en la cárcel, dice.

"Soy su defensor"

Alrededor de las 23:30 horas Yesenia es trasladada al Ministerio Público. Ahí comprende que sus agresores son agentes ministeriales y que la habían mantenido cautiva por órdenes de altos funcionarios de la fiscalía estatal.

"Me levantaron un poco la venda, otra vez, para que pudiera ver lo que yo firmaba. Y la mano de un hombre me agarró los dedos, y me pone una tinta, me la aplastaba (sobre un documento), y la huella a un lado de la firma. Después de eso, yo lloraba muchísimo. Alguien me puso un kleenex en la mano y escucho que dice: 'Soy fulano de tal y soy su defensor de oficio'."

"Después de eso, me dolía muchísimo la cabeza, me dolía todo el cuerpo. Ya no sabía ni qué era lo que me dolía. Era todo, todo, todo. Siento que lo que más me dolía era mi alma", expresa Yesenia. Voltea su mirada hacia la reja y se queda nuevamente en silencio por unos segundos. Se va a través de ese cancel.

Al día siguiente, el 12 de julio, la joven mujer yace casi moribunda en una celda del Ministerio Público. No ha probado alimento y los médicos que la revisaron no le proporcionaron medicinas. Llega un grupo de policías ministeriales y uno de ellos le ordena ponerse de pie. Le colocan un chaleco grueso, pesado, negro.

La trasladan a otra habitación donde hay un escudo de la fiscalía estatal sobre la pared. Ahí la esperan reporteros y fotógrafos. Entonces comienzan las ráfagas de flashes. Su imagen acompañará la noticia de ocho columnas del día siguiente. La autoridad logra que un juez local autorice mantener a la detenida arraigada durante treinta días.

Y aunque la víctima no identifica a quienes participaron en su detención irregular, la CEDH sí lo logró y emitió una recomendación a la PGJE para iniciar procedimientos administrativos contra los agentes de la Unidad Modelo de Investigación Policial, al agente del Ministerio Público adscrito a la Dirección de Averiguaciones Previas, a los peritos de la Dirección de Investigación Criminalística y Servicios Periciales adscritos al Departamento Médico de la Policía Ministerial que participaron aquel día, especifica la recomendación 02/2013.

"Yo pensé que no iba a sobrevivir a todo eso, sin saber cómo estaban mis hijos. Fue algo espantoso, lo peor que se puede vivir. Cuando yo llego a este lugar (al Cecjude), veo que hay árboles, plantas, luz, que hay personas que a lo mejor su vocabulario no es el adecuado, pero también veo que hay una iglesia, sentí que tenía la oportunidad de ver a mis hijos, que mis hermanos vinieran a visitarme, como han estado llegando, somos muy unidos. Le di gracias a Dios por darme esta oportunidad de disfrutar, aunque sea por momentos, a mis hijos y a mis hermanos", expresa Yesenia desde la cárcel, ahora más tranquila.

"Se hacía de enemigos fácilmente"

Yesenia está segura de que la única prueba de la Procuraduría General de Justicia del Estado para inculparla del asesinato de su esposo es la declaración firmada a base de maltratos.

"Lo que sé es que no tienen nada, más que la confesión, porque no tienen por qué tener otra cosa", dice, de acuerdo con la nota publicada por Soto en *Ríodoce*.

Reconoció que en su matrimonio había "problemas normales". Pero, por su carácter agresivo, el ex director de Deportes de la UAS "se hacía de enemigos fácilmente", afirma su viuda, quien insiste en declararse inocente del homicidio.

"No sé si fueron problemas de la campaña, algún enemigo personal que tuviera. Yo lo ignoro." Se refiere a la campaña por el senado, a favor del hermano del hoy occiso —quien fungió como uno de sus operadores—, Héctor Melesio: en 2011 su esposo sufrió un atentado cuando trasladaba a los niños a su casa. Un automóvil lo siguió pero logró escapar de sus agresores.

En junio de 2012, durante el proceso electoral federal, sufrió dos agresiones más. En el café Starbucks, el cristal de su camioneta fue quebrado para sustraer un maletín con documentos de la campaña de su hermano, quien competía para ser senador por el Partido Nueva Alianza (Panal).

Días después, cuando su esposo se dirigía a Badiraguato, observó que el pivote de su vehículo estaba "picoteado". Por seguridad, entonces, el ex universitario cambió el automóvil y tomó la camioneta marca Renault tinta. Es la misma que intentó abordar cuando fue ultimado a tiros, justo frente al restaurante Chics que todas las mañanas frecuentaba.

Los atentados no fueron denunciados, pero los consideraron represalias electorales.

"Él me dijo que no me preocupara, que eso ya estaba arreglado, que ya sabían quién había sido", dijo ella.

En tanto, menciona que su cuñado, Héctor Cuen Ojeda, no ha atendido los tres llamados para ampliar su declaración ante el juez, ni su cuñada Patricia, quien también estuvo presente cuando la privaron de la libertad.

—¿Hay algún otro elemento, aparte de su confesión, que tenga el Ministerio (Público) en contra suya?

—Lo que sé es que no tienen nada, más que la confesión, porque no tienen por qué tener otra cosa. Lo único que le puedo decir es que a ninguna de esas personas, que están ahí, las conozco. A ninguna, al joven que agarraron junto conmigo, que lo presentaron, yo lo conocí hasta el día 11, a las nueve de la mañana, cuando a mí me estaban tomando las huellas en la Ministerial.

Yesenia ahora se agacha. Mira al suelo, como si quisiera tatuar con esos ojos tristes el concreto del área femenil del penal. Su voz se apaga. Sus ojos hablan. Su rostro surcado por los malos tratos y las tragedias encadenadas. Está sola y viaja, aunque duela. Viaja seguido, al pasado. A buscar amigos, familiares, hijos. A sentirse acompañada.

12 de mayo de 2013

Se dice que no hay mejor esclavo que quien piensa que es esclavo por convicción propia. Esto es lo que pasó con México. El chantaje estadounidense promovió operativos violadores de los derechos humanos en los años setenta, una relación críticamente tensa en los ochenta y de pragmatismo inercial en los noventa, pero no sólo eso. Con el pluralismo político, después de 2000, el peor fracaso del chantaje fue mexicano: desembocó en estrategias gubernamentales que volvieron a México un país esclavo de pasiones prestadas y ya desvanecidas.

Froylán Enciso
Doctorante del Departamento de Historia de la
State University of New York.
Los grandes problemas de México. Seguridad nacional y seguridad interior. Coordinadores: Arturo Alvarado y Mónica Serrano, El Colegio de México.

Después del infierno

Hombre de viento y sol. Sólo eso le preocupaba. No la diabetes, ni las balas o los delincuentes. Coca-Cola clásica, de esa de botella verde, de vidrio. Bimbuñuelos Bimbo: crujientes, como recién fritos, aceitosos y muy azucarados. Crujían en su boca, al ser triturados por sus dientes, en una pequeña tienda de la comunidad de Adolfo Ruiz Cortines, en el municipio de Guasave.

Él se refugiaba del sol. Ocho recipientes de Coppertone para bloquear el sol y resistir el paso por el Pacífico mexicano, en mayo. El termómetro marca cerca de 35 grados centígrados pero en ocasiones sube dos grados más.

Recorría el país, luego de haber salido de la Patagonia argentina, el cono sur del continente. Todo Sudamérica, Centroamérica y más de la mitad de México bajo las llantas de su enjuta bicicleta, muchas veces pinchadas por piedras, vidrios y clavos.

Quería pasar por Estados Unidos y llegar a Alaska el 10 de junio, para terminar así su travesía, su lucha continental y heroica: demostrar a los habitantes de América, Europa y el mundo que es posible vivir con diabetes, que él padecía, si se mantenían ciertos niveles de actividad física.

"Con ciclismo se puede controlar la diabetes. Yo soy prueba de ello", dijo, en la última entrevista que dio a un medio mexicano, a su paso por tierras sinaloenses. Al reportero Luis Fernando Nájera, del semanario *Ríodoce,* le preguntó qué tan peligroso era el tramo que le faltaba para llegar a territorio norteamericano. Acostumbrado a los vaivenes infernales que se han tenido en el norte de la entidad y con cerca de veinte años de experiencia en la cobertura de hechos delictivos, el comunicador le preguntó si se refería al narcotráfico, los policías y en general la violencia.

"¿Qué es más seguridad a mí?", dijo el diabético.

Mauro Talini, italiano, con español mocho pero entendible, precisó que no, que lo que le preocupaba era el sol, el desier-

CAPÍTULO IV. EL LUTO HUÉRFANO

to y el viento. Nájera le sugirió entonces que siguiera, que tomara la carretera a Guaymas, por la México-Nogales 15.

Talini blanco y chapeteado. Aunque algo flaco, era un Atlas sobre esa fiera de dos ruedas, entre tantas mochilas y aditamentos. Ropa asida a la piel, a ese cuerpo delgado y fibroso. Mirada limpia, como ese rostro: transparente, afable, como si al mirarlo se llegara al futuro, uno cierto y esperanzador, como su pedaleo, como esa campaña para recabar recursos para combatir la diabetes en su país.

Diabetes tipo 1, era su padecimiento desde los once años. Nacido en Viareggio, Italia, recorrió pronto, por esta causa, su país y otros como Jerusalén, Noruega y Portugal, y participó en el prestigiado Giro de Italia.

"La diabetes no debe ser una excusa, sino una compañera de vida", afirmó Talini, el 1 de mayo, cuando pasó por la ciudad de México. Este padecimiento, agregó, es una ventaja: permite conocer más a fondo el propio cuerpo. Además, cuando tienes todo, no lo aprecias y "la diabetes me ha permitido disfrutar cada momento, vivir plenamente", dijo a reporteros capitalinos, de acuerdo con lo publicado por el diario *La Jornada,* el 16 de mayo.

"Entre diciembre de 2009 y febrero de 2010, el pedalista hizo un recorrido de 9 286 kilómetros en bicicleta por Bolivia, Brasil y Argentina, al que llamó *Una bicicleta, miles de esperanzas,* durante él, recaudó fondos para apoyar a la Asociación Internacional Padre Kolbe, que lleva a cabo proyectos educativos y de apoyo en países en vías de desarrollo. Su nuevo reto era cruzar el continente americano, por lo que desde el pasado 1 de enero Mauro Talini salió de la ciudad argentina Ushuaia y tenía como objetivo llegar a Prudhoe Bay, en Alaska, a finales de julio: un trayecto total de 25 mil kilómetros", reza la nota de este diario mexicano.

Cuentan sus allegados que procuraba visitar las iglesias a su paso por las comunidades y ciudades. Contrario a su costumbre de no permanecer más de un día en cada lugar, en la ciudad de México visitó la Basílica de Guadalupe y se quedó tres días.

Ruiz Cortines, sucursal del horror

La comunidad de Adolfo Ruiz Cortines está en el municipio de Guasave, a unos 40 kilómetros al norte tiene la ciudad de Los Mochis, cabecera municipal de Ahome. Jueves 9 de mayo, alrededor de las siete de la mañana, carretera México-Nogales 15. Un convoy de patrullas de las policías municipales de El Fuerte y Ahome pasan por el lugar para acudir a una reunión de jefes de corporaciones de seguridad en la ciudad de Culiacán, la capital de Sinaloa, a cerca de 150 kilómetros al sur.

El paso de las patrullas no había sido difundido, pues en la región opera una poderosa célula del llamado cártel de Guasave, considerado hermano menor y herencia de la organización criminal de los hermanos Beltrán Leyva y que disputan la zona al cártel de Sinaloa. La policía de Ahome ha sido acusada, como casi todas las corporaciones del estado, federales y locales, castrenses y civiles, de operar para Joaquín Guzmán Loera, El Chapo, jefe del cártel de Sinaloa. En el convoy que pasa por Guasave, va Jesús Carrasco Ruiz, secretario de Seguridad Pública, quien ha sido acusado de asesinar, desaparecer y saquear en perjuicio de La Mochomera, como llaman a los que heredaron el poder de los Beltrán Leyva, en alusión a Alfredo, El Mochomo, detenido en Culiacán y preso en el penal de máxima seguridad del Altiplano, antes Almoloya. Por eso lo amenazan, lo persiguen y atentan contra su vida.

Los agentes no lo saben. Carecen de áreas de investigación e inteligencia, por eso no fueron capaces de prevenir la emboscada. Unos cien sicarios —así lo dice a la prensa en declaraciones posteriores el mismo Carrasco— los esperan. No importa que vayan en el convoy camionetas blindadas ni la unidad Tiger, artillada y también blindada. La refriega empieza en medio del trajinar de ciudadanos que van y vienen, a Ruiz Cortínez, a Los Mochis, a comunidades cercanas, a pie, en motocicleta, bicicleta, automóvil o autobús. Disparan armas de alto poder, como las AK-47, conocidos como cuernos de chivo, o los fusiles AR-145, bazucas y granadas.

El saldo es la psicosis, golpes torácicos entre los civiles que pasaban, los que escucharon, los que logaron huir. Una camioneta, la de Carrasco, fue especialmente blanco de los ataques. Por eso quedó incendiada. Era blindada y todos sus ocupantes, incluido Carrasco, lograron salir antes de que explotara. El saldo es el terror, el humo, el tráfico vehicular herido de pavor. El saldo son cuatro muertos, entre ellos un agente que fungía como escolta del jefe policiaco –identificado como Julián Dimas Soto, integrante de las fuerzas de seguridad desde 1999–, y tres civiles, supuestos sicarios, que fueron sorprendidos cuando huían, en una comunidad pesquera conocida como El Coloradito.

Al parecer, los homicidas, que usaron un camión blindado con logotipo y colores de la cervecería Pacífico, huyeron por mar y usaron embarcaciones rápidas que no fueron detectadas a tiempo. Dos de los tres presuntos homicidas muertos fueron identificados como Félix Quiñones Rodríguez, de 26 años, quien es originario de la colonia 24 de Febrero, el otro es Paúl Escalante Camacho, de 22 años, quien vivía en El Tortugo, ambos en el municipio de Guasave.

Humareda en la carretera, frente a Ruiz Cortines. El tableteo cesó pero no los operativos. Las acciones de búsqueda se realizaron por tierra y aire, con el apoyo del helicóptero de la Policía Ministerial del Estado, y aquello era un pandemónium en el que confluían vehículos perforados, azoro, miedo, sangre, cartuchos y muerte. El cadáver del agente estaba sobre el asfalto, junto a otros vehículos y entre policías locales y federales y elementos del Ejército Mexicano.

Y en medio del humo, psicosis y operativos de persecución, del recuento de los daños, Mauro Talini cruzó la escena apocalíptica entre vehículos varados y personas pecho tierra: como un ave impoluta surgida del incendio, como Juana de Arco emergiendo de la hoguera, como un Pegaso blanco e indeleble en la atmósfera oscura y terrorífica.

Talini en su bicicleta, diabético, sudoroso y anegado de viento y sol. Con varias capas consumidas y por consumir de Coppertone. En el éxtasis y la esperanza, sonriente. En busca de su Coca Cola clásica y sus crujientes bimbuñuelos en forma de rueda de carreta. Pasa y no sabe que momentos antes surcaron ese aire, que ahora lo abrazaba y secaba, los proyectiles calibre 7.62, capaces de traspasar ciertos niveles de blindaje, y las granadas de fragmentación calibre .40 disparadas desde varios lanzagranadas. Ese aire, ahora corrompido e irrespirable, era el mismo que le había dado la bienvenida a Ruiz Cortines, municipio de Guasave, Sinaloa: bienvenida al infierno.

Problema grande

—Ah, pues Sonora, porque hay más comunidades, más personas en tránsito por el desierto, y te pueden auxiliar en un imprevisto— fue la recomendación del reportero Nájera.

Eso le gustó a Talini. Gente, comunidades. Una vía más o menos habitable para sus dos llantas, su monstruosa mochila y los aditamentos. Cada 150 kilómetros una parada. Turnarse una noche en hotel y otra acampar donde le gane el cansancio, la oscuridad, la carretera y el monte. Nunca tuvo problemas, salvo las veces, innumerables, en que sus llantas sufrieron ponchaduras. Ningún asalto, robo, accidente de tránsito o altercado provocado por congéneres durante esta travesía. Todo era obra del azar: vidrios, tachuelas, piedras en la carretera, incrustados en sus llantas. Lo demás era viento y sol, mucho. Y Coppertone. Capas y más capas de protección.

En el diálogo, el reportero se identificó. El italiano le dijo que le mandara la información que iba a publicar sobre su recorrido. Le dejó una tarjeta de presentación con los correos electrónicos. Luego supo que enviaría la información publicada a sus familiares y a las organizaciones que lo patrocinaban, desde Europa, para que supieran del eco logrado durante su recorrido.

"Me dijo que no le preocupaba la violencia, aunque sabe que en México es 'mucho problema grande', así me lo dijo. Que lo que le preocupaba era seguir a Sonora, llegar a Guaymas. Que era el sol, el viento, por lo que preguntaba, no por la violencia o el tráfico", señaló Nájera, días después.

Y el ciclista diabético partió. Tardó muy poco para alcanzar el primer kilómetro, con ese pedaleo experimentado, rítmico y fresco. Apenas uno o dos clics de la cámara digital, una seña de adiós con la derecha y perderse de nuevo en la humareda, entre casquillos, una camioneta incendiada, el trafical varado y los pechos hinchados del miedo matinal del horror.

Hasta siempre, Mauro

Fue lunes y fue 13. Mauro Talini sobrevivió al infierno de las balas disparadas por policías y sicarios, durante un enfrentamiento en Ruiz Cortines, municipio de Guasave, en el estado de Sinaloa, pero no a la imprudencia: el conductor de un camión de carga lo atropelló y mató en la comunidad de Trinchera, Sonora.

Sobre su deceso informó la Federación Mexicana de Diabetes, el 16 de mayo, y dieron cuenta los medios nacionales e internacionales. Pocos de ellos hablaron de su travesía heroica, de esa siembra de esperanzas y energía a pesar de la diabetes, del esfuerzo contra el sol y el viento, con todo y Coppertone.

Le dieron más difusión a su muerte que a esa vida palpitante: esa forma de cruzar el fuego a punta de pedaleo, como ave límpida traspasando el pantano, enjuta y valiente, como esa bici flaca y fuerte, como él.

"Testigos de los hechos informaron a los agentes de la Procuraduría General de Justicia del Estado de Sonora (PGJE), investigadores y médicos forenses, que el ciclista fue arrastrado por más de cien metros."

Tatiana Gómez Unger, directora de Comunicación y Vinculación Social de la PGJE, explicó a *Milenio* que, contrario a lo que se ha difundido, el cuerpo del deportista jamás estuvo más de 30 horas en calidad de desconocido por parte de los servicios forenses de Caborca.

Gómez Unger explicó que se supo quién era el ciclista porque cargaba su pasaporte, pero aparecía como no identificado porque en términos legales se le da reconocimiento pleno hasta que un familiar se presenta.

Hasta que llegue su hermano, las autoridades extenderán el acta de defunción y los documentos necesarios para su traslado.

El chofer manejaba a exceso de velocidad y desapareció con todo y vehículo, sin dejar rastro. "No sabemos si el conductor no lo vio, lo arrolló y se dio a la fuga", precisó Gómez Unger.

Talini recorría la carretera, que no está prohibida para la circulación de bicicletas, como parte del proyecto *Una bici mil esperanzas* (Una bici mille speranze)", reza la nota publicada por el periódico *Milenio,* el 17 de mayo. Pasó por Sinaloa, considerado uno de los estados más violentos del país y salió sin un rasguño: abril de 2013 terminó con 105 homicidios y sus llantas pisaron al menos tres de los cuatro municipios considerados de mayor incidencia delictiva de alto impacto en la entidad: Mazatlán, Culiacán y Ahome.

En Hermosillo, activistas y organizaciones sociales participaron en una despedida al ciclista diabético italiano. Le dijeron adiós un domingo 19 de mayo, escoltándolo hasta el aeropuerto internacional de Hermosillo, en la capital de ese país, desde donde voló a la ciudad de México y luego a Italia. Un hermano, de nombre Maximiliano, llegó de Europa para llevarse el cadáver. Y con él se llevó las esperanzas renovadas, antes brumosas y llenas de humo, que provocó el paso de Talini por el continente, México y Ruiz Cortines, a pesar de tanto viento y sol, de una temperatura cercana a las 35 grados centígrados, de tanta muerte y destrucción.

Ahí, en esta pequeña porción del continente, en Sinaloa, fue el único lugar, en toda su travesía de miles y miles de kilómetros, en que le ofrecieron droga. Ruiz Cortínez, Guasave, México. Él sonrió, miró al narcomenudista, y contestó, ufano:

"¿Droga? Sí." Sonrió con un jardín en su rostro sudoroso y rejuvenecido. Metió la mano a la mochila y sacó la imagen de la Virgen de Fátima, de la que era un ferviente seguidor.

"Esta es mi droga." Y se alejó.

Murió el 13 de mayo y antes de empezar este viaje le dijo a su madre que si le pasaba algo no se culpara a nadie. Fue un día 13, el mismo día en que se celebra la Virgen de Fátima.

19 de mayo de 2013

Penas que se multiplican

José trae la pena bajo los hoyitos de su sombrero, en su ensombrecida mirada, entre tanto desperdicio. Está dura la pena, dice. Ahí, entre los desperdicios y malos olores, está ahora su vida: en el basurón municipal de Culiacán.

Viene de sembrar frijol, trigo y maíz, en la zona serrana del municipio de Badiraguato. Otros siembran mariguana o amapola, o tienen casas de seguridad, venden o compran carros robados, o se encargan de un laboratorio de drogas sintéticas entre el caserío. Él no, aunque le ofrecieron entrarle al narco.

José es pepenador desde hace un año. Trabaja en el basurón ubicado en el sector norte de la ciudad de Culiacán. Este es su refugio, la única forma de subsistencia que encontró. Y su destino. Espera que no sea el último, aunque su vida no pasa de ese espacio maloliente y asqueroso, de una casa de cartón cuyo terreno todavía no paga y una familia que se vino con él y como él: huyendo.

El basurón está más allá de la colonia El Mirador. Los olores se perciben desde lejos y no hay salvación. Es operado por el Ayuntamiento de Culiacán y en éste trabajan los integrantes de la Cooperativa de Pepenadores de la capital sinaloense. Una treintena de sus integrantes llegaron hasta aquí desplazados por la violencia generada por el crimen organizado en las montañas.

"Me vine porque está duro. No hay trabajo y no podía salir de la casa, del pueblo, por los malandrines", confesó José. Él es de la comunidad El Potrero de los Vega. La zona montañosa de esa región se conecta por caminos accidentados y peligrosos con la serranía del norte de la capital sinaloense. Ese trayecto siguieron, primero él y uno de sus hijos, luego el resto de su familia, incluido un nieto y su esposa.

Juan es otro de los desterrados. Exilio en su propia tierra. Tiene 62 años y trabajaba en el campo. Ya no tiene fuerza. Tampoco parece haber opciones. Recolecta botellas de plástico, ropa, cartón. Lo que puede, con tal de obtener al menos 150 pesos diarios. Él quiere más, lo necesita. Pero no rebasa nunca los 200 por jornada, cuyo monto mejora si lo junta con lo que obtiene uno de sus hijos que también está en la pepena de basura.

En octubre de 2011 y hasta principios de este año sumaban unos 240 desplazados que llegaron a buscar refugio y trabajo en el basurón norte. Pocos lo tuvieron, por eso muchos de ellos se trasladaron a otras colonias y ahora viven en sectores como Barrancos, ampliación Toledo Corro, o en los campos hortícolas de Culiacán y Navolato, donde laboran como jornaleros entre surcos o en empacadoras de tomate, pepino y chile de exportación. Unos más intentaron regresar a sus comunidades, acechadas por comandos del crimen organizado, pero no tuvieron suerte: en su intento siete personas, cinco de ellas integrantes de una familia, fueron asesinadas entre junio y julio en esta fatal travesía.

En Sinaloa, datos de la Secretaría de Desarrollo Social y Humano (SDSH), del gobierno estatal, sumaron alrededor de dos mil familias desplazadas por la violencia, en doce de los dieciocho municipios que tiene la entidad, durante 2012. Datos de organizaciones no gubernamentales, como la Comisión de Defensa de los Derechos Humanos (CDDHS), indican que fueron entre 25 y 30 mil personas quienes tuvieron que dejar sus comunidades por hechos delictivos relacionados con el narcotráfico, desde finales del 2012 a la fecha.

La SDSH informó que durante agosto y septiembre alrededor de 489 familias desplazadas regresaron a sus comunidades, y quedan 690 en las zonas de refugio. El reporte indica que había en estos municipios 1177 familias afectadas por este fenómeno delictivo en la entidad, hasta el 4 de agosto. Los municipios que han vivido este problema son Badiraguato, Sinaloa, Elota, El Fuerte, Mocorito, Cosalá, San Ignacio, Mazatlán, Rosario, Salvador Alvarado, Concordia y Culiacán. Tanto receptores como expulsores.

A finales de 2012, datos citados por la CDDHS indicaron que a nivel nacional existen alrededor de 1.6 millones de desplazados, de los cuales al menos 30 mil corresponden a Sinaloa, donde el gobierno estatal debe destinar un presupuesto de 250 millones de pesos para atender las necesidades de las familias afectadas y poner en marcha un estudio y programa emergente en favor de las víctimas.

A través de un estudio, este organismo no gubernamental en Sinaloa indicó que en esta entidad el problema de los desplazados por la criminalidad abarca al menos once de los dieciocho municipios, en perjuicio de cerca de seis mil familias. La Secretaría de Desarrollo Social y Humano del gobierno estatal ha informado que la cifra de desplazados podría llegar a tres mil personas, aunque el dato inicial era de alrededor de mil doscientas.

El organismo cita datos de la firma Parametría que indican que a nivel nacional suman cerca de 1.6 millones de ciudadanos los desplazados en los cinco años recientes.

El documento fue enviado al gobernador Mario López Valdez y al Congreso del Estado el 17 de mayo y se insistió de nuevo el 11 de junio, pero no hubo una respuesta.

"Se recomienda al C. Mario López Valdez, en su calidad de gobernador del estado, que ante la emergencia que viven al menos once estados del país por el problema de los desplazados, en atención de los protocolos y convenios de Ginebra aplicables en situación de conflictos armados prolongados, plantee al Ejecutivo Federal solicitar a la Cruz Roja Internacional su apoyo en asistencia humanitaria", reza.

El documento fue enviado al gobernador y a la diputada priísta Rosa Elena Millán Bueno, presidenta de la Mesa Directiva del Congreso del Estado, el 17 de mayo y ese mismo día tiene fecha de recibido. La carta fue firmada por Leonel Aguirre Meza, presidente de la CDDHS.

La muerte

Antonio vivía en El Sauz, cerca del poblado Tepuche, a unos veinte kilómetros al norte de Culiacán. Esa zona es una de las puertas de acceso a la serranía y luego a Badiraguato y si se quiere hasta el estado de Chihuahua, por intrincados caminos que muchas veces están en manos de estos grupos armados. De ahí salió él y lo hizo por dos razones: los delincuentes que no lo dejaban trabajar y su esposa que tenía cáncer y necesitaba tratamiento y dinero para las medicinas.

Tiene cinco hijos y a todos se los trajo a Culiacán: "La violencia dejó a mi pueblo solo, igual que a otros de por ahí. Mucha gente se salió y a otros los mataron. Los demás se salieron por miedo." Ahora vive en la colonia Lombardo Toledano, muy cerca del río Humaya, que viene del norte del municipio y baja de la serranía. Paga 1 200 pesos de renta. Cuenta que sumaron unos veinte muertos durante el 2011 en esas comunidades.

Vendió sus quince vacas y dos automóviles para obtener dinero y comprar medicina para su mujer. El Seguro Popular le ayudó un tiempo, pero no fue suficiente. Ningún esfuerzo valió y nada los salvó de la muerte. Ella murió en abril, un mes después de haberse puesto a trabajar de pepenador.

Es el mismo destino, la huida, de pobladores de otras pequeñas comunidades de la zona: La vainilla, Los cortijos, San Cayetano, Los Huejotes. Ahí, en abril, en uno de los intentos por regresar por parte de integrantes de estas familias, dos hombres fueron muertos a cuchilladas. Trabajaban en el basurón. El doble homicidio fue justo en medio de un operativo de policías y miembros del ejército que los escoltaban para que vendieran el poco ganado que tenían y recogieran algunas pertenencias.

"No tengo a qué regresar. No hay familia ni trabajo. Mi casa ya se cayó", dice Antonio, de 45 años, sentado bajo una enramada, en un descanso que se tomó, frente a una montaña de basura y un viento seco, caliente, que penetra, se queda, alborota por dentro. Quiere leer revistas de telenovelas y farándula pero los recuerdos no lo dejan. Lo revuelven todo como ese viento caliente, como un gas hiriente. Viento corrupto y corruptor, podrido y envolvente: acido, emperrado en la piel, la ropa, las fosas nasales.

Un solarcito para Petra

Petra, como la llamaremos, ya no sabe de dónde huir ni de qué. De hecho ya no sabe casi nada, excepto vivir. Viene de Ocurahui, una comunidad alejada de todo, en el municipio de Sinaloa, colindante con Badiraguato. Ahí, en ese poblado y en San José del Llano, grupos armados incursionaron, los agredieron y amenazaron, mataron a algunos de los pobladores y luego despojaron de sus viviendas y tierras al resto, y los desterraron.

Son las pugnas violentas de dos cárteles antagónicos: el de Guasave, herencia de los Beltrán Leyva, y el de El Chapo, Joaquín Guzmán Loera, del cártel de Sinaloa. Muchos de los habitantes de la región cultivaban enervantes para El Chapo y ahora la otra organización criminal quiere que lo hagan para ellos, que se empleen como esclavos y mantenerlos cautivos, como en campos de concentración, hasta que ellos lo deseen. Por eso huyeron.

Petra era madre de once, siete de ellos varones. Cinco de sus hijos cayeron abatidos a tiros y ahora sólo le queda uno y cuatro jovencitas. También a su esposo lo mataron a balazos.

"Mi hijo corrió, lo hicieron pedazos. Apenas tenía quince años", declaró al reportero Martín González, del diario *Noroeste*, en Surutato, Badiraguato, una de las comunidades que más desplazados concentra en la entidad.

Los parió sola, dice: "yo misma les corté el cordón y les amarré el ombligo… ahora casi todos están muertos".

Como si huyera por haber cometido algún delito, se refugió en Culiacán y luego en algunas poblaciones del municipio de Mocorito, ubicado muy cerca de la zona serrana y no por eso menos conflictivo. En uno de los viajes que hizo uno de sus hijos, en el caso más reciente de violencia en contra de su familia, acudió a Surutato a ver a sus animales, y ya no regresó. Este asesinato fue en diciembre de 2012.

Desde que salió de Ocurahui suma poco más de un año rodando con sus cinco hijos: entre algunas colonias de la capital sinaloense, de nuevo Surutato y otra vez Mocorito. La muerte tras ella. La muerte con ella. La muerte rondando. Y con ella la sequía, el calor de más de 45 grados en el verano culichi, y el hambre. "Ahorita no tengo qué comer, oiga", dice, con una pesadez en cada palabra: caen como sus párpados, como piedras. Rendidos, vencidos.

Salieron de sus casas como pudieron y con lo que llevaban puesto, como huye quien quiere conservar la vida y la de sus seres queridos. Huyendo de lo suyo, de lo que les pertenece desde hace varias décadas.

"Pasé una semana en el monte con mis dos niños. No alcancé a salirme en los carros y me quedé en el monte con mis hijos. Les daba masa batida." A ratos vive en una vivienda prestada, en Surutato. Entre los suyos cuenta un niño y una niña, hijos de las mayores. También están el esposo de una de ellas y dos ancianos. En total son diez en una tierra que no les pertenece, que más bien parece escupirlos. Lo que los salva y motiva a seguir luchando son algunos recuerdos, los bebés y la generosidad de los vecinos, que no faltan.

Hablar de guaraches o de ir a la escuela son ahora sueños. La comida es otra realidad pasada que no regresa, como las esperanzas: algo de masa de harina de maíz y latas, un kilo de frijol y otro poco de queso fresco. Polvo en la alacena. Polvo y olvido. El precio del destierro.

"Allá teníamos animales. No quedó nada. Desde el monte mirábamos los chivos muertos que se llevaban en las camionetas." Petra ya no piensa en volver. Difícilmente lo hará. No quiere deambular, convertirse ella y su familia en errantes sin rostro ni nombre ni permisos. Aumentar la lista de los sin tierra teniéndola. Por eso quiere asentarse, contar con un "terrenito", un predio pequeño, para levantar con láminas y prendas y lonas y pedazos de madera, una casita. Y vivir, si es que así puede llamarse esto.

"Un solarcito me gustaría… así ya uno hace una casita y no anda rodando con los hijos. Aunque sea de cartones."

De barrendero

José es de Tameapa, Badiraguato. Como el resto de desplazados, no encontró trabajo. Llegó primero a El Limón de los Ramos, una comunidad cercana a la presa Adolfo López Mateos, en la salida norte de Culiacán, donde vive en una casa prestada. Ahí se refugió junto con los seis integrantes de su familia, incluida su esposa y un bebé de veintiún días.

Trabajó de jornalero en plantíos de mariguana, en lo alto de las montañas. No tuvo de otra, explica insistente: ahí eso se siembra, pero él no es narcotraficante ni quiere ser gatillero, pues se considera un buen hombre, aunque algo nervioso. Dice, como queriendo convencer a su interlocutor, que de lo que haya va a trabajar, aunque sea de barrendero. Por eso está ahí, donde los de la cooperativa de pepenadores lo cobijaron desde hace un mes.

"No soy capaz de hacerle mal a nadie. A esos que andan en la malandrinada, pues ahí Dios que los bendiga", manifestó, compungido. Agacha la cabeza, frota sus manos renegridas. Se voltea para otro lado.

En este basurón sí pudieron alojarlos, darles empleo. En el otro, el que está en el sur no, porque es operado por la empresa Altya, dueña de la concesión, que aprovecha la falta de gobierno municipal: no hay quien los obligue a permitir que los pepenadores exploten la basura y obtengan recursos para sobrevivir lejos de sus pueblos y de la tranquilidad.

Bicentenario

Ahí están, en su local, bajo un techo de lámina y sin paredes, los cerca de 200 pepenadores que conforman la cooperativa. Muchos de los desplazados no se animan a entrar porque se enteraron que ahí está un reportero y temen salir en el periódico, que los identifiquen y que vayan por ellos a matarlos.

Ahí los tiene Miguel Ángel García Leyva, abogado de los cooperativistas y asesor de movimientos y organizaciones sociales, y Enrique Gutiérrez Sauceda, presidente de los pepenadores: "Aquí están trabajando, otros se desesperaron y están dispersos en colonias de Culiacán y Navolato. Lo que sí es cierto es que no van a esperar a que el gobierno les traiga agua o pan, porque eso no pasará. Prometieron ayudar y nada. Íbamos a organizar a los desplazados, pero el gobierno estatal en lugar de apoyarlos los dividió y provocó, con engaños, que muchos regresaran. Ahí están las consecuencias. Ya estamos acostumbrados", afirmó Gutiérrez.

José lo escucha y asiente bajo ese sombrero agujerado y viejo. Confiesa que entre el gobierno y los narcos, le teme más al gobierno. El mismo que le entregó dos bultos de lámina y diez barrotes para construir su vivienda, en un terreno de la colonia Bicentenario, que le costó diez mil pesos y que todavía no paga. Está en lo alto de la ciudad, con su mujer, su nieto e hijos. En paredes de pedacería de madera y lámina y plásticos, donde lo único que sobra es viento: maloliente, de abandono y pobreza.

"Estoy aquí desde octubre del año pasado. No teníamos más qué hacer. No teníamos nada. Por eso le entramos a trabajar en el basurón", señaló.

Con una rapidez en la que conjuga tristeza y resignación, asegura que ese es un trabajo que no le desea a nadie, ni al peor enemigo: "Se respeta, se reconoce a quienes trabajan en esto. Mis respetos para ellos, la verdad. Pero es penoso, además los riesgos de que te pegue una infección, te enfermes... Es dura la pena, pero es más dura el hambre."

Se quita el sombrero para pasar un pañuelo rojo por su frente, su cabeza. No puede más, confiesa. No tiene fuerzas. Lerdo, con unos zapatos que van surcando el suelo y levantando polvo, asegura que no tiene más qué decir: la vida, las penas, los años, su pueblo, le pesan. No se despide. Nomás se va.

24 de septiembre de 2012

Al igual que en Ciudad Juárez, pero en vastas regiones serranas y en amplios sectores sociales de la costa y las ciudades de Sinaloa, el narcotráfico ha adquirido carta de naturalización a través de su larga y sólida legitimación social y cultural.

No es gratuito que se haya afirmado que Sinaloa, y de manera particular Badiraguato, en la sierra, sea la cuna del narcotráfico mexicano. Si situamos el nacimiento de la producción, comercialización y consumo de opio en los años veinte del siglo pasado, cuando inmigrantes chinos adquirían la goma que secreta la amapola en los pueblos de Badiraguato, entre los que sobresalía Santiago de los Caballeros, y la vendían para ser inhalada en los fumaderos de Culiacán, Mazatlán, Mexicali, ciudad de México, San Diego, Tucson y otras urbes de Estados Unidos; o si aceptamos la versión ampliamente propagada, aunque no documentada, de que se masificó la siembra de amapola en el mismo Badiraguato y otros municipios de Sinaloa por la demanda de las fuerzas armadas de Estados Unidos, que necesitaban heroína para mitigar el dolor de sus heridos en combate durante la Segunda Guerra Mundial, entonces estamos hablando de 70 o 90 años. Si damos por cierto, además, el criterio de que cada 25 años surge una generación, afirmamos que Sinaloa ha procreado entre tres y cuatro generaciones de narcotraficantes. A lo largo de ese tiempo, decenas de miles de mujeres han experimentado la vida de una comunidad, una familia, un negocio y una tradición narca.

Arturo Santamaría Gómez
Catedrático de la Universidad
Autónoma de Sinaloa (UAS) y escritor.
*Las jefas del narco. Ascenso de las mujeres
en el crimen organizado,* Grijalbo.

Lobo perdido

Hola, soy Jénifer. Secuestraron a mi hermano.

La joven mazatleca recurrió a las autoridades municipales, a la Unidad Especializada Antisecuestros de la Procuraduría General de Justicia del Estado, al procurador, al alcalde y al gobernador. Y de todos obtuvo la misma respuesta: indolencia y complicidad. Ahora lo hace a través de las redes sociales. Denuncia y denuncia. Habla de su dolor, de la impunidad, la violencia, la colusión entre autoridades y delincuentes, y la ausencia de justicia.

Todos los días, varias veces. Su metralla no tiene descanso: critica al alcalde Alejandro Higuera Osuna, al gobernador Mario López Valdez, al procurador Marco Antonio Higuera, y al hoy expresidente Felipe Calderón, por heredar esta estela de muerte y destrucción, y convertirse en una vergüenza nacional.

El 4 de abril, Jenifer escribió en su muro:

"Tengo algo que decirles… amigos hoy es un día muy, muy, muy triste… y la tristeza me hace llorar pero no importa, ya me acostumbré. Sufrir, llorar, tristeza, todo. Solo falta que me parta un rayo… el día está nublado. No importa si tú no estás… no importa nada. Gracias señor Calderón. Su guerra me dejó huellas en el alma, gracias. Dígame, ¿a usted, qué le dejó?"

Los hechos

Antonio Sáenz Pratt, de 33 años y con domicilio en el puerto de Mazatlán, fue visto por última vez el 9 de marzo de 2012, alrededor de las cuatro de la madrugada. Iba con varias personas y al parecer habían realizado un recorrido por antros del lugar. Entre sus acompañantes estaban Marco Antonio Ramírez, primo del hoy desaparecido, y dos mujeres.

La víctima conducía una camioneta tipo L200, marca Mitsubishi, modelo 2010 y placas UB-53629, de Sinaloa. Lo último que dijo, de acuerdo con los testimonios de las personas aparentemente implicadas y que declararon ante el Ministerio Público, pero que gozan de libertad, que iba a Culiacán, la capital de Sinaloa, a cerca de 200 kilómetros al norte de Mazatlán.

Preocupados porque no sabían de él, sus familiares acudieron a la agencia Tercera del Ministerio Público, a interponer una denuncia, el 12 de marzo. Los primeros días tras la desaparición, que luego sabrían que se trató de un secuestro, el teléfono del plagiado sonó y sonó. Después, en intentos más recientes, dejó de hacerlo y envió la llamada directamente al buzón de voz.

Carlos Castillo Conde, padre de la víctima, informó a la fiscalía y a los agentes del Ministerio Público que el 13 de mayo recibió tres llamadas del mismo número de teléfono: 6642632543.

"Esta llamada fue contestada por un sobrino de nombre Pedro Santos, quien le manifestó que una persona de sexo masculino y de voz norteña les dijo que él tenía a Antonio y que quería un millón de dólares, respondiéndole que no contaban con esa cantidad de dinero; logró escuchar una voz pero no supo si se trataba del ofendido, pero dijo que esa persona se quejaba como si lo estuvieran golpeando", reza el informe policial, oficio 044/2012, rendido a Marco Antonio López Pérez, agente del Ministerio Público especializado en investigaciones de secuestros, por dos policías investigadores, de nombres Omar Erasmo Carrillo y Paúl Melgoza Millán.

En algunas de las visitas a la fiscalía o a las instalaciones de la Policía Ministerial del Estado, Carlos Castillo se hizo acompañar por una persona que dijo ser agente de la Policía Federal de Proximidad Social —antes Federal de Caminos—, otro de la Policía Federal Ministerial y uno más de la Ministerial del Estado. Informó que les había pagado 50 mil pesos para que le ayudaran en las indagatorias. Pero el Ministerio Público y los mismos agentes adscritos al área de investigaciones del delito de secuestro le sugirieron que se deshiciera de ellos y dejara que interviniera personal especializado y de un negociador "para no entorpecer las investigaciones".

Y estuvo de acuerdo.

"El negociador lo asesoró sobre cómo tenía que responder a las llamadas que le hicieran los secuestradores, exigiéndole el monetario a cambio de su hijo, se le instaló un equipo de grabación en el teléfono celular en el cual había recibido las llamadas, y una vez instalado sonó el teléfono.

"Contestó la persona diciéndole el secuestrador que ya era mucho tiempo, exigiéndole el dinero a base de groserías y amenazas y diciéndole que querían diez millones de pesos por la libertad de su hijo, siguiendo nuestras indicaciones; le exigió una prueba de vida al secuestrador y recibió una respuesta negativa por parte del mismo, diciéndole que dentro de tres días le volvería a marcar, cortando la comunicación."

El enemigo en casa

Marco Antonio Ramírez, de 32 años, originario de Villahermosa, Tabasco, y con domicilio en Mazatlán, es primo de Antonio y participa en los primeros contactos que la familia tiene, a través del teléfono, con los secuestradores. En al menos dos ocasiones contesta el aparato cuando llaman los delincuentes. Pero la familia sospecha de él, aunque no se lo dicen.

La tercera o cuarta llamada es atendida por el padre de la víctima, quien se trasladó desde fuera de Sinaloa y se hospedó en un hotel del puerto. Platica con los secuestradores y les anuncia que ha reunido tres millones de pesos luego de haber hipotecado algunas de sus propiedades, pero que le pongan en el teléfono a su hijo para comprobar que está con vida.

Al parecer, los secuestradores se molestan y amenazan con matarlo. El padre se desespera, tiene problemas de salud y entra en crisis. Al final logra calmarse. Entonces la familia se da cuenta que la tarjeta de débito que tiene la esposa del secuestrado fue usada y entre quienes hicieron compras con el plástico está Marco Antonio.

En la ampliación de la denuncia, el 22 de marzo, Alejandra Noriega Solís, esposa de la víctima, declara que el día 11 acudió a una sucursal de Bancomer para revisar su tarjeta de débito 00187603541 y encontró que habían hecho compras a su cargo: "Fueron en un negocio llamado Remates Paola, en Villa Unión, Mazatlán, el 9 de marzo, alrededor de las tres de la tarde, mediante una identificación falsa y una fotografía que no era la mía."

Las indagatorias, algunas de ellas realizadas por los mismos familiares, indican que las compras las hizo Marco Antonio Ramírez e Isabel Grandes Carranza, quienes fueron identificados por las vendedoras del negocio. Las compras ascendían a cerca de 30 mil pesos y en la lista de lo adquirido están una lavadora, una secadora, estufa, refrigerador, un bóiler, dos televisores, un enfriador de agua y una cafetera, entre otros electrodomésticos.

"Después de esto, el día de ayer recibí una llamada del número 6691910529 (celular) y al teléfono de mi suegro también llamaron de otro número 0050496911473 y hemos estado recibiendo amenazas diciéndonos que nos van a matar e insultos muy fuertes, que nosotros no vamos a vivir nunca en paz porque ellos así lo quieren y el nombre de la persona que le habló a mi suegro es Luis Manuel Palma, que es el verdadero apellido de Marco Antonio (Ramírez) el cual trabajaba con mi esposo aquí en la ciudad", señaló la esposa.

Marco Antonio laboraba en la empresa Central de Máquinas, un taller de reparación de máquinas de construcción, propiedad de su primo Antonio Sáenz Pratt. Fue cuando los federales que apoyaban y custodiaban al padre del hoy desaparecido se dieron cuenta de que el sobrino estaba implicado en el secuestro, lo detuvieron y lo entregaron a la policía, junto con su esposa. Y fue así, con este episodio, que las negociaciones y exigencias de dinero, se convirtieron en amenazas.

"Yo le agarré una tarjeta de débito del banco Bancomer, al día siguiente viernes 9 de marzo de 2012, en la mañana; mi empleado y yo nos fuimos a Villa Unión ya que como yo tenía la tarjeta fui a preguntar si podía comprar con ella (…) me fui por mi novia, ella se llama Topacio Nohemí Cabello Higuera y le dije que me acompañara a Villa Unión; como ya sabía que la tarjeta estaba a nombre de mi primo, ya que llegamos a la tienda escogimos varios muebles y ya que pasaron la tarjeta le dije a Topacio que firmara con el nombre de Alejandro Noriega Solís; fui en la camioneta de mi propiedad, una Chévrolet Cheyenne color azul, modelo 2001 y en ella subimos los muebles, luego me los traje a Mazatlán y los metimos a una casa en la colonia Jesús García, enseguida de donde vive la abuela de Topacio", dijo Ramírez, ante el Ministerio Público.

Manifestó sentirse avergonzado por haber abusado de la confianza de su primo al usar la tarjeta, pero negó tener responsabilidad en su secuestro: "Yo no cometí ese delito lo que sí sé que hice fue cometer abuso de confianza o fraude con la tarjeta de la esposa de mi primo."

Jénifer, hermana de Antonio Sáenz Pratt, cuenta que los federales que venían de México y estaban ayudando a su padre, le recomendaron que se comunicara con los de la Unidad Antisecuestros de Sinaloa, ya que todo parecía indicar que los delincuentes con los que estaban tratando no eran profesionales.

"Ellos recomendaron llamar a antisecuestros al ver que los secuestradores no eran profesionales y los federales también sospecharon de Marcos. Cuando llegó antisecuestros al hotel le explicaron todo. Ese día hablaron (los secuestradores) y se les dijo que ya tenían tres millones de pesos, pero que lo pusieran al teléfono para saber que mi hermano está bien.

"Dijeron que nos mandarían un brazo… vuelven a llamar y al no estar Marcos, mi papá, que nunca se negó a darles el dinero, contesta y les dice que pongan a mi hermano al teléfono 'Ya me van a mandar el dinero de Mérida porque hipotequé mis propiedades.'"

"Ellos insultan a mi papá y lo amenazan con matar a mi hermano. Cuando llaman otra vez, mi papá les dice que le pongan a su hijo y lo insultan, también le reclaman que haya pedido la intervención del gobierno. Ahí es cuando se dan cuenta de la tarjeta de débito del banco y los federales detienen a Marcos y a Denis y los entregan a los ministeriales... mi papá y los policías van por Isabel, la esposa de Marcos, y la llevan detenida."

Fueron tres los detenidos: Marco Antonio, Isabel Grandes Carranza y Fiama Denis Ramírez Grandes, hija de ambos. Además, en las pesquisas aparece como implicado Luis Manuel Balladares Palma, también identificado como Luis Manuel Palma, padre de Marco Antonio, como partícipe del secuestro de Sáenz Pratt.

La detención fue el 15 de marzo de 2012. Versiones extraoficiales indican que los agentes ministeriales los torturaron para que informaran sobre el paradero del plagiado y horas después entregan a los tres detenidos a los del antisecuestros. La familia acude a la comandancia de este grupo especial pero unos agentes los retiran. Les avisan que ya están hablando pero que no pueden permanecer en el lugar, y les piden que regresen al día siguiente.

Temprano, alrededor de las seis de la mañana, la familia está de nuevo ahí. Uno de los policías del Antisecuestros les informa que los detenidos ya no están ahí, que fueron liberados por órdenes de un comandante a quien identificó sólo como Darío.

Bumerán

La familia explota y reclama a los jefes policiacos. Enterados de una gira del mandatario por el sur de Sinaloa, lo abordan y le informan sobre la liberación de los tres detenidos por este caso. El mandatario, Mario López Valdez, parece indignado. Se molesta y en ese momento llama al subprocurador Regional de Justicia de Mazatlán, Jesús Antonio Sánchez Solís, y cuando éste llega el gobernador lo regaña airadamente y le pregunta por qué soltaron a los secuestradores. Lo amenaza con correrlo a él y a los que hayan estado implicados en esta supuesta irregularidad, de los puestos en el servicio público. El mandatario le pide a Carlos Castillo Conde, padre de Antonio Sáenz, que acudan al lunes siguiente a la oficina de Marco Antonio Higuera Gómez, en Culiacán.

"El lunes mi papá, mi tía y mi hermano Erik van a Culiacán con el procurador y llega el subprocurador con papeles que les dio Marcos de un problema de mi papá y les dicen a mi familia que lo van a detener porque él tiene un delito y que es buscado por las autoridades de México. Mi padre, al ver esto, descubre que están con Marcos y les dice que él quiere a su hijo y no le importa nada. Salen de ahí y los federales sacan a mi familia de Sinaloa", cuenta Jénifer.

La madre de Antonio acude por su cuenta a Culiacán, acompañada de un comandante de la ciudad de México —se desconoce de qué corporación— y habla con gente del grupo antisecuestros. La interrogan durante cerca de cuatro horas y le muestran fotos y papeles que sólo Marcos tenía. La señora les responde que busquen a su esposo si quieren, pero a ella le interesa que investiguen el secuestro de su hijo y la liberación de los presuntos responsables.

"Cuando llega mi madre a Mazatlán nadie la quiere atender, nadie del gobierno. Y mi mamá espera que salga el subprocurador (Jesús Antonio Sánchez Solís) y habla con él en las escaleras de la oficina, le enseña la foto de Antonio y le dice que le ayude a buscarlo… pero el subprocurador la amenaza, le dice que no le haga escándalos en Mazatlán porque la van a 'levantar', y que no pegara las papeletas con la foto y la recompensa por las calles de la ciudad, que él se lo prohibía", manifestó la joven.

Pero no hizo caso y durante cerca de tres meses estuvo pegando carteles con la foto de su hijo por todo Mazatlán. Jénifer informó que los antisecuestros mandaron "levantar" a su mamá, a través de un grupo de encapuchados, ya que les molestó que trajeran al abogado Juan Pablo Beltrán Núñez.

Personas allegadas a la madre y con vínculos con grupos de poder en el puerto le confiaron que tanto el alcalde Alejandro Higuera como el gobernador estaban molestos por el caso y por la denuncia interpuesta por el padre del joven secuestrado, en contra de los servidores públicos que dejaron en libertad a los tres supuestos plagiarios.

"Ellos le contaban muchas cosas, cómo Higuera, el gobernador y el procurador juntaron a todos y los regañaron por la demanda que les puso mi papá. Y que Higuera dijo 'No quiero que este asunto dañe mi imagen, que no publiquen nada y que no salga nada a la luz de este caso'", señaló Jénifer.

Búsqueda incesante

La familia mantiene la búsqueda, a pesar de que ha pasado poco más de un año y no hay avances en las investigaciones. Por su cuenta, con la participación de amigos y de otros contactos, mantienen la esperanza de encontrar con vida a Antonio Sáenz Pratt, ya sea en el puerto sinaloense y fuera de la entidad, y la exigencia de que los responsables de esta desaparición sean castigados por las autoridades.

A través de una de estas personas, se enteraron de que una célula del cártel de los Zetas mantienen cautivas a personas en una mina de la sierra del sur de la entidad. Les dijeron que ahí podría estar Antonio, pero no han dado con su paradero, además de que no cuentan con las autoridades encargadas de seguir investigando el caso.

"MIGUEL ANGEL CABELLO LLAMAS, EL Y SU HIJA TOPACIO NOEMI CABELLO HIGUERA, SON COMPLISES DE EL SECUESTRO DE MI HERMANO ANTONIO SAENZ PRATT... EL GOBIERNO DE MAZATLAN LOS PROTEGE....VIVEN EN CALLE NARCISO MENDOZA #248 ESQ. JUAN ALDAMA, COL. BUROCRATAS, MAZATLAN SIN", levanta la voz Jénifer, desde su cuenta de Facebook.

Jénifer grita. No sabe de otra. Hace esfuerzos por sonreír, pero le gana la lluvia de cada marzo y de cada día. Siente que no cuenta con nadie. Está segura de ello, por eso traslada su rabia a las redes sociales para que el caso de su hermano no quede en el desierto, en algún solar baldío, en los archivos empolvados de lo que nunca se investiga y permanecen en los estantes de las oficinas de la policía y la procuraduría.

Ella se ha encargado de traspasar esas gruesas paredes y arrojar luz sobre las sombras tísicas y darse amaneceres en tiempos de silencio, en tiempos en que es escaso, en tiempos de desesperanza y desolación. Se sabe sola pero se acompaña. Están con ella los cientos o miles de seguidores en las redes sociales. No se arredra: aplasta el acelerador. Es un lobo estepario, como muchos mexicanos. Un lobo herido, perdido, naufrago. Pero no uno callado, rendido o domesticado. No.

Lobo perdido

Se dicen lobos porque su madre, de nombre Bernarda Lobos Jasso, les llamaba lobitos cuando eran pequeños. Ahora él, Antonio, con dos hijos —uno de quince y otro de trece— y dos hermanos, lo único que tienen es el recuerdo, la memoria de un hombre amoroso, responsable y tierno, está en la lista de personas desaparecidas en México, en casos de evidente intromisión, omisión o complicidad con las autoridades, desde las corporaciones policiacas municipales, estatales o federales, hasta el Ejército Mexicano y la Secretaría de Marina.

El 22 de febrero de 2012, el semanario *Proceso* publicó:

"En vísperas de que el gobierno de Enrique Peña Nieto divulgue la relación de desaparecidos durante el sexenio de Felipe Calderón, Amnistía Internacional advirtió que dicha medida será insuficiente si no se traduce en investigaciones que determinen 'en cuáles desapariciones participaron agentes de las fuerzas armadas y policías'.

En un comunicado, la organización internacional consideró como un avance la difusión de la lista de desaparecidos al permitir 'dimensionar la magnitud de este problema, el cual fue tolerado e ignorado por el gobierno federal y los gobiernos estatales durante la última administración'.

Sin embargo, Amnistía consideró necesario que las autoridades federales expliquen de qué manera esa base de datos puede convertirse en "un mecanismo eficaz para investigar las circunstancias de las desapariciones, establecer el paradero de las víctimas y llevar a los responsables ante la justicia."

Además, calificó de "escalofriante", la cifra estimada de 27 mil desaparecidos durante el sexenio de Calderón. Versiones extraoficiales indican que el número de desaparecidos en México, también llamados levantones y desapariciones forzadas, podría llegar al triple de esta cifra.

En una carta enviada al gobernador Mario López Valdez, la hermana, más reflexiva e igualmente valiente y dura, cuarteada y encallecida su piel por la tristeza y los golpes burlescos e indolentes de los servidores públicos, dice:

¿Qué espera, gobernador? Es muy triste ver que en Sinaloa prevalecen las complicidades en el ejercicio del poder. Mario López Valdez llegó a la gubernatura con la esperanza de muchos de que las cosas cambiarían para bien. Pero a pesar de que pareciera imposible, vemos retrocesos gravísimos. El ridículo público y cínico de parte del Procurador General de Justicia y el Secretario de Seguridad Pública no deja lugar a dudas de que esas complicidades han llegado a límites que los sinaloenses no podemos tolerar. Pocas cosas tan graves podemos ver como el hecho de que quienes están encargados de hacer respetar la ley la violen con insultante descaro, a la vista de todos y sin importarles exhibirse en sus desenfrenos. Actuar así sólo puede darse porque se sienten seguros de gozar de impunidad absoluta, aunque tenemos que sumar también un apasionamiento desbordado que por eso mismo resulta imposible de mantener en el clóset. Los asuntos privados deben quedarse ahí, en lo privado, sin mezclarlos con la cosa pública. Así debiera ser, pero desgraciadamente ocurre lo contrario con altos funcionarios que gobiernan privilegiando la hormona sobre la neurona. Si lo denunciamos aquí, es porque en esa mezcla de lo privado y lo público perjudican a Sinaloa. Quizá crean en el Gobierno de Sinaloa que sólo unos pocos vemos estas inmoralidades; otro grave error. Nosotros preferimos pasar de los chistes y la mofa al señalamiento público y directo, con la esperanza de que quien puede se decida a corregir. Aunque por ahora no parece que exista la suficiente voluntad. Ya veremos quién se cansa primero: si nosotros de señalarles, o ellos en sus ilegales omisiones.

16 de mayo de 2013, en Facebook

Jénifer no da un paso atrás. Pregunta, insiste, reclama, grita y vuelve a gritar. Le vienen a la memoria los primeros recursos que obtuvo su hermano Antonio cuando era niño y que su mamá le quitó para comprar algo de comida. Era trabajador, responsable, cariñoso y solidario, desde niño. Todavía recientemente le reclamaba él, a manera de juego, ese billete del que fue despojado en aquel entonces. Bromean ellos: eran una familia feliz, unida, fuerte, ahora quebrada, inundada de agua con sal, desesperanzada y sin embargo inventando y alimentando esperanzas que la realidad no da.

"¿¿¿¿¿ BUENO ????....AYYY MI QUERIDO Y ADORADO PROCURADOR DE SINALOA. . . AY NO SE PREOCUPE, MI PROCU, YO SE. . . QUE NOS CANCELO LA CITA. SI, SI, LA ESPERAMOS 15 DIAS EN EL HOTEL… PAGANDO Y PAGANDO... BUENO PERO NO SE PREOCUPE QUE EL DINERO ES DE PAPEL PARA ESO PARA QUE VUELE... ASI VAN A VOLAR MUCHOS BUITRES. . . HAMBRIENTOS DE PODER.

Escribió el 9 de marzo de 2012

Cuenta que su madre sigue viendo a servidores públicos de la policía ministerial y del antisecuestros. Uno de ellos le dijo que cuánto les iba a dar si encontraban a su hijo muerto. Ella contesto que nada, que tenía dinero para pagar a los secuestradores y sin regateo alguno. Otra información recogida de oficinas gubernamentales indica que Antonio Sáenz Pratt está vivo y en manos de la Unidad Especializada Antisecuestros, pero no lo quieren soltar. "Es un asunto de dinero, señora", le dijeron.

También le ofrecieron que ella pagara a un agente de la ministerial para que retome las investigaciones. Algunos de ellos, ante las respuestas negativas de la madre, ya no le contestan las llamadas a sus oficinas o al teléfono celular.

Muchos de estos servidores públicos, recuerda Jénifer, se burlaron cuando la madre llegaba a sus oficinas y reventaba en llanto. Pero su madre se repuso y no deja la crucifixión que sufren ella y su familia y su hijo desaparecido, ni abandona la búsqueda, a pesar de las puertas, oficinas y escritorios escarchados de los funcionarios encargados de hacer justicia.

"Llorar es debilidad. Y yo no soy débil", dice ella, aunque ha permanecido enferma, no inerme. Y mucho menos inerte.

En junio de 2013, la Procuraduría General de Justicia del Estado informó que Antonio Sáenz Pratt, el empresario mazatleco que está desaparecido desde el 4 de marzo, cuenta con cinco identificaciones con otros nombres y tres de ellas con domicilios diferentes, de acuerdo con indagatorias realizadas por la Procuraduría General de Justicia del Estado (PGJE) sobre este caso.

Las pesquisas indicaron además que el padre de la supuesta víctima, de nombre Carlos Castillo Conde, ha usado otras identidades, entre ellas Carlos y Pablo Gutiérrez Silva, y José Antonio Sáez, originario de Mérida Yucatán y con domicilio en Guadalajara, Jalisco. Además, se le vincula con fraudes y otros delitos, como el homicidio de Pablo Luvinoff Arroniz, líder de la comunidad gitana en México.

La nota a la que hacen referencia las investigaciones de la procuraduría local, publicada en el diario *El Rotativo,* del estado de Querétaro, incluye la fotografía del padre de Sáenz Pratt, bajo el encabezado "Actúa mafia gitana en México", el 23 de junio de 2003.

Luvinoff Arroniz fue ultimado el 26 de septiembre de 2010, cuando convalecía en el hospital HMG de la ciudad de México, a pesar de que contaba con vigilancia de la Policía Judicial del Distrito Federal. Los homicidas entraron a su cuarto y le dispararon a corta distancia con un arma calibre 22, al parecer con silenciador.

Jénifer contesta. Sin sobresaltos, atados sus pies al frío piso: "Si mi hermano se cambió el nombre, no es un delito y no hay una orden de aprehensión contra él porque lo checamos en Plataforma México, con todos los nombres que usa, y no hay una orden de aprehensión. Mi madre permaneció once meses en Sinaloa y siempre se negaron a recibirla. Si tienen algo contra de él, lo quiero en una cárcel, así lo digo yo y se los dijo mi madre en su momento, detenido, pero no secuestrado o muerto. Y si mi padre es culpable de algo, que no juzguen a mi hermano por eso."

El 25 de abril 2013, Jénifer escribió en su muro:

Mis lágrimas por ti se secaron… y mi pena la llevo conmigo, nadie puede entender cuánto te quiero. Los demonios te arrancaron de mis manos... ellos siguen ahí, riéndose de mí... y tú no estás... te escondieron en las tinieblas de la noche, para que no te encuentre... donde estés, no desesperes…yo iré por ti, y volverás. . . al mundo de los vivos.

Y dice, replica, como un rayo que rompe y reniega de la oscuridad. Todos los días, a toda hora, en las redes sociales:

"Hola, soy Jénifer. Secuestraron a mi hermano."

26 de mayo de 2013

Este ejemplar se terminó de imprimir en Febrero de 2014,
En COMERCIALIZADORA DE IMPRESOS OM S.A. de C.V.
Insurgentes Sur 1889 Piso 12 Col. Florida
Alvaro Obregon, México, D.F.